Der Zauber des Harry Potter

Ausgesondert
Stadtbibliothek Achim

**DIESES BUCH IST
ÖFFENTLICHES EIGENTUM!**
Bitte nichts anstreichen.
Für Beschädigung und
Verlust haftet der Entleiher.

Paul Bürvenich

Der Zauber des Harry Potter

Analyse eines literarischen Welterfolgs

PETER LANG
Frankfurt am Main · Berlin · Bern · Bruxelles · New York · Oxford · Wien

Die Deutsche Bibliothek - CIP-Einheitsaufnahme

Bürvenich, Paul:

Der Zauber des Harry Potter : Analyse eines literarischen
Welterfolgs / Paul Bürvenich. - Frankfurt am Main ; Berlin ;
Bern ; Bruxelles ; New York ; Oxford ; Wien : Lang, 2001
ISBN 3-631-38743-1

Umschlagabbildung: Frank Rütten

Gedruckt auf alterungsbeständigem,
säurefreiem Papier.

ISBN 3-631-38743-1
© Peter Lang GmbH
Europäischer Verlag der Wissenschaften
Frankfurt am Main 2001
Alle Rechte vorbehalten.

Das Werk einschließlich aller seiner Teile ist urheberrechtlich
geschützt. Jede Verwertung außerhalb der engen Grenzen des
Urheberrechtsgesetzes ist ohne Zustimmung des Verlages
unzulässig und strafbar. Das gilt insbesondere für
Vervielfältigungen, Übersetzungen, Mikroverfilmungen und die
Einspeicherung und Verarbeitung in elektronischen Systemen.

Printed in Germany 1 2 3 4 6 7

www.peterlang.de

für
Barbara

VORWORT

Der Elfenbeinturm ist ein wahrlich eigenartiges Gebäude. Nirgendwo kann er besichtigt, nirgendwo kann er bestiegen werden, und doch gibt es ihn. Gemeinhin gilt er als die Studier-, Lese- und Schreibkammer einer Wissenschaft, die der Allgemeinheit nicht zugänglich ist.

Das vorliegende Buch wurde weder im noch für den Elfenbeinturm geschrieben. Zwar versteht es sich als eine wissenschaftliche Untersuchung, ist jedoch, so hofft der Autor, aufgrund seiner Sprache und seiner Thematik einer breiten Leserschaft zugänglich.

Bedanken möchte sich der Autor bei seiner Frau, Barbara Bürvenich, die mit Geduld, konstruktiver Kritik und fruchtbaren Kommentaren die Entstehung dieses Buches begleitet hat. Ihr ist dieses Buch gewidmet. Ursula Löbens, Edward Martin und Dr. Isabel Martin leisteten mit zahlreichen Hinweisen und Anmerkungen einen unschätzbaren, weil kaum quantifizierbaren Beitrag zu diesem Buch. Auch ihnen sei sehr herzlich gedankt. Ein besonderer Dank schließlich gebührt Prof. Liesel Hermes für ihre Rolle als "Geburtshelferin" dieser Publikation. Sie selbst wird wissen, was mit dieser Metapher gemeint ist.

Die juristische Sachlage macht es erforderlich darauf hinzuweisen, dass *Der Zauber des Harry Potter* weder von J.K. Rowling, Warner Bros. noch deren Lizenznehmern gesponsert bzw. unterstützt wird und in keiner anderen Art und Weise geschäftlich mit ihnen verbunden ist.

"Harry Potter", um dies explizit hervorzuheben, ist ein eingetragenes Warenzeichen im Besitz der Time Warner Entertainment Company. Alle geäußerten Meinungen gehen einzig und allein auf den Autor der vorliegenden Publikation oder die angegebenen Quellen zurück und entsprechen nicht notwendigerweise denen J.K. Rowlings, der Warner Bros. Company oder ihren Lizenznehmern.

Ahrweiler, im August 2001.

Paul Bürvenich

INHALT

1.	EINLEITUNG	11
2.	EIN ZAUBERLEHRLING EROBERT DIE WELT – DAS PHÄNOMEN DER "POTTERMANIA"	15
2.1.	Publikationsgeschichte der Harry-Potter-Romane	15
2.2.	"Hogwärts und himmelwärts" – die Rezeption der Harry-Potter-Romane	26
2.2.1.	"Verzaubert" – eine Leserschaft zwischen Euphorie und Hysterie	26
2.2.2	"Fauler Zauber" – kritische Stimmen von religiösen Fundamentalisten und von Hütern der "Political Correctness"	31
2.2.3.	"Harrycane" – Medien zwischen Wirbelstürmen und "lauen Lüftchen"	38
3.	JOANNE K. ROWLING – DIE "ZAUBERIN" HINTER HARRY POTTER	43
4.	WAS DIE "POTTER-WELT" ZUSAMMENHÄLT – PLOT, SETTING UND CHARAKTERE	49
4.1.	Plot	49
4.2.	Setting – die Muggle- und die Zauberwelt	56
4.3.	Charaktere	63
4.3.1.	Harry Potter und sein Widersacher – Protagonist und Antagonist	63
4.3.2.	Harry Potter und seine Familien – die Pflege- und die Wahlfamilie	69
4.3.3.	Harry Potter und seine Freunde – das unschlagbare Trio	74
4.3.4.	Die Schüler von Hogwarts	78
4.3.5.	Hausmeister, Schlossgeister und Zaubermeister	83
5.	SPRACHLICHE ASPEKTE DER HARRY-POTTER-ROMANE	93
5.1.	Die Kunst der Reduktion und der Authentizität	93

5.2.	Die Magie des Humors	99
5.3.	Mehr als nur Schall und Rauch: Klingende und sprechende Namen	103
6.	ZENTRALE THEMEN DER HARRY-POTTER-ROMANE	109
6.1.	Der Kampf des Guten gegen das Böse	109
6.2.	Der Prozess des Erwachsenwerdens – vom Zauberlehrling zum Zaubermeister	118
7.	MOTIVE, NAMEN UND BEGRIFFLICHKEITEN DER HARRY-POTTER-ROMANE	127
7.1.	Parallelen zu Joanne K. Rowlings Biographie	127
7.2.	Parallelen zu *The Legend of Rah and the Muggles*: Ist "Harry Potter" ein Plagiat?	131
7.3.	Parallelen zu anderen literarischen Werken	145
8.	LASSEN SICH DIE HARRY-POTTER-ROMANE KATEGORISIEREN?	157
9.	HARRY POTTERS ZAUBER – LÄSST SICH SEIN ERFOLG ERKLÄREN?	171
9.1.	"Entzauberter Zauber" – Harry Potter als Objekt einer weltumspannenden Vermarktungsmaschinerie	171
9.2.	"Soziologischer Zauber" – Harry Potter und der Zeitgeist	179
9.3.	"Psychologischer Zauber" – Harry Potter als Identifikationsfigur	183
10.	RESÜMEE	187
Literatur- und Quellenverzeichnis		191
Index		206

1. EINLEITUNG

Zweifelsohne – die Harry-Potter-Romane der Autorin Joanne K. Rowling sind ein Phänomen. Die Abenteuer ihres Zauberlehrlings erreichen Auflagen in Rekordhöhe und werden von Grönland bis Südafrika, von Kalifornien bis China mit Begeisterung verschlungen. Susanne Gaschke, Journalistin und Literaturwissenschaftlerin, schreibt in der Wochenzeitung *Die Zeit*: "Keine andere literarische Figur hat Kinder auf der ganzen Welt in den vergangenen Jahren mehr beschäftigt als Harry Potter."[1] Das ist wohl wahr. Was aber, so die sich aufdrängende Frage, sind die Gründe für den fulminanten Erfolg dieser literarischen Figur? Was macht diesen Zauberlehrling, dessen Brille geflickt und dessen Stirn durch eine blitzförmige Narbe verunstaltet ist, so unwiderstehlich? Was, so sich dies eruieren lässt, macht den "Zauber des Harry Potter" aus?

Das vorliegende Buch stellt den Versuch dar, sich dem "Phänomen Harry Potter" auf literaturwissenschaftliche Weise zu nähern. Berücksichtigt werden hierbei unter anderem auch jene deutsch- und englischsprachigen Bücher, die seit der Veröffentlichung des ersten Harry-Potter-Bandes bis zum Mai 2001 zu dem Thema "Harry Potter" erschienen sind.

Viele dieser Publikationen taugen jedoch nur sehr bedingt (oder überhaupt nicht) als Sekundärliteratur.[2] Dies ist beispielsweise beson-

---

[1] Susanne Gaschke, "Freiheit für Harry P.: Die unendliche Geschichte vom Raub der Fantasie", *Die Zeit* 11 (März 2001), Online Edition. Online verfügbare Zeitungs- bzw. Magazinartikel werden nur dann zitiert, wenn sie in einer regelmäßig erscheinenden Internetausgabe veröffentlicht wurden und durch ein dauerhaft eingerichtetes Online-Archiv jederzeit abrufbar sind.

[2] In der Tat ist die Mehrzahl aller substanziellen Beiträge zum Thema "Harry Potter" im Internet veröffentlicht worden. Dies mag erstaunen, doch wie unter in Kapitel 2 (Ein Zauberlehrling erobert die Welt – das Phänomen der "Pottermania") noch ersichtlich werden wird, ist "Harry Potter" unter anderem auch ein Internet-Phänomen.

ders evident bei den Publikationen von Lindsey Fraser[3] oder Marc Shapiro,[4] als erwähnenswerte Ausnahmen seien hier die Publikationen von Jörg Knobloch,[5] Elizabeth D. Schafer,[6] des Lexikographen

---

[3] Vgl. Lindsey Fraser / Joanne K. Rowling, *An Interview with J.K. Rowling* (London, 2000). Lindsey Frasers durchaus informatives Interview ist ein Beispiel dafür, wie man aus einem verhältnismäßig kurzen Gespräch mit der Autorin Rowling (viele andere Interviews mit J. K. Rowling, veröffentlicht in Zeitungen, Zeitschriften oder im Internet, sind mindestens genauso umfangreich) "ein Buch zaubert". Das eigentliche Interview in diesem Buch umfasst nur 35 Seiten; diese sind jedoch in ungewöhnlich großer Schrift gedruckt, mit doppeltem Zeilenabstand und einem überaus platzraubenden Layout. Der Rest des Buches besteht aus einer lückenhaften Zusammenfassung der Harry-Potter-Bücher und einer Auflistung sämtlicher Preise und Auszeichnungen, die J.K.Rowling für ihre Bücher erhalten hat.

[4] Vgl. Marc Shapiro, *J.K. Rowling: The Wizard Behind Harry Potter: An Unauthorized Biography* (New York, 2000[10]). Shapiros Arbeit ist schlecht recherchiert. Zahlreiche Datums- und Namensangaben sind falsch, so wird beispielsweise das Geburtsdatum J.K. Rowlings um rund ein Kalenderjahr verschoben (vgl. Shapiro, 19) und aus dem Bahnhof "King's Cross" (in den Harry-Potter-Romanen der Startpunkt auf der Reise nach Hogwarts) wird ein Bahnhof namens "Knight's Cross" (vgl. Shapiro, 49). Der Verfasser des vorliegenden Buches hat sich jedoch erlaubt, den Titel von Shapiros Publikation für eines der nachfolgenden Kapitel zu entleihen (s. 3. Joanne K. Rowling – die "Zauberin" hinter Harry Potter).

[5] Vgl. Jörg Knobloch, *Die Zauberwelt der J.K. Rowling: Hintergründe & Facts zu "Harry Potter"* (Mülheim an der Ruhr, 2000). Knoblochs Arbeit ist die umfassendste und ergiebigste Veröffentlichung zum Thema "Harry Potter", gelegentliche Fehler sind jedoch auch hier zu finden. So wird beispielsweise die Gesamtauflage der Bücher von Agatha Christie mit über zwei Milliarden angegeben (vgl. Knobloch, 48). In Wirklichkeit beträgt die Auflage rund ein Achtel dieser Summe (vgl. 2.1. Publikationsgeschichte der Harry-Potter-Romane). Eine zweite Veröffentlichung Knoblochs, mit dem irreführenden Titel "Literaturkartei", ist eine Arbeitsblattsammlung zum Thema "Harry Potter" für den Schulunterricht, als Sekundärliteratur daher ungeeignet: Vgl. Jörg Knobloch / Brigitte Beuning, *Literatur-Kartei zum Jugendbuch von Joanne K. Rowling: Harry Potter und der Stein der Weisen* (Mülheim an der Ruhr, 2000).

[6] Vgl. Elizabeth D. Schafer, *Exploring Harry Potter* (London, 2000). Schafers Publikation ist als Handbuch für den Schulunterricht gedacht – als solches ist es umfangreich und fundiert.

Friedhelm Schneidewind[7] und der "Wolfenbütteler Akademie"[8] genannt (auf diese Veröffentlichungen wird nachfolgend des öfteren zurückgegriffen werden).

Ein Versuch den "Zauber des Harry Potter" zu analysieren, geht naturgemäß einher mit der Erfordernis verschiedene Aspekte des Phänomens "Harry Potter" nicht nur zu interpretieren, sondern zu dokumentieren. Einzelne Kapitel und Unterkapitel dieses Buches haben daher einen überwiegend oder rein dokumentarischen Charakter (beispielsweise das zweite und dritte Kapitel) und sind die notwendige Grundlage für die literaturwissenschaftliche Analyse.

Da Rowling ihre Harry-Potter-Reihe auf sieben Bände angelegt hat,[9] bisher allerdings nur vier erschienen sind, kann eine Bewertung der Harry-Potter-Romane nur vorläufiger Natur sein. Im Rahmen der vorliegenden Untersuchung wird das Phänomen "Harry Potter" exemplarisch anhand des ersten Bandes, *Harry Potter and the Philosopher's Stone*, analysiert werden. Wenn erforderlich, wird jedoch auf die Bände zwei bis vier zurückgegriffen.

Die Harry-Potter-Romane der Autorin J.K. Rowling bieten eine Vielzahl potenzieller literaturwissenschaftlicher Themenstellungen; nicht alle davon konnten nachfolgend Beachtung finden (beispielsweise der Einfluss der Harry-Potter-Romane auf einzelne, in den letzten zwei bis drei Jahren veröffentlichte Bücher der Kinder- und Jugendliteratur[10]). In einigen Kapiteln oder Unterkapiteln dieses Buches

---

[7] Vgl. Friedhelm Schneidewind, *Das ABC rund um Harry Potter* (Berlin, 2000³). Ein nützliches Nachschlagewerk zum Thema "Harry Potter"; leider sind auch hier nicht alle Angaben korrekt. Die Erstauflage von *Harry Potter and the Prisoner of Azkaban* wird z.B. mit 10.000 Exemplaren angegeben (S. 156), tatsächlich war sie 24 mal so hoch (vgl. 2.1. Publikationsgeschichte der Harry-Potter-Romane).

[8] Vgl. Olaf Kutzmutz (Hrsg.), *Harry Potter oder Warum wir Zauberer brauchen* (Wolfenbüttel, 2001). Nicht sehr umfangreich; doch mit interessanten Beiträgen zu den psychologischen Facetten Harry Potters.

[9] Vgl. Fraser / Rowling, 22.

[10] Die Harry-Potter-Bücher haben auf dem deutschen und angelsächsischen Kinder- und Jugendbuchmarkt einen regelrechten "Zauberer- und Hexenboom" ausgelöst. Vgl. Heidrun Holzbach, "Literarischer Zauberboom: Harry Potter auf den Scheiterhaufen?", *Spiegel Online* (26.Februar 2001).

werden inhaltliche Prioritäten gesetzt, auf die jedoch an den betreffenden Stellen hingewiesen wird. Auch aus diesen Gründen kann die vorliegende Untersuchung nur ein Versuch sein, sich dem "Zauber des Harry Potter" zu nähern, ein Versuch gleichwohl, der sich bemüht den wichtigsten Aspekten der Harry-Potter-Romane Beachtung zu schenken.

2. EIN ZAUBERLEHRLING EROBERT DIE WELT – DAS PHÄNOMEN DER "POTTERMANIA"

2.1. Publikationsgeschichte der Harry-Potter-Romane

Juli 1995	Nach fünfjähriger Arbeit beendet Joanne K. Rowling den Roman *Harry Potter and the Philosopher's Stone*,[11] Band eins einer geplanten Septologie.
August 1995 – Juli 1996	Rowling bietet ihren Roman zwei Literaturagenten und acht Verlagen an.[12] Die Absagen, die sie erhält, beanstanden den zu großen Umfang ihres Kinderbuches[13] – rund 90.000 Wörter.[14]
Juli 1996	Der Literaturagent Christopher Little findet einen Herausgeber für *Harry Potter and the Philosopher's Stone*, den 1986 gegründeten Londoner Bloomsbury Verlag.[15]
Februar 1997	Joanne K. Rowling erhält vom "Scottish Arts Council" ein Stipendium in Höhe von £8000. Rowling beginnt daraufhin mit den Arbeiten am zweiten Harry-Potter-Band.[16]

---

[11] Vgl. Fraser / Rowling, 26.
[12] Vgl. Burkhard Müller-Ulrich, "Riesenzauber um Harry Potter", *Die Welt online* (1.Juli 2000).
[13] Vgl. Knobloch, *Die Zauberwelt der J.K. Rowling*, 31.
[14] Vgl. Fraser / Rowling, 26.
[15] Vgl. Knobloch, *Die Zauberwelt der J.K. Rowling*, 31.
[16] Vgl. Anonymus, "Die Autorin J.K. Rowling", *Harry Potter* (Stand: 22.März 2001), Homepage des Carlsen Verlags .

Juni 1997	*Harry Potter and the Philosopher's Stone* wird in Großbritannien mit einer Startauflage von 500 Exemplaren veröffentlicht.[17] Joanne K. Rowling erhält vom Bloomsbury Verlag einen Vorschuss von £2000.[18] Kurz nach dem Erscheinen wird der Roman bereits mit einem Literaturpreis ausgezeichnet: "The Guardian Children's Fiction Prize" (in der Folgezeit wird Rowling mit nationalen und internationalen Literaturpreisen nahezu überhäuft).[19] Das Medieninteresse ist erwacht. *Harry Potter and the Philosopher's Stone* stürmt die britischen Bestsellerlisten.[20]
September 1997	Der amerikanische Verlag Scholastic Books ersteigert in New York die US-Rechte für *Harry Potter and the Philosopher's Stone*. Scholastic zahlt $105.000 – eine zu diesem Zeitpunkt beispiellose Rekordsumme für ein Kinderbuch.[21] Der Hamburger Carlsen Verlag

---

[17] Vgl. Schneidewind, 158.
[18] Vgl. Schneidewind, 307.
[19] Vgl. Schneidewind, 273. Eine Auswahl der Preise und Auszeichnungen, die Schneidewind auflistet (und die J.K. Rowling allein für *Harry Potter and the Philosopher's Stone* erhalten hat), liest sich wie folgt: "Nestlé Smarties Gold Award" 1997, "Children's Book of the Year 1997", "Children's Book Award" 1998, "Birmingham Cable Children's Book Award" 1997, "Carnegie Medal" 1997, "FCGB Children's Book Award" 1997, "Anne Spencer Lindbergh Prize for Children's Literature" 1997/98, "Young Telegraph Paperback of the Year" 1998, "Parenting Book of the Year Award" 1998, "Sheffield Children's Book Award" 1998, "ABBY Award" der "American Bookseller Association" 1999, Auszeichnungen als bestes Buch 1998 von "Publishers Weekly" und "New York Public Library", "Kinderbuchpreis der Jury der jungen Leser" 1999, Nominierung für den "Deutschen Jugendliteraturpreis" 1999.
[20] Vgl. Schneidewind, 46.
[21] Vgl. Bernard Weinraub, "New Harry Potter Book Becoming a Publishing Phenomenon", *The New York Times on the Web* (July 3, 2000).

	erwirbt die deutschen Rechte für *Harry Potter and the Philosopher's Stone*.[22] Verlage aus anderen Ländern erwerben ebenfalls Lizenzen.[23]
Juli 1998	Der zweite Harry-Potter-Band, *Harry Potter and the Chamber of Secrets*, wird mit einer Startauflage von 10.150 Exemplaren veröffentlicht.[24] Der Roman erobert mit einem Schlag den ersten Platz der "Book Track bestseller list".[25]
Oktober 1998	Mit einer Startauflage von 35.000 Exemplaren veröffentlicht Scholastic Books den ersten Harry-Potter-Band in den Staaten, hier jedoch unter dem Titel *Harry Potter and the Sorcerer's Stone*.[26] Der Verlag geht davon aus, dass für amerikanische Leserinnen und Leser die Bezeichnung "Philosopher's Stone" missverständlich sein könnte und als "Stein der Philosophen" verstanden würde.[27] Vokabeln und Begrifflichkeiten in Rowlings Roman, die der Verlag als *British English* einstuft, werden ins *American English* übertragen.[28]

---

[22] Vgl. Anonymus / Klaus Humann, "Wie hat Harry Potter Ihren Verlag verändert?: Fragen an Klaus Humann (Carlsen)", *Die Welt online* (10.Februar 2001).
[23] Vgl. Knobloch, *Die Zauberwelt der J.K. Rowling*, 32.
[24] Vgl. Schneidewind, 158.
[25] Vgl. Anonymus, "Muggles – F.A.Q. – Timeline of Events", *Harry Potter Books from Bloomsbury* (Stand: 22.März 2001), Homepage des Bloomsbury Verlages.
[26] Vgl. Eden Ross Lipson, "Book's Quirky Hero and Fantasy Win the Young", *The New York Times on the Web* (July 12, 1999).
[27] Vgl. Schneidewind, 376.
[28] Vgl. Wendy Doniger, "Harry Potter Explained: Can You Spot the Source?", *London Review of Books* 22/4 (February 17, 2000), 26-27, 27.

	Harry Potter and the Sorcerer's Stone wird in den Medien überaus positiv rezensiert und wird binnen kürzester Zeit auch in den Staaten zum Bestseller.[29]
	Der amerikanische Medienkonzern Warner Brothers erwirbt die Film- und Merchandisingrechte an Harry Potter.[30] Allein für die Filmrechte am ersten Harry-Potter-Band zahlt der US- Konzern $500.000.[31]
November 1998	Der Hamburger Carlsen Verlag veröffentlicht den ersten Harry-Potter-Band in Deutschland, hier unter dem Titel *Harry Potter und der Stein der Weisen*. Startauflage: 25.000 Exemplare.[32]
Juni 1999	Scholastic veröffentlicht in den Staaten den zweiten Harry-Potter-Band, *Harry Potter and the Chamber of Secrets*. Bereits einen Monat später sind rund 915.000 Exemplare verkauft.[33]
Juli 1999	Bloomsbury veröffentlicht den dritten Harry-Potter-Band, *Harry Potter and the Prisoner of Azkaban*, diesmal mit einer Startauflage von 240.000.[34] Erneut erobert der Roman aus dem Stand heraus Platz eins der Bestsellerlisten und ist das bis dahin am schnellsten verkaufte

---

[29] Vgl. Lipson.
[30] Vgl. Knobloch, *Die Zauberwelt der J.K. Rowling*, 32.
[31] Vgl. Weinraub.
[32] Vgl. Gisela Reiners, "Harry Potter bringt Kleinverlag nach vorn: Der kleine Zauberer macht den Hamburger Carlsen-Verlag zur Nummer zwei der deutschen Branche", *Die Welt online* (12.August 2000).
[33] Vgl. Lipson.
[34] Vgl. Lipson.

Buch Großbritanniens: 64.000 Exemplare in drei Tagen.[35]

Ein Novum ist, dass nicht nur der Erstverkaufstag festgelegt wird, sondern auch die Uhrzeit, ab wann das Buch verkauft werden darf (15:45 Uhr). Nach eigener Verlautbarung hofft der Verlag auf diese Weise zu verhindern, dass britische Schulkinder reihenweise die Schule schwänzen.[36]

Die Harry-Potter-Romane sind zu diesem Zeitpunkt bereits ein internationales Phänomen. Innerhalb von zwei Jahren sind die Bücher in 115 Ländern und 25 verschiedenen Sprachen erschienen.[37]

September 1999

In den Staaten veröffentlicht Scholastic den dritten Harry-Potter-Band.[38] Startauflage: 900.000.[39]

Der Verkauf der Harry-Potter-Romane in Deutschland verläuft bis zu diesem Zeitpunkt vergleichsweise schleppend. Erst als die Medien beginnen über die Erfolgsgeschichte der ehemaligen Sozialhilfeempfängerin Joanne K. Rowling zu berichten, bricht auch hier das "Harry-Potter-Fieber" aus. Die Auflagenzahlen vervielfachen sich.[40]

---

[35] Vgl. Anonymus, *Muggle - F.A.Q. – Timeline of Events*.
[36] Vgl. Alan Conwell, "Investors and Children Alike Give Rave Reviews to Harry Potter Books", *The New York Times on the Web* (October 18, 1999).
[37] Vgl. Lipson.
[38] Vgl. Gregory Maguire, "Lord of the Golden Snitch", *The New York Times on the Web* (September 5, 1999).
[39] Vgl. Alan Conwell, "Publishers Use Secrecy in Harry Potter Promotion", *The New York Times on the Web* (May 22, 2000).
[40] Vgl. Anonymus / Klaus Humann.

Oktober 1999	Der Pekinger Volksliteratur-Verlag bemüht sich um Lizenzen für die ersten drei Harry-Potter-Bände. Die Verhandlungen ziehen sich über ein knappes Jahr hinweg.[41]
März 2000	Obwohl die deutsche Ausgabe des vierten Harry-Potter-Bandes erst im Oktober erscheint, ist sie bereits ein Bestseller. Auf der Verkaufsrangliste der deutschen Sparte des Internetbuchhändlers Amazon rangiert sie auf Platz 15.[42]
Juli 2000	Vor Erscheinen des vierten Harry-Potter-Bandes beträgt die weltweite Auflage der Harry-Potter-Romane über 30 Millionen Exemplare. Die Bücher liegen inzwischen in 32 verschiedenen Sprachen vor.[43]
	Am 8.Juli erscheint in der englischsprachigen Welt *Harry Potter and the Goblet of Fire* – in den Vereinigten Staaten mit der höchsten Erstauflage aller Zeiten, 3,8 Millionen Exemplare; in Großbritannien werden 1,5 Millionen Stück gedruckt – nationaler Rekord. Dort gehen am ersten Tag fast 400.000 Bücher über die Ladentische. In den USA setzen allein die Buchhandelskette Barnes & Noble rund 500.000 und der Internetbuchhändler Amazon über 400.000 Exemplare ab.[44] Wenige Tage nach der Veröffentli-

---

[41] Vgl. Anonymus, "Hali Bote: Harry Potter zaubert auch in China", *Spiegel Online* (11.September 2000).
[42] Vgl. Anonymus, "Harry Potter: Zauberlehrling im Bestseller-Rausch", *Spiegel Online* (28.März 2000).
[43] Vgl. Anonymus, "Harry Potter: Autorin Rowling bekommt die Doktorwürde", *Spiegel Online* (14.Juli 2000).
[44] Vgl. Knobloch, *Die Zauberwelt der J.K. Rowling*, 50.

chung kündigt der Scholastic Verlag an, zwei Millionen weitere Exemplare zu drucken.[45]

Barnes & Noble und Amazon leisten sich im Vorfeld der Veröffentlichung einen ruinösen Preiskrieg. Barnes & Noble bietet den neuen Harry-Potter-Roman für 16,65 US-Dollar an (etwa 36% unter dem regulären Preis), Amazon für 15,57 Dollar (rund 40% unter dem empfohlenen Ladenpreis). Im Gegensatz zu Barnes & Noble entstehen Amazon jedoch zusätzliche Kosten mit dem Versprechen jedem seiner Kunden am Ersterscheinungstag den neuen Harry-Potter-Band kostenlos per Expresszustellung zu liefern. Eine solche Expresszustellung kostet knapp neun US-Dollar pro Buch. Die daraus entstehenden Verluste in Millionenhöhe haben Folgen. Innerhalb kürzester Zeit fallen die Aktien des weltweit größten E-Commerce-Unternehmens um mehr als dreißig Prozent. Für die Dauer einiger Wochen droht dem Unternehmen die wirtschaftliche Pleite.[46]

Juli – Oktober 2000   In Deutschland, wo die deutsche Ausgabe des vierten Bandes noch nicht erschienen ist, verkaufen sich in diesem Zeitraum mehr als 50.000 Exemplare der englischsprachigen Ausgabe.[47]

---

[45] Vgl. David D. Kirkpatrick, "Vanishing off the Shelves", *The New York Times on the Web* (July 10, 2000).

[46] Vgl. Michael Remke, "Harry Potters vierter Band kostet Amazon ein Vermögen: Internet-Buchhändler machte allein am ersten Erscheinungstag Millionenverluste", *Die Welt online* (13.Juli 2000).

[47] Vgl. Kirsten Boie, "Harry holt die Auflage: Kinderbuchautorin Kirsten Boie über die Pottermanie", *Die Welt* (21.Oktober 2000), 26.

	In den USA häufen sich die Proteste renommierter literarischer Star-Autoren wie John Updike, Philip Roth oder Saul Bellow. Da die bisher erschienenen vier Harry-Potter-Bände permanent die ersten vier Plätze der *New York Times*-Bestsellerliste belegen, fordern sie die Einrichtung einer separaten Bestsellerliste für Kinderbücher.[48] Die *New York Times* kommt dieser Forderung schließlich nach.[49]
August 2000	Bereits Wochen vor der offiziellen Veröffentlichung der ersten drei Harry-Potter-Romane in China kursieren Raubkopien aller vier Bände.[50]
Oktober 2000	In China erscheinen die offiziellen Übersetzungen der ersten drei Harry-Potter-Bände mit einer Startauflage von je 200.000 Exemplaren.[51] Auch im "Reich der Mitte" ist Harry Potter ein Bestseller.[52] In Deutschland erscheint der vierte Harry-Potter-Band in einer Rekordauflage von einer Million, hier unter dem Titel *Harry Potter und der Feuerkelch*.[53] In den ersten beiden

---

[48] Vgl. Anonymus, "Wegen Harry: US-Bestsellerliste für Kinderbücher", *Die Welt online* (13.Juli 2000).
[49] Vgl. Anonymus, "Children's Best Sellers", *The New York Times on the Web* (July 23, 2000).
[50] Vgl. Schneidewind, 63.
[51] Vgl. Knobloch, *Die Zauberwelt der J.K. Rowling*, 49.
[52] Vgl. Schneidewind, 63.
[53] Vgl. Anonymus, "Rekordauflage: Harry Potter für alle", *Spiegel Online* (5. September 2000)

	Tagen nach Erscheinen werden 530.000 Exemplare verkauft.[54]
November 2000	Nicht nur die Auflagenzahlen der Harry-Potter-Romane steigen ins Unermessliche: Eine Erstausgabe von *Harry Potter and the Philosopher's Stone* wird im westenglischen Swindon für £6.000 versteigert – ein Rekordpreis für ein knapp dreieinhalb Jahre altes Kinderbuch.[55] Vier Monate später wird der Wert dieser Erstausgabe auf £15.000 taxiert.[56]
Februar 2001	Ende des Monats stehen die Harry-Potter-Romane in Deutschland bereits seit 50 Wochen an der Spitze der *Spiegel*-Bestsellerliste.[57]
	Die Dreharbeiten zum ersten Harry-Potter-Film sind abgeschlossen, die Dreharbeiten zum zweiten Film werden aufgenommen.[58] Aller Voraussicht nach kommt der erste Harry-Potter-Film noch bis zum Ende des Jahres 2001 in die amerikanischen und englischen Kinos.[59]
März 2001	Harry-Potter-Bücher sind inzwischen in nahezu jedem Land erhältlich. In über 150 Ländern sind die Abenteuer des Zauberlehrlings

---

[54] Vgl. Knobloch, *Die Zauberwelt der J.K. Rowling*, 50.
[55] Vgl. Anonymus, "Auktion: Potter-Erstausgabe für 6000 Pfund versteigert", *Spiegel Online* (16.November 2000).
[56] Vgl. Anonymus, "Catalogues – Recent Acquisitions (1)", Peter Harrington: Antiquarian Bookseller (Stand: 25.März 2001), kommerzielle Homepage.
[57] Vgl. Anonymus, "Entpottert", *Die Welt online* (4.März 2001).
[58] Vgl. Anonymus, "Kinderstars: Millionen für den Jungen, der Harry spielt", *Die Welt online* (17.Februar 2001).
[59] Vgl. Knobloch, *Die Zauberwelt der J.K. Rowling*, 61.

käuflich zu erwerben, übersetzt in über 40 Sprachen.[60]

Die weltweite Auflage wird auf über 120 Millionen Exemplare geschätzt. Genaue Angaben sind nicht möglich, da verlässliche Auflagenzahlen aus China nicht verfügbar sind.[61]

Der Löwenanteil der weltweiten Gesamtauflage entfällt auf den amerikanischen Scholastic, den britischen Bloomsbury und den deutschen Carlsen Verlag. So gibt der Carlsen Verlag an bis zum März 2001 über 12 Millionen Exemplare verkauft zu haben,[62] der britische Bloomsbury Verlag beziffert seinen Absatz auf über 20 Millionen Exemplare,[63] Scholastic nennt die Zahl von 48,6 Millionen gedruckter Harry-Potter-Bücher (Stichtag: 1. März 2001).[64]

Damit gehört Joanne K. Rowling zu den erfolgreichsten SchriftstellerInnen aller Zeiten. Zieht man den Zeitraum von nur 45 Monaten in Betracht (seit Erscheinen des ersten Harry-Potter-Bandes) ist sie zweifelsohne die erfolgreichste Schriftstellerin der Literaturgeschichte.

Einzig ernsthafter Konkurrent ist der hierzulande recht unbekannte amerikanische Autor R.L. Stine, dessen Kinderbuchreihe

---

[60] Telefonat vom 22.03.2001 mit einem Mitarbeiter des Bloomsbury Verlages.
[61] Telefonat vom 22.03.2001 mit einem Mitarbeiter des Scholastic Verlages.
[62] Telefonat vom 22.02.2001 mit einer Mitarbeiterin des Carlsen Verlages, Presseabteilung.
[63] Telefonat vom 22.03.2001 mit einer Mitarbeiterin des Bloomsbury Verlages, Kinderbuch-Abteilung.
[64] E-Mail vom 23.03.2001 von Linda Schenker, Mitarbeiterin des Scholastic Verlages, Abteilung Public Relations.

Gänsehaut (ebenfalls bei Scholastic verlegt) seit 1992 weltweit mit über 220 Millionen Exemplaren verkauft wurde.[65] Rechnet man diese Zahl auf 45 Monate um, so ergeben sich etwa 93 Millionen (rund 27 Millionen weniger als J.K. Rowling verkauft hat).

Agatha Christies über 70 Kriminalromane haben sich in rund 80 Jahren ca. 250 Millionen mal verkauft.[66] Auf 45 Monate umgerechnet sind dies rund 12 Millionen Exemplare (ein Zehntel der Rowlingschen Gesamtauflage). Alle anderen Bestsellerautoren, von J.R.R. Tolkien bis Stephen King, bleiben (bezogen auf 45 Monate) ebenfalls weit hinter den Verkaufszahlen Rowlings zurück.

Selbst der Best- und Longseller schlechthin, die Bibel, die mit 2,5 Milliarden Exemplaren seit 1815 als meistverkauftes Buch der Welt gilt, verkauft sich nicht einmal halb so gut wie die ersten vier Bände der Harry-Potter-Septologie: Umgerechnet auf 45 Monate, rund 50 Millionen Mal.

Ausblick

Der fünfte Harry-Potter Band erscheint aller Voraussicht nach im Frühjahr 2002,[67] Titel: *Harry Potter and the Order of the Phoenix.*[68] Obwohl das fünfte Abenteuer Harry Potters in Deutschland erst in über einem Jahr erhältlich sein wird, schickt sich auch dieser Band bereits an die Bestsellerlisten zu erobern. In der Verkaufsrangliste der deutschen Sparte des

---

[65] Vgl. Knobloch, *Die Zauberwelt der J.K. Rowling*, 48.
[66] Vgl. Schneidewind, 32.
[67] Vgl. Knobloch, *Die Zauberwelt der J.K. Rowling*, 47.
[68] Vgl. Anonymus, "Enthüllung: Harry-Potter-Autorin verriet neuen Buchtitel", *Spiegel Online* (24.Oktober 2000).

Internetbuchhändlers Amazon, rangiert *Harry Potter and the Order of the Phoenix* aufgrund zahlreicher Vorbestellungen bereits auf Platz 26.[69]

Band sechs und sieben sollen 2003 und 2004 erscheinen.[70] Auch wenn die britische Ausgabe des vierten Harry-Potter-Bandes für ein "Kinderbuch" mit 636 Seiten bereits ungewöhnlich umfangreich war, denkt Joanne K. Rowling, dass der letzte Band der Septologie das dickste Buch sein wird. "'Band 7', sagt sie ironisch, 'wird wie die Encyclopedia Britannica, weil ich mich schließlich verabschieden muß.'"[71]

2.2. "Hogwärts und himmelwärts" – die Rezeption der Harry-Potter-Romane

2.2.1. "Verzaubert" – eine Leserschaft zwischen Euphorie und Hysterie

In der Expositionsphase des ersten Bandes, *Harry Potter and the Philosopher's Stone*, unterhalten sich Zaubermeisterin Professor McGonagall und Zaubermeister Professor Dumbledore über den zu diesem Zeitpunkt erst wenige Monate alten Säugling Harry Potter. Die Auto-

---

[69] Vgl. Anonymus, "Harry Potter, Bd. 5", *amazon.de* (Stand: 3.April 2001), kommerzielle Homepage des Internetbuchhändlers Amazon.
[70] Vgl. Knobloch, *Die Zauberwelt der J.K. Rowling*, 47.
[71] Knobloch, *Die Zauberwelt der J.K. Rowling*, 45.

rin Joanne K. Rowling legt der orakelnden Professorin McGonagall Worte ungeahnten Wahrheitsgehaltes in den Mund.

> 'He'll be famous – a legend – [...] – there will be books written about Harry – every child in our world [Anmerkung des Verfassers: gemeint ist die Welt der Zauberer] will know his name!'[72]

Als Rowling diese Zeilen verfasste, konnte sie nicht ahnen, dass die Worte ihrer fiktiven Figur McGonagall auch in der realen Welt ihre Gültigkeit haben würden. In der Welt jener Kinder, deren Eltern Geld für Bücher erübrigen können, und in der Welt jener Kinder, die lesen können und dürfen, hat Harry Potter einen Bekanntheitsgrad, wie er gewöhnlich nur internationalen Popstars zuteil wird – in jener Welt ist Harry Potter in der Tat eine Berühmtheit, nein, mehr als das, er ist ein Idol. Der nachfolgend zitierte Brief eines jungen Lesers an Harry Potter bestätigt dies:

> Dear Harry,
>
> I and my friends admire you very much. You don't have any family alive that likes you, but you have made friends, and even the teachers seem to think you are special.
> You live in a world where the most wonderful things happen. You fly on broomsticks and put spells on people and sneak out dragons and eat magic candy.
> You play a game called Quidditch that has different balls and different players all flying through the air at the same time, and you always win the games.
> I wish I could be like you and become a wizard and have a great time.
>
> Sincerely,
> your friend, Jack Hillburn[73]

---

[72] Joanne K. Rowling, *Harry Potter and the Philosopher's Stone* (London, 1997^{50}), 15.
[73] Jack Hillburn, "Dear Harry ...: Letters We Have Written in School", *We love Harry Potter: We'll Tell You Why: An Unauthorized Tribute*, ed. Sharon Moore (New York, 1999^{10}), 73.

Die Begeisterung und der Enthusiasmus der Rowlingschen Leserschaft manifestiert sich auf noch eindrucksvollere Weise auf dem Podium eines Mediums, das so gar nicht zu der Welt des Harry Potter passen will – dem Internet.

Ende des Jahres 2000 gibt es im World Wide Web rund 75.000 Homepages, die dem Zauberlehrling Harry Potter und seiner fiktiven Welt gewidmet sind.[74] Der größte Teil davon sind private Homepages, liebevoll und einfallsreich gestaltet von Kindern und Jugendlichen im Alter von 10-15 Jahren – mit einer bisweilen erstaunlichen Professionalität.[75] Führt man sich die Anzahl der Harry-Potter-Internetadressen vor Augen, so mag man den Zauberlehrling mit Fug und Recht als den ersten "literarischen Star des Internet" bezeichnen.[76]

Die Abenteuer des Harry Potter scheinen jedoch nicht nur Kinder und Jugendliche in den Bann zu ziehen. Schätzungen gehen davon aus, dass die Harry-Potter-Bücher zu über 40 Prozent (auch) von Erwachsenen gelesen werden.[77] Die Tatsache, dass sich in Deutschland, als die Übersetzung des vierten Harry-Potter-Bandes noch nicht erschienen war, über 50.000 Exemplare der englischen Ausgabe verkauften (und das in nur drei Monaten, s. 2.1. Publikationsgeschichte der Harry-Potter-Romane), untermauert diese Schätzungen. Die wenigsten Kinder und Jugendlichen im Alter von 8-15 Jahren verfügen über die notwendigen Sprachkenntnisse um einen fremdsprachigen Wälzer von 636 Seiten zu lesen (Umfang der Bloomsbury-Ausgabe).

---

[74] Vgl. Klaus Michels / Berit Lempe, "Harry Potter: Alohomara – Homepages öffnet euch!: Das Beste aus über 75.000 Seiten!", *Space View Internetguide: Das Sci-Fi Magazin* 1 (2001), Titelseite.

[75] Vgl. Michels / Lempe, 13.

[76] Es ist anzunehmen, dass sich die Anzahl dieser Adressen seit dem Ende des Jahres 2000 durch die Intervention von "Warner Brothers" wieder verringert hat – in welchem Maße ist allerdings schwer zu beurteilen (mehr dazu unter 9.1. "Entzauberter Zauber" – Harry Potter als Objekt einer weltumspannenden Vermarktungsmaschinerie).

[77] Telefonat vom 22.03.2001 mit einem Mitarbeiter des Bloomsbury Verlages.

Sowohl in Deutschland[78] als auch auf dem englischsprachigen Buchmarkt[79] existieren Harry-Potter-Editionen mit "neutralem" Umschlag – für jene erwachsenen Leser, die nicht dabei ertappt werden wollen, ein Buch zu lesen, das für Kinder und Jugendliche gedacht ist. Treffend konstatiert die Literaturwissenschaftlerin Frauke Meyer-Gosau:

> Joanne K. Rowlings Harry-Potter-Heptalogie [...] ein weltliterarisch zu gewichtendes Phänomen (auch) der Erwachsenenliteratur? Dieser Schluß liegt, wenigstens für die sogenannte westliche Welt, nahe. Und wenn man das Phänomen nicht rundheraus abtun will als das Resultat einer ganz besonders ausgebufften und daher extrem erfolgreichen Werbestrategie [...], dann wird man nicht umhin können, es auch ernsthaft als einen literarischen Text für Erwachsene anzusehen; einen literarischen Text nämlich, der Erwachsene ebenso einholt wie Kinder.[80]

Dieses "Eingeholt-werden" äußert sich auf unterschiedlichste Art und Weise. In einem Interview mit dem Hamburger Nachrichtenmagazin *Der Spiegel* erzählt J.K. Rowling von ihren Erfahrungen während einer Werbereise in den Staaten, auf der sie in Buchhandlungen Autogrammstunden und Lesungen hält:

> Es war eine surreale Erfahrung. Wenn ich eine Buchhandlung betrat, fing der ganze Laden an zu schreien. Schreien – verstehen Sie? Ich schwöre es. Manchmal komme ich mir vor wie ein Spice Girl, nur ohne den Spaß. Ich

---

[78] Vgl. Anonymus, "Harry Potter, Ausgabe für Erwachsene, Bd. 1, Harry Potter und der Stein der Weisen", *amazon.de* (Stand: 7.April 2001), kommerzielle Homepage des Internetbuchhändlers Amazon.

[79] Vgl. Anonymus, "Harry Potter and the Philosopher's Stone: Adult Edition", *amazon.co.uk* (Stand: 7.April 2001), kommerzielle Homepage des Internetbuchhändlers Amazon.

[80] Frauke Meyer-Gosau, "Potterisms: Was der deutschen Gegenwartsliteratur fehlt – und Harry hat's", *Harry Potter oder Warum wir Zauberer brauchen*, Hrsg. Olaf Kutzmutz (Wolfenbüttel, 2001), 8.

wurde knallrot und wusste gar nicht, wo ich hinschauen sollte vor Scham. Ich redete mir dann ein, dass die Leute Harry meinen und nicht mich.[81]

Ihren vorläufigen Höhepunkt erreicht die "Pottermania" mit Erscheinen des vierten Bandes (in den englischsprachigen Ländern im Juli, in Deutschland im Oktober 2000). In den USA und in Großbritannien stehen Harry-Potter-Leser am Ersterscheinungstag zu nächtlicher Stunde Schlange, um das neue Abenteuer Harry Potters so früh wie nur möglich in ihren Händen zu halten:

> Vor der 'Waterstone'-Filiale am Londoner Piccadilly, der größten Buchhandlung Europas, standen rund 400 Menschen, große und kleine, auf der Straße, um das heiß erwartete Buch zu erwerben. Die Öffnungszeit war bis ein Uhr früh verlängert worden.[82]

In Deutschland werden am Ersterscheinungstag vielerorts die Ladenschlussgesetze außer Kraft gesetzt. Auch hier beginnt der Verkauf ab Mitternacht.[83] Von Flensburg bis Füssen finden in der gesamten Republik mitternächtliche Harry-Potter-Parties statt – vom Buchhandel organisierte Feiern, aber auch privat organisierte Festivitäten.[84]

Harrys Welt übt auf seine Leserschaft eine erstaunliche Anziehungskraft aus. Die Tageszeitung *Die Welt* berichtet im Oktober 2000, dass sich deutsche Zauber- und Magiervereine vor Aufnahmeanträgen kaum noch retten können:

---

[81] Christoph Dallach / Joanne K. Rowling, "'Ich komme mir vor wie ein Spice Girl': Die britische Schriftstellerin Joanne K. Rowling über den Erfolg ihres Märchenhelden Harry Potter und ihr neues Leben als Popstar", *kulturSpiegel* 4 (April 2000), Online Edition.
[82] Burkhard Müller-Ulrich, "Der Tote bei Harry Potter heißt ...: Mitternacht bei 'Waterstone's' an Londons Piccadilly: Band vier gerät in die Hände der Muggels", *Die Welt online* (10.Juli 2001).
[83] Anonymus, "Potter-Mania: Harry Potter und das Ladenschlussgesetz", *Spiegel Online* (13.Oktober 2000).
[84] Anonymus, "Verkaufsstart: Hymnen für Harry Potter", *Spiegel Online* (14. Oktober 2000).

> Welches Muggel-Kind hat sich nicht schon einmal gewünscht, mit der dikken unerträglichen Tante Inge, die einen zur Begrüßung mit feuchten Küssen bedeckt, einfach kurzen Prozess zu machen. So wie Harry Potter mit seiner fiesen Tante Magda, die er 'wie einen riesigen Wasserball mit Schweineaugen' durch einen Schwebezauber 'unter Würgen und Puffen' an die Zimmerdecke befördert.
> Zaubern können wie Joanne K. Rowlings Romanheld – das wollen inzwischen viele Kinder. Und weil sie dazu nicht wie Harry eben mal aufs Zauberinternat Hogwarts gehen können, versuchen sie es bei Professor Dumbledores Kollegen.[85]

Lobeshymnen auf Harry Potter; zehntausende, von Kindern und Jugendlichen gestaltete Internetseiten zu seiner Person und der Welt, in der er lebt; erwachsene Leser, die sich ihres Lesestoffs schämen; kreischende Teenager bei Harry-Potter-Lesungen; stundenlang für ein Buch anstehende Kinder, Jugendliche und Erwachsene; mitternächtliche Parties zu Ehren des Jungen mit der Stirnnarbe; boomende Zauberkurse auf den Spuren von Hogwarts – Reaktionen einer "pottermanischen" Leserschaft: zwischen Euphorie und Hysterie.

2.2.2. "Fauler Zauber" – kritische Stimmen von religiösen Fundamentalisten und von Hütern der "Political Correctness"

Nicht alle LeserInnen der Harry-Potter-Romane zeigen sich begeistert. So äußert sich beispielsweise eine "zutiefst enttäuschte" Leserin nach der Lektüre eines Harry-Potter-Buches in einer Online-Rezension wie folgt:

---

[85] Eva-Maria Graw, "Zaubern wie Harry Potter: Durch den Bucherfolg erfreuen sich auch deutsche Magier-Vereine zunehmender Beliebtheit", *Die Welt* (21. Oktober 2000), 36.

> Nach dem Werberummel der letzten Zeit habe auch ich mich entschlossen, einen Potter Band zu lesen. Ich bin zu tiefst enttäuscht! Potter ist keineswegs besser als ein durchschnittliches Kinderbuch, weshalb ich diese Massenhysterie nicht nachvollziehen kann. Mit Sicherheit ist es kein schlechtes Buch, aber diese ganze Aufregung ist es definitiv nicht wert. Und es gar mit dem 'Herr der Ringe' zu vergleichen, entspricht dem Vergleich zwischen Kohle und Diamanten.[86]

Wie viele Leser und Leserinnen der Harry-Potter-Romane ähnlich enttäuscht sind wie diese Leserin, ist schwer zu sagen. Publizierte Leserrezensionen (soweit sie nicht von Journalisten stammen) sind selten. Umfangreich ist jedoch die Menge jener Publikationen, die Joanne K. Rowlings Romane unter religiösen Aspekten oder individuell definierten Kriterien der "Political Correctness" untersuchen. Die Ergebnisse dieser Untersuchungen, wenn auch auf unterschiedlichen Argumenten basierend, kommen zu dem Schluss, dass Rowlings Harry-Potter-Romane für Kinder und Jugendliche ungeeignet sind.

Ein anonymer Kritiker, Vater zweier Kinder, von Beruf Arzt, entdeckt in den Harry-Potter-Büchern ein deutliches und "indoktrinierendes" Plädoyer für den Konsum von Drogen.[87] Er bezieht sich dabei auf eine Textstelle aus *Harry Potter and the Philosopher's Stone*, in welcher der Lehrer für Zaubertrankkunde, Severus Snape, seinen Schülern die Wichtigkeit seines Faches zu vermitteln versucht und das Vorwissen seiner Schüler überprüft:

> '[...] I don't expect you will really understand the beauty of the softly simmering cauldron with its shimmering fumes, the delicate power of liquids that creep through human veins, bewitching the mind, ensnaring the senses ... I can teach you how to bottle fame, brew glory, even stopper death – if you aren't as big a bunch of dunderheads as I usually have to teach.'

---

[86] Anonymus, "Eine Leserin aus Berlin, Deutschland, 21.Oktober 2000: Leider nur Durchschnitt", *amazon.de* (Stand: 8.April 2001), kommerzielle Homepage des Internetbuchhändlers Amazon.
[87] Vgl. Anonymus, "Harry Potter Takes Drugs", *Family Friendly Libraries* (Stand: 7.Juli 2000), Homepage der Organisation 'FFL'.

> More silence followed this little speech. Harry and Ron exchanged looks with raised eyebrows. Hermione Granger was on the edge of her seat and looked desperate to start proving that she wasn't a dunderhead.
> 'Potter!' said Snape suddenly. 'What would I get if I added powdered asphodel to an infusion of wormwood?'[88]

Warnend konstatiert der Arzt und Vater zweier Kinder:

> This plant wormwood contains *thujone,* a hypnotic drug, which *is banned by the FDA,* and *wormwood* is used to make *Absinthe,* a hallucinogenic liqueur. [...]
> The drug message in this book is clear. To reach your goals in life like Harry Potter you need to know how to make drugs and take drugs in just the way or else you are a 'dunderhead' and will never succeed. [...] I suggest the message to our children by the support of this book is, 'adults like me to read this book and it is OK for my hero, Harry Potter, to take drugs to reach his goal; so then it must be OK for me to make and take drugs to reach my goals too.'
> Parents be aware of the drug message of this 'politically incorrect' book.[89]

Eltern wie dieser Vater sind es, die dafür plädieren "Harry Potter" an Schulen zu verbieten. In ihrem Aufsatz "Should 'Harry Potter' Go To Public School?" gibt Karen Jo Gounaud zu bedenken:

> The Harry Potter book series has predominantly occult themes, heavily permeated with characters and practices associated with Witchcraft. [...] Harry Potter is a warlock, his dad was a warlock and his mother was a witch.[90]

Eine weitere kritische und wiederum anonyme Stimme, stuft die "Welt der Hexerei" als real und äußerst bedrohlich, und daher als ungeeignet für den Schulunterricht ein:

---

[88] Rowling, *Harry Potter and the Philosopher's Stone,* 102.
[89] Anonymous, *Harry Potter Takes Drugs.*
[90] Karen Jo Gounaud, "Should 'Harry Potter' Go To Public School?", *Family Friendly Libraries* (Stand: 7.Juli 2000), Homepage der Organisation 'FFL'.

> The world of witchcraft is *not* fantasy and it is *not* fun ... it is very real and it is not a happy world. It is in fact a world of fear, suspicion, competition (for self gain) and disrespect for authority. Also witchcraft is a bona fide, tax-exempt 'religion' in this country [USA] with an agenda contrary to every moral Judeo-Christian fiber that built this nation and should not be OK'd reading in our schools.[91]

In der Tat gab es mittlerweile in zahlreichen Staaten der USA Versuche "Harry Potter" aus den Schulen zu verbannen. Die meisten dieser Versuche waren erfolglos[92] – die meisten – jedoch nicht alle.

An einer ganzen Reihe von Schulen (und dies im Übrigen nicht nur in den Vereinigten Staaten) steht "Harry Potter" inzwischen auf der "schwarzen Liste verbotener Bücher", so beispielsweise im Santa Fe Independent School District in Texas[93] oder an der St.-Mary's-Island-Grundschule in Chatham bei London.[94]

Eine von der "American Booksellers Foundation for Free Expression" unterstützte Organisation namens "Muggles for Harry Potter" bemüht sich den Bestrebungen, die Harry-Potter-Romane aus den Schulbüchereien zu entfernen, entgegenzutreten,[95] ebenso wie die Organisation "National Coalition Against Censorship (NCAC)". Die Schriftstellerin Judy Blume, eine der Vorsitzenden der NCAC, kommentiert die Zensurbestrebungen gegenüber "Harry Potter" mit den Worten: "The real danger is not in the books, but in laughing off those who would ban them."[96]

---

[91] Anonymus, "What's Wrong with Harry Potter?", *Family Friendly Libraries* (Stand: 7.Juli 2000), Homepage der Organisation FFL.
[92] Vgl. Anonymus, "Where Has Harry Potter Been Banned?", *Muggles for Harry Potter* (Stand: 9.April 2001), Homepage der Organisation 'MfHP'.
[93] Vgl. Anonymus, "Santa Fe, Texas", *Action Alerts November 2000* (Stand: 8.April 2001), Homepage der Organisation 'NCAC'.
[94] Anonymus, "Wegen 'Ketzerei': Englische Schule verbietet Harry-Potter-Bücher", *Spiegel Online* (28.März 2000).
[95] Vgl. Anonymus, "Who are Muggles for Harry Potter?", *Muggles for Harry Potter* (Stand: 9.April 2001), Homepage der Organisation 'MfHP'.
[96] Judy Blume, "Is Harry Potter Evil?", *Censorship Online Issue #76* (Stand: 9.April 2001), Homepage der Organisation 'NCAC'.

Die zumeist christlich-fundamentalistischen Gegner der Harry-Potter-Bücher nicht ernst zu nehmen, scheint in der Tat unangebracht zu sein. Jene, die die "Gefahr" der Potter-Romane postulieren, scheinen Gehör zu finden. Bücher über den "teuflischen Harry" verkaufen sich blendend.[97] Anfang 2001 sind es derer drei, eines davon liegt bereits in deutscher Übersetzung vor.

Die radikalste Publikation ist die des amerikanischen Fernsehpredigers Phil Arms. Arms sieht in den Harry-Potter-Romanen ein "spirituelles Gift":

> The spiritually polluted nature of stories like Harry Potter and games such as Pokemon, will grossly contaminate the values and moral foundations of any child. The teachings and philosophies that are woven into these children's attractions are spiritual poison and Christian parents have a God-given responsibility to forbid their children's participation in such things.
> Harry Potter [...] teaches children how to manipulate demonic forces by the power of witchcraft. It teaches the child how to use God-forbidden techniques to accomplish objectives. [...] Harry Potter trains children to rely on the black arts and occultic powers. [...] Harry Potter justifies the use of evil to reach personal goals. [...] Harry Potter by repeated inferences and by the omission of spiritual facts, instructs its readers to ignore the reality of a personal God. [...]
> Harry's world is one of darkness, deception, and treachery, where evil is praised and wickedness is rewarded. In that world, children learn to trust satanic forces and to fellowship with demons.[98]

Phil Arms hat jedoch einen Trost bereit für diejenigen, die der Versuchung widerstehen können, die Harry-Potter- Romane zu lesen:

> Yes, these malevolent entities and activities are camouflaged behind a veil of good intentions and innocent fun. But, sooner or later, all who enter the world of Harry Potter must meet the true face behind the veil. And when they do, they discover what all those who toy with evil discover and

---

[97] Telefonat vom 8.April 2001 mit einer ehrenamtlichen Mitarbeiterin der Organisation 'Muggles for Harry Potter'.
[98] Phil Arms, *Pokemon & Harry Potter: A Fatal Attraction: An Exposé of the Secret War Against the Youth of America* (Oklahoma City, 2000), 83f.

that is, that while they may have been just playing, the Devil always plays for keeps.[99]

Der britische Sachbuchautor John Houghton ist in seiner christlichen Weltsicht um einiges gemäßigter und warnt vor der Gefahr unobjektiver Kritik an den Harry-Potter-Büchern:

> Es gibt doch viele, viele Möglichkeiten solche Geschichten zu erzählen. Warum also ausgerechnet Zauberei? Steckt da vielleicht eine finstere Machenschaft dahinter? Vielleicht sogar die bewusste Absicht der Autorin, Kinder zum Okkulten zu verführen?
> Manche fundamentalistischen Christen scheinen dieser Ansicht zu sein. Und einige von ihnen haben sich zum Narren gemacht und der Glaubwürdigkeit des Evangeliums beträchtlichen Schaden zugefügt, indem sie haltlosen, sensationell daherkommenden Unsinn, der aus nicht jugendfreien satirischen Quellen stammte, so zitierten, als ob er die reine Wahrheit und O-Ton Joanne Rowling wäre. Für solche Dummheiten sollten sich Christen schämen. Mag sie die Welt auch manchmal niederträchtig verleumden, aber sie sollten nicht mit gleicher Münze zurückzahlen.[100]

Doch auch John Houghton hält Rowlings Romane für gefährlich und übt fundamentale Kritik an den Geschichten um Harry Potter:

> Es gibt ein Reich der Finsternis, und es gibt ein übergreifendes Reich des Sohnes Gottes. So sehr wir unser Leben mit einer geistlichen Reise vergleichen mögen, es bleibt dabei, dass es eine unverrückbare Grenze gibt. [...] In der Welt von Harry Potter fehlt diese Transzendenz. Da ist nichts, wonach man streben könnte. Kein ehrfürchtiges Staunen in der Gegenwart des Guten. Kein höchstes Wesen außerhalb der Welt, nach dem man suchen oder das man anbeten könnte. Keine Person, die man lieben könnte. Somit besteht die Hexerei aus wenig mehr als materialistischer und psychologischer Manipulation; die Realität spiegelt sie nicht wider. Indem diese Welt von Harry Potter das wahrhaft Spirituelle verleugnet, präsentiert sie uns eine falsche Weltsicht.[101]

---

[99] Arms, 84.
[100] John Houghton, *Was bringt Harry Potter unseren Kindern?: Chancen und Nebenwirkungen des Millionen-Bestsellers* (Basel, 2001), 18f.
[101] Houghton, 72.

Ähnlich wie John Houghton argumentiert der kalifornische Pfarrer Richard Abanes. Im Gegensatz zu Houghton hat Abanes jedoch noch einen Ratschlag parat an jene Christen, die sich mit Harry-Potter-Lesern konfrontiert sehen:

> Try to understand that many people have what they believe are good reasons for accepting the Harry Potter books as appropriate for children and schools. Even if a friend or family member chooses to ignore warnings about Harry Potter, let him know that he is still loved and accepted. In Second Timothy 2:24-26, Paul teaches that every ministering encounter is to be permeated with gentleness and kindness.[102]

Nicht alle Christen scheinen über die von Abanes eingeforderten Tugenden zu verfügen. Im Februar 2000 äußert die Journalistin Wendy Doniger die Befürchtung, Harry-Potter-Bücher könnten irgendwann einmal auf dem Scheiterhaufen landen.[103] Sie sollte Recht behalten. Dass dies ausgerechnet in Deutschland der Fall sein würde (im Februar 2001 in der schwäbischen Gemeinde Schramberg),[104] einem Land, in dem bereits vor rund 70 Jahren schon einmal Bücherverbrennungen im großen Stil zelebriert wurden, hinterlässt einen bitteren Nachgeschmack.

"Harry Potter" ist ganz offensichtlich nicht jedermanns Lektüre. Die vorangehend zitierten, religiös motivierten Meinungen sollen hier jedoch nicht eingehender bewertet werden. Ob religiös motivierte Überzeugungen, solange sie keine Gewaltakte, Zensurversuche oder Bücherverbrennungen zur Folge haben, überhaupt zur Diskussion stehen können, sei an dieser Stelle dahingestellt.

---

[102] Richard Abanes, *Harry Potter and the Bible: Harmless Fantasy or Dangerous Fascination?: The Menace behind the Magick* (Camp Hill, 2001), 272. Die unorthodox erscheinende Schreibung des Wortes "Magick" wird auf der Rückseite des Buchcovers folgendermaßen erläutert: "The word 'magic' refers to stage illusions by sleight-of-hand, whereas 'magick' refers to occult practices."
[103] Vgl. Doniger, 27.
[104] Vgl. Holzbach.

2.2.3. "Harrycane" – Medien zwischen Wirbelstürmen und "lauen Lüftchen"

Der weitaus größte Teil der Auseinandersetzung mit "Harry Potter" fand in den vergangenen knapp vier Jahren in den Printmedien und im Internet statt. Fernsehen und Hörfunk spielten nur eine untergeordnete Rolle. Die Online-Editionen diverser Zeitungen und Magazine (beispielsweise *The New York Times on the Web*, *Die Welt online* oder *Spiegel Online*) setzten sich grundsätzlich häufiger mit dem Thema "Harry Potter" auseinander als ihre "Schwestern in Printform".

In den Printmedien und im Internet lassen sich zwei verschiedene Arten von Artikeln über Harry Potter, die Harry-Potter-Romane oder deren Autorin J.K. Rowling unterscheiden. Dies sind zum einen Artikel, geschrieben von JournalistInnen, die sich nicht im Geringsten oder nur in bescheidenem Umfang mit der Materie beschäftigt haben. Diese Art von Artikeln ist gekennzeichnet von dem Bestreben auf der Woge der Medienhype um Harry Potter mitzureiten, häufig im Stil der Boulevardpresse (selbst dann, wenn deren Verfasser für renommierte Tages- oder Wochenzeitungen arbeiten).[105] So werden beispielsweise Namen von Charakteren oder Lokalitäten der Harry-Potter-Romane falsch geschrieben oder verwechselt,[106] veraltete Auflagenzahlen der Harry-Potter-Bücher als aktuelle Rekordauflagen präsentiert[107] oder es

---

[105] Prinzipiell kann festgestellt werden, dass in allen sogenannten renommierten Zeitungen und Magazinen Harry-Potter-Artikel von sehr unterschiedlicher Qualität publiziert wurden.

[106] Vgl. Michael Winerip, "Review: Harry Potter and the Sorcerer's Stone", *The New York Times on the Web* (February 14, 1999). Hier wird aus dem Gleis neundreiviertel, welches für "Muggles" unsichtbar zwischen Gleis neun und zehn liegt, ein "entzaubertes Gleis neun".

[107] Vgl. Anonymus, "Enthüllung: Harry-Potter-Autorin verriet neuen Buchtitel", *Spiegel Online* (24.Oktober 2000). Hier wird die weltweite Auflage der vier Harry-Potter-Bücher mit über 30 Millionen Exemplaren angegeben. Diese Auflagenzahl hatten jedoch schon die ersten drei Harry-Potter-Bände unmittelbar vor Veröffentlichung des vierten Bandes, im Juli 2000, erreicht (s. 2.1. Publikationsgeschichte der Harry-Potter-Romane).

wird die rührende, aber stark übertriebene "Aschenputtel-Geschichte" der Autorin Rowling immer wieder aufs Neue kolportiert, ja bisweilen sogar mit phantasievollen Nuancen weiter ausgeschmückt. Auf diese Weise wird aus der ehemaligen Sozialhilfeempfängerin J.K. Rowling eine "ehemalige Sozialarbeiterin".[108] Rowling, die ihr Harry-Potter-Buch überwiegend in den Schlafpausen ihres Babys geschrieben hat, in diversen Cafés in Edinburgh, wird von phantasiebegabten Journalisten dazu verurteilt, ihren Roman auf Papierservietten geschrieben zu haben,[109] auf der "Flucht" vor einer nassen und ungeheizten Wohnung. Rowling dazu lakonisch: "Wie blöd müsste ich sein, eine ungeheizte Wohnung zu mieten?"[110]

Bisheriger Höhepunkt dieses boulevardesken Harry-Potter-Journalismus ist in den angelsächsischen Ländern und in Deutschland das Erscheinen des vierten Bandes, *Harry Potter and the Goblet of Fire*. Über die Rekordauflage dieses Buches (3,8 Millionen Exemplare in den USA, 1,5 Millionen in Großbritannien) und über die vor den Buchhandlungen Schlange stehenden Leser wird in epischer Breite berichtet, eine inhaltliche Auseinandersetzung mit dem Roman geschieht, wenn überhaupt, nur am Rande.[111]

Die zweite Art von Artikeln über das Thema "Harry Potter", geschrieben von JournalistInnen, die sich mit Joanne K. Rowlings Romanen auseinandergesetzt haben und sich bemühen, bereits Veröffentlichtes über Harry Potter nicht nur einfach neu zu verpacken, ist in der Regel von einem erstaunlich stark emotional eingefärbten Duktus durchzogen. Auch hier läßt sich recht häufig das Element des Sensationsjournalismus beobachten, kritische Auseinandersetzungen (die nicht gleichbedeutend mit einer negativen Bewertung sein müssen)

---

[108] Vgl. Knobloch, *Die Zauberwelt der J.K. Rowling*, 138.
[109] Vgl. Jörg Rohleder, "Die Abenteuer eines kleinen Jungen verzaubern Amerika: Drei Bücher über den Nachwuchs-Magier Harry Potter führen in den USA die Bestseller-Listen an: Auch Erwachsene im Lesefieber", *Die Welt online* (2. Oktober 1999).
[110] Vgl. Anonymus, "Joanne K. Rowling: Harry-Potter-Autorin spendet Millionen", *Spiegel Online* (4.Oktober 2000).
[111] Vgl. Christoph Driessen, "Harry Potter: Ein Waisenkind sorgt für volle Kassen", *Spiegel Online* (24.Oktober 2000).

mit den Potter-Büchern sind selten, und wenn, dann werden beispielsweise Harry Potter, Überraschungseier und Tamagotchis in ein und dieselbe Waagschale geworfen und es wird eine wachsende Infantilisierung aller Erwachsenen (die sich "erdreisten" Harry Potter zu lesen) diagnostiziert.[112] Der Artikel einer Berliner Journalistin sei hier in größerem Umfang zitiert, da er den vorangehend genannten "Potter-Sensations-Journalismus" in beispielhafter Art und Weise dokumentiert:

> Als die erste Freundin eine Verabredung mit einer fadenscheinigen Begründung absagte, dachten wir uns noch nichts dabei. Immerhin hat sie Kinder, denen vorgelesen werden muss. Doch dann beichtete eine andere, dass sie, anstatt abends zu Mann und Kind nach Hause zu gehen, 20 Minuten an einer eiskalten Bushaltestelle sitzen bleiben musste. Nur wegen der letzten Seiten in Band III. Und als ein Kollege, kinderlos und sonst eher für zynische Bemerkungen bekannt, unlängst mit schwarzen Augenringen durchs Büro schlich und die Schuld auf Band I schob, war uns klar: Harry Potter, der kleine Zauberer, der ins Internat kommt um richtig hexen zu lernen, ist nicht nur ein Kinderbuchheld. Er ist vielmehr das Instrument einer unheimlichen Macht, die vor allem Erwachsene in Trance versetzt. Bis zur letzten Zeile. Diese Macht fordert: Schmökern, nicht Arbeiten [sic]. Und es funktioniert.
>
> Das Bruttosozialprodukt sinkt. Hoch motivierte Angestellte vergessen morgens aus der S-Bahn auszusteigen, weil sie unbedingt das Kapitel zu Ende lesen müssen. Seit die Potter-Bücher auch in den Chef-Etagen aufgetaucht sind, häufen sich im Management die plötzlichen Krankmeldungen.[113]

---

[112] Vgl. Andreas Öhler / Christiane Florin, "Alltagskultur: Wir Daumenlutscher: Was Kleinigkeiten über den deutschen Geisteszustand verraten", *Rheinischer Merkur* 29 (21.Juli 2000), 17. Der Artikel wird mit den folgenden Worten eingeleitet: "Immer mehr Erwachsene lassen den großen Grass links liegen und geben sich den Abenteuern des kleinen Zauberschülers Harry Potter hin. Der Griff zum Kinderbuch ist nur die Spitze des Eisbergs. Je weniger Kinder es gibt, desto kindischer werden die Erwachsenen. Wir haben einige Besorgnis erregende Indizien dieser Entwicklung zusammengestellt."

[113] Meike Bruhns, "Verzaubertes Berlin", *Berliner Zeitung* (24.März 2000), Online Edition.

Wenn auch der plaudernde Kolumnenstil dieses Artikels eine durchaus angenehme Lektüre bietet, die Journalistin Meike Bruhns hat mit ihrem Beitrag zum Thema "Harry Potter" bestenfalls eine missglückte (weil um vordergründige Authentizität bemühte) Satire vorgelegt. Niemand wird ernsthaft glauben, dass "Harry Potter" das deutsche Bruttosozialprodukt in irgendeiner Weise beeinflusst.

Durch Artikel wie diesen sind nicht nur Harry Potter, sondern auch die Autorin J.K. Rowling zu weltweit umjubelten Medienstars avanciert. Harry Potter ist der erste Kinderbuchheld, der es auf die Titelseite des *Time Magazine* geschafft hat.[114] Erst unlängst wurde Joanne K. Rowling in die Liste der "101 Mächtigsten des Showbusiness" gewählt. Rowling belegt hinter dem *CBS*-Chef Leslie Moonves, der Schauspielern Julia Roberts, dem Schauspieler Tom Cruise, und dem Regisseur und Produzenten Steven Spielberg Rang fünf.[115]

Indes, unter den abertausenden Artikeln über "Harry Potter" gibt es sie letztendlich doch – die Artikel mit Substanz (auch wenn dies insgesamt nur wenige Dutzend sind). Stellvertretend seien an dieser Stelle die in Print- und Online-Medien veröffentlichten Arbeiten des in Oxford lehrenden Professors Richard Jenkyns,[116] der Londoner Kritikerin Wendy Doniger[117] oder der Hamburger Journalistinnen und Literaturwissenschaftlerinnen Constanze Semidei[118] und Susanne Gaschke[119] genannt.

---

[114] Ausgabe vom 4.Oktober 1999. Vgl. Olaf Kutzmutz, "Nachricht von Aschenputtel: Joanne K. Rowling in den Medien", *Harry Potter oder Warum wir Zauberer brauchen*, Hrsg. Olaf Kutzmutz, (Wolfenbüttel, 2001), 66.
[115] Vgl. Anonymus, "Die Mächtigsten des Show Biz: Moonves, Roberts und Cruise", *Die Welt* (21.Oktober 2000), 36.
[116] Vgl. Richard Jenkyns, "Potter in the Past", *Prospect* 56 (October 2000), 38-43.
[117] Vgl. Wendy Doniger, "Harry Potter Explained: Can You Spot the Source?", *London Review of Books* 22, 4 (February 17, 2000), 26-27.
[118] Vgl. Constanze Semidei, "'Harry Potter And [sic] The [sic] Goblet Of [sic] Fire': Ein harter Brocken", *Spiegel Online* (17.Juli 2000). Die Orthographie des Titels sagt in diesem Fall nichts über die Qualität des Artikels aus.
[119] Susanne Gaschke, "Zum Beispiel Harry Potter: Ein Erfolg wider den Zeitgeist", *Die Zeit* 29 (Juli 2000), Online Edition.

Alles in allem jedoch sind ernsthafte Rezensionsversuche oder seriös recherchierte Berichte über "Harry Potter" bedauerlicherweise die Ausnahme in einer "Harrycane"-geschüttelten Medienlandschaft – und auch dies ist, wie es scheint, ein Phänomen der "Pottermania": Nicht nur ein Millionenheer von LeserInnen ist an dem "Pottervirus" erkrankt, auch die Medien haben sich infiziert. Inwieweit die "Pottermania" der Medien die "Pottermania." der Leser beeinflusst hat, bzw. die "Pottermania" der Leser die der Medien, darüber lässt sich nur spekulieren.[120]

---

[120] Eine gewisse Korrelation lässt sich auf jeden Fall konstatieren. Laut einem Telefonat vom 22.03.2001 mit einem Mitarbeiter des Bloomsbury Verlages hat der vierte Harry-Potter-Band, *Harry Potter and the Goblet of Fire*, die höchste Auflage aller Harry-Potter-Bücher erreicht. Dies scheint ein deutliches Indiz dafür sein, dass das gesteigerte Medieninteresse im Vorfeld der Veröffentlichung des vierten Bandes zusätzliche Leser gewonnen hat.

3. JOANNE K. ROWLING – DIE "ZAUBERIN" HINTER HARRY POTTER

Joanne K. Rowling selbst hält ihre eigene Biographie für "eher langweilig".[121] Diese Aussage könnte man als britisches Understatement einstufen, zieht man in Betracht, dass es sich bei ihr um eine der erfolgreichsten Schriftstellerinnen aller Zeiten handelt. Im Mittelpunkt soll jedoch nachfolgend ohnehin nicht die Biographie Joanne K. Rowlings,[122] sondern die Schriftstellerin Joanne K. Rowling stehen – die "Zauberin" hinter Harry Potter.[123]

Die Autorin hat nach eigener Aussage schon in frühester Kindheit den Wunsch verspürt Schriftstellerin zu werden.[124] Im Alter von sechs Jahren unternimmt sie ihren ersten schriftstellerischen Versuch und schreibt eine Geschichte über einen Hasen mit dem Namen "Rabbit".[125] Seit dieser Zeit, so Rowling in einem Interview, habe sie kontinuierlich geschrieben – überwiegend Kurzgeschichten, angesiedelt in der Erfahrungswelt ihres eigenen Alltags.[126] 1990, im Alter von 25 Jahren, kurz bevor sie die Arbeit an "Harry Potter" aufnimmt, hat Joanne K. Rowling zwei "Romane für Erwachsene fast fertiggestellt",[127] hegt aber nicht die Absicht, sie irgendeinem Verlag anzubie-

---

[121] Vgl. Fraser / Rowling, 34.
[122] Soweit es Faktoren in J.K. Rowlings Biographie gibt, die Eingang gefunden haben in ihre Harry-Potter-Romane, werden diese unter 7.1. (Parallelen zu Joanne K. Rowlings Biographie) behandelt.
[123] Ein Brief, den der Autor des vorliegenden Buches im August 2000 an Joanne K. Rowling schrieb (mit der Bitte einen beigefügten Fragenkatalog zu beantworten), blieb ohne Resonanz.
[124] Vgl. Fraser / Rowling, 9.
[125] Vgl. Anonymus / Joanne K. Rowling, "Transcript of J.K. Rowling's Live Interview on Scholastic.com: October 16, 2000", *Harry Potter* (Stand: 15.April 2001), Homepage des Scholastic Verlags.
[126] Vgl. Fraser /Rowling, 9.
[127] Dallach / Rowling.

ten.[128] Auf die Frage "Warum?" antwortet die Autorin lapidar: "Weil sie absoluter Mist waren."[129]

Die Idee zu "Harry Potter" hat Joanne K. Rowling auf einer Zugfahrt von Manchester nach London. Die Autorin im Gespräch mit Lindsey Fraser:

> I have never felt such a huge rush of excitement. I knew immediately that this was going to be such fun to write. I didn't know then that it was going to be a book for children – I just knew that I had this boy, Harry.[130]

Harry, so viel steht von Anfang an fest, ist ein Junge, der nicht weiß, dass er ein Zauberer ist, bis er die Einladung von einer Schule für Zauberei erhält.[131]

Da der Zug, in dem sich die Autorin befindet als sie die Idee zu "Harry Potter" hat, für mehrere Stunden stecken bleibt,[132] hat Rowling genügend Zeit ihre Idee weiter auszuspinnen. Als Glücksfall bezeichnet die Autorin, dass sie zu diesem Zeitpunkt weder Stift noch Block dabei hat:[133] "rather than trying to write it, I had to think it. And I think that was a very good thing."[134]

Noch während der Zugfahrt kreiert Joanne K. Rowling weitere Charaktere der Harry-Potter-Romane (Ron, Hagrid und die Geister Nearly Headless Nick und Peeves) und entwirft erste Pläne für das Setting der Harry-Potter-Welt:[135]

> Hogwarts School of Witchcraft and Wizardry was the first thing I concentrated on. I was thinking of a place of great order, but immense danger, with children who had skills with which they could overwhelm their teach-

---

[128] Vgl. Dallach / Rowling.
[129] Dallach / Rowling.
[130] Fraser / Rowling, 20.
[131] Vgl. Anonymus / Rowling, *Transcript of J.K. Rowling's Live Interview on Scholastic.com: October 16, 2000*.
[132] Vgl. Dallach / Rowling.
[133] Vgl. Fraser / Rowling, 20.
[134] Fraser / Rowling, 20.
[135] Vgl. Fraser/ Rowling, 20.

ers. Logically it had to be set in a secluded place, and pretty soon I settled on Scotland in my mind.[136]

Am Ende der Zugfahrt ist Joanne K. Rowling bereits zu dem Entschluss gekommen, dass die Harry-Potter-Abenteuer sieben Bände umfassen sollen.[137]

In den folgenden fünf Jahren entwirft die Autorin Plots für jeden dieser sieben Bände[138] und konzipiert die ausgefeilten Details von Harrys Zauberwelt:

> Da habe ich die Grenzen und Gesetze meiner Phantasiewelt festgelegt. Habe jeden Büroraum im Ministerium für Magie besetzt. Die Biografien aller Figuren festgelegt. Und die Regeln für das Spiel 'Quidditch'. Es war eine schier endlose Arbeit, aber sie war nötig.[139]

Am Beispiel "Sirius Black" begründet Rowling die Notwendigkeit dieser "schier endlosen Arbeit":

> Sirius Black is a good example. I have a whole childhood worked out for him. The readers don't need to know that but I do. I need to know much more than them because I'm the one moving the characters across the page.[140]

Dass Joanne K. Rowling ihre Potter-Romane gründlich durchdacht hat und sie den Auftritt ihrer Charaktere von langer Hand plant, zeigt die Figur Sirius Black in überzeugender Art und Weise. In Band eins, *Harry Potter and the Philosopher's Stone*, wird Blacks Name nur ein einziges Mal erwähnt – und dies in einem recht unwichtigen Zusammenhang:

> [...] a huge motorbike fell out of the air and landed on the road in front of them. [...]

---

[136] Fraser / Rowling, 21f.
[137] Vgl. Fraser / Rowling, 22.
[138] Vgl. Fraser / Rowling , 22.
[139] Dallach / Rowling.
[140] Fraser / Rowling, 22.

> 'Hagrid,' said Dumbledore, sounding relieved. 'At last. And where did you get that motorbike?'
> 'Borrowed it, Professor Dumbledore, sir,' said the giant, climbing carefully off the motorbike as he spoke. 'Young Sirius Black lent it me.'[141]

Erst zwei Bände später, in *Harry Potter and the Prisoner of Azkaban*, taucht der Name "Sirius Black" wieder auf. Black ist hier eine der zentralen Gestalten der Handlung und er entpuppt sich als der Pate Harry Potters – zum Entsetzen Vernon Dursleys, des Pflegevaters von Harry:

> 'Godfather?' spluttered Uncle Vernon. 'You haven't got a godfather!'
> 'Yes, I have,' said Harry brightly. 'He was mum and dad's best friend. He's a convicted murderer, but he's broken out of wizard prison and he's on the run. He likes to keep in touch with me, though ... keep up with my news ... check I'm happy ...'[142]

Rowling überlässt fast nichts dem Zufall bei der Planung ihrer Romane, so auch nicht bei der Auswahl der verschiedenen Namen für ihre Charaktere. Mal ist es der Klang, mal die Etymologie eines Namens, die bei der Wahl den Ausschlag geben.[143] Der Name "Sirius Black" ist hier erneut ein vorzügliches Beispiel. In Band drei, *Harry Potter and the Prisoner of Azkaban*, erfahren die LeserInnen, dass Sirius Black ein "Animagus" ist, ein Zauberer, der in der Lage ist, sich in ein Tier zu verwandeln. Im seinem Fall ist dies ein schwarzer Hund. Sirius Black, "der schwarze Hund", trägt einen überaus bildhaften Namen. Der Harry-Potter-Lexikograph Friedhelm Schneidewind zum Vornamen von Sirius Black:

> Sirius heißt der hellste Fixstern am nächtlichen Himmel, auf deutsch nennt man ihn Hundsstern [...]. Er befindet sich im Sternbild Großer Hund. [...]

---

[141] Rowling, *Harry Potter and the Philosopher's Stone*, 16.
[142] Joanne K. Rowling, *Harry Potter and the Prisoner of Azkaban* (London, 1999[10]), 468.
[143] Mehr dazu unter 5.3. Mehr als nur Schall und Rauch: Klingende und sprechende Namen.

Da sein Aufsteigen am Himmel mit dem heißesten Teil des Sommers zusammenfällt, nennt man diese Zeit auch Hundstage.[144]

Am Ende des dritten Bandes muss Sirius Black, ein verurteilter "Mörder", die Flucht antreten. Nur eine kleine Zahl von Eingeweihten (unter ihnen Harry Potter) weiß, dass er unschuldig ist – die Allgemeinheit in der Zauberwelt hält ihn für einen Anhänger Lord Voldemorts und der schwarzen Magie. Sirius Black, der "schwarze Hund", hätte somit eine zweite, eindeutig negativ konnotierte Bedeutung.

Ein gewisses Maß an Freiheit behält sich die detailverliebte Perfektionistin Joanne K. Rowling beim Schreiben jedoch dennoch vor. Rowling: "I always have a basic plot outline, but I like to leave some things to be decided while I write. It's more fun."[145]

Den kreativen Prozess beim Schreiben – die Entwicklung von Ideen – beschreibt Rowling als eine Mischung aus Eingebung und harter Arbeit:

> Sometimes they [die Ideen] just come (like magic) and other times I have to sit and think about a week before I manage to work out how something will happen.[146]

Rowling hofft, dass die Funktionsweise ihrer Kreativität ein Geheimnis für sie bleibt: "I hope I never find out exactly how it works."[147]

Einen *writer's block* – eine Schreibblockade – hat die Autorin der Harry-Potter-Romane bisher nur ein einziges Mal durchlebt, bei den Arbeiten an Band zwei, *Harry Potter and the Chamber of Secrets*.[148]

---

[144] Schneidewind, 50.
[145] Vgl. Anonymus / Joanne K. Rowling, "Transcript of J.K. Rowling's Live Interview on Scholastic.com: February 3, 2000", *Harry Potter* (Stand: 15.April 2001), Homepage des Scholastic Verlages.
[146] Vgl. Anonymus / Joanne K. Rowling, "The J.K. Rowling Interview", *Stories on the Web: The Author J.K. Rowling* (Stand: 16.April 2001), Homepage der Organisation 'The Library and Information'.
[147] Anonymus / Rowling, *Transcript of J.K. Rowling's Live Interview on Scholastic.com: October 16, 2000*.
[148] Vgl. Anonymus / Rowling, *Transcript of J.K. Rowling's Live Interview on Scholastic.com: October 16, 2000*.

Rowling: "I had my first burst of publicity about the first book and it paralysed me. I was scared the second book wouldn't measure up, but I got through it!"[149]

Joanne K. Rowling scheint als Schriftstellerin nicht nur eine detailverliebte Perfektionistin zu sein, sondern auch eine überaus disziplinierte Arbeiterin. Nach eigenen Angaben schreibt sie jeden Tag – häufig zehn bis elf Stunden.[150] Ein weiteres Beispiel für Joanne K. Rowlings Perfektionismus ist ihr Bedürfnis den jeweilig fertig gestellten Roman gründlich zu redigieren, bevor sie ihn beim Verlag abliefert. Daher sei für den *editor* nie mehr allzu viel zu tun, so Rowling.[151]

Auch wenn Rowling derzeit am fünften Band schreibt, der sechste und siebte nur durchgeplant, jedoch noch nicht geschrieben ist, hat sie bereits das Schlusskapitel des siebten Bandes verfasst.[152] Massive Zweifel hegt Rowling, ob sie nach Abschluss der Potter-Septologie je wieder so etwas Erfolgreiches und Populäres wie "Harry Potter" zustande bekommt.[153] Doch sie will weiter schreiben: "I've been doing it all my life and it is necessary to me – I don't feel quite normal if I haven't written for a while."[154]

---

[149] Anonymus / Rowling, *Transcript of J.K. Rowling's Live Interview on Scholastic.com: October 16, 2000*.

[150] Vgl. Anonymus / Rowling, *Transcript of J.K. Rowling's Live Interview on Scholastic.com: February 3, 2000*.

[151] Vgl. Anonymus / Rowling, *Transcript of J.K. Rowling's Live Interview on Scholastic.com: October 16, 2000*.

[152] Dallach / Rowling.

[153] Vgl. Margaret Weir / Joanne K. Rowling, "Of Magic and Single Motherhood: Bestselling Author J.K. Rowling Is Still Trying to Fathom the Instant Fame with Her First Children's Novel", *Mothers Who Think* (Stand: 7.Juli 2000), Homepage des Magazins 'Salon'.

[154] Weir / Rowling.

4. WAS DIE "POTTER-WELT" ZUSAMMENHÄLT – PLOT, SETTING UND CHARAKTERE

4.1. Plot

Der Schriftsteller E.M. Forster definiert den Plot, indem er ihn der *story* gegenüberstellt: "'The king died, and then the queen died,' is a story. 'The king died and then the queen died of grief,' is a plot."[155] In anderen Worten: Der Plot ist die *story* in ihrer Struktur und ihren inneren Zusammenhängen – kurzum: in ihrer inneren Dramaturgie.

Die *story* des ersten Harry-Potter-Bandes könnte wie folgt in Wort gefasst werden: Ein elfjähriger Junge namens Harry Potter erfährt, dass er ein Zauberer ist,[156] besucht daraufhin ein Zauberinternat,[157] lernt die ihm bis dahin unbekannte Welt der Zauberer kennen[158] und schließt Freundschaften.[159] Er trifft jedoch auch auf Zauberer, die ihm nicht wohlgesonnen sind,[160] untersucht mit seinen neuen Freunden geheimnisvolle Ereignisse und Begebenheiten,[161] überlebt einen lebensgefährlichen Zweikampf[162] und kehrt nach Abschluss des Schuljahres wieder nach Hause zurück.[163]

Wollte man hingegen den Plot des ersten Harry-Potter-Bandes in Worte fassen, müsste man der Kausalität zwischen den einzelnen Ereignissen Beachtung schenken: Warum erfährt Harry Potter erst mit elf Jahren, dass er ein Zauberer ist? Was macht ihn zum Mitglied der "Zaubererzunft" – warum ist er ein Zauberer? Warum war ihm, Harry Potter, der doch eigentlich ein Zauberer ist, die Welt der Zauberer gänzlich unbekannt? Warum (auch im Sinne von "wie") schließt er

---

[155] E.M. Forster, *Aspects of the Novel*, (London, 1966⁴) 93.
[156] Vgl. Rowling, *Harry Potter and the Philosopher's Stone*, 42.
[157] Vgl. Rowling, *Harry Potter and the Philosopher's Stone*, 85ff.
[158] Vgl. Rowling, *Harry Potter and the Philosopher's Stone*, 49ff.
[159] Vgl. Rowling, *Harry Potter and the Philosopher's Stone*, 74ff u. 232.
[160] Vgl. Rowling, *Harry Potter and the Philosopher's Stone*, 81.
[161] Vgl. Rowling, *Harry Potter and the Philosopher's Stone*, 141ff.
[162] Vgl. Rowling, *Harry Potter and the Philosopher's Stone*, 214.
[163] Vgl. Rowling, *Harry Potter and the Philosopher's Stone*, 222ff.

Freundschaften? Warum gibt es in der Welt der Zauberer Personen, die ihm nicht wohlgesonnen sind? Warum stößt Harry mit seinen neuen Freunden auf geheimnisvolle Ereignisse und Begebenheiten? Warum sind diese Ereignisse und Begebenheiten geheimnisvoll? Was veranlasst Harry und seine Freunde dazu, diese Ereignisse und Begebenheiten näher zu untersuchen? Warum gerät Harry in einen lebensgefährlichen Zweikampf und – so die letzte Frage – warum überlebt er diesen Zweikampf?

Da Joanne K. Rowling ihre Harry-Potter-Abenteuer in chronologischer Reihenfolge, das heißt linear erzählt (einzige Ausnahmen sind Rückblenden im vierten Band, *Harry Potter and the Goblet of Fire*[164]), lässt sich auch der Plot von *Harry Potter and the Philosopher's Stone* in recht übersichtlicher Weise in Phasen einteilen: Die Phasen der Exposition und der Komplikation, dem Höhe- oder Wendepunkt und der finalen Phase der Auflösung.

Die Expositionsphase in *Harry Potter and the Philosopher's Stone* ist bedeutend länger als in den anderen drei bisher veröffentlichten Harry-Potter-Abenteuern, da hier noch die Notwendigkeit besteht, die Leserschaft in die Muggle- und insbesondere in die Zauberwelt einzuführen, aber auch in die Verbindungen zwischen Muggle- und Zauberwelt (näheres dazu unter 4.2. Setting – die Muggle- und die Zauberwelt).

Im ersten Kapitel von *Harry Potter and the Philosopher's Stone*, und damit zu Beginn der Expositionphase, erfährt die Leserschaft, dass es nicht nur die gewöhnliche, für sie erfahrbare Welt, sondern auch eine Welt der Zauberer gibt. Jene Zauberer bezeichnen alle Menschen, die *nicht* zaubern können, als "Muggles". Ein kleines Kind, Harry Potter (bis dahin aufgewachsen in der Welt der Zauberer), hat den Mordanschlag eines despotischen schwarzen Magiers (Lord Voldemort) überlebt. Auch wenn es dem tyrannischen Lord Voldemort gelungen ist Harrys Eltern zu ermorden, die Tatsache, dass Harry selbst überlebt hat, ist der Grund warum die Schreckensherrschaft des dunklen Tyrannen an eben jenem Tag zusammenbricht. Harry, obwohl

---

[164] Vgl. Joanne K. Rowling, *Harry Potter and the Goblet of Fire* (London, 2000), 508-518.

noch ein Baby, ist eine Berühmtheit. Damit ihm diese Berühmtheit nicht zu Kopf steigt, soll er, bis er alt genug ist seine Vergangenheit zu reflektieren, in der Welt der Muggles bei seinem Onkel und seiner Tante aufwachsen,[165] die im Gegensatz zu seinen verstorbenen Eltern keine Zauberer sind. Harry wird als Findelkind mitsamt einem Begleitbrief vor die Haustür seiner Verwandten gelegt.[166] Die recht ausführliche Schilderung des ersten Kapitels spiegelt dessen Bedeutung wieder. In diesem Kapitel erhalten die LeserInnen die Basisinformationen zu Harry Potter und der Muggle- sowie der Zauberwelt, Informationen, die zum Verständnis der sich anschließenden Handlung, ja sogar des generellen Plots der gesamten Harry-Potter-Septologie, notwendig sind. Man könnte das erste Kapitel gewissermaßen als Expositionsphase der Expositionsphase bezeichnen.

In den darauffolgenden Kapiteln wird die Expositionsphase (jene, die mit dem ersten Kapitel expositorisch eingeleitet wurde) mit einem Zeitsprung von rund zehn Jahren weitergeführt. Harry fristet ein elendes Dasein bei seinen Pflegeeltern (mehr dazu unter 4.3.1. Harry Potter und sein Widersacher – Protagonist und Antagonist).[167] Im Gegensatz zu seinem Onkel und seiner Tante (und auch den LeserInnen) weiß er nichts von seiner Vergangenheit. Erst an seinem elften Geburtstag erfährt Harry durch Rubeus Hagrid, einem Gesandten des Zauberinternates Hogwarts, von seiner Herkunft und von der Tatsache, dass er ein Zauberer ist.[168] Gegen den Widerstand seiner Pflegeeltern besucht Harry daraufhin dieses Zauberinternat.[169] Auf der Zugfahrt dorthin lernt er einen Jungen namens Ron Weasley kennen. Da beide entdecken, dass sie vieles gemeinsam haben, verbindet sie recht schnell eine enge Freundschaft (s. 4.3.3. Harry Potter und seine Freunde – das unschlagbare Trio).[170] Harry lernt in der Folgezeit die Welt von Hogwarts (die Welt der Zauberer) kennen, die Lehrer von Hogwarts (nicht bei allen stößt er auf Sympathie – s. 6.1. Der Kampf

---

[165] Vgl. Rowling, *Harry Potter and the Philosopher's Stone*, 16.
[166] Vgl. Rowling, *Harry Potter and the Philosopher's Stone*, 16.
[167] Vgl. Rowling, *Harry Potter and the Philosopher's Stone*, 19ff.
[168] Vgl. Rowling, *Harry Potter and the Philosopher's Stone*, 41ff.
[169] Vgl. Rowling, *Harry Potter and the Philosopher's Stone*, 85ff.
[170] Vgl. Rowling, *Harry Potter and the Philosopher's Stone*, 74ff.

des Guten gegen das Böse) und die Schüler (auch unter ihnen gibt es jemanden, mit dem er sich anfeindet – s. 4.3.4. Die Schüler von Hogwarts). Zu einem Zeitpunkt, da Harry sich in der neuen Welt eingelebt hat, entdeckt er durch Zufall einen Zeitungsartikel über den Versuch, ein geheimnisvolles Päckchen aus der Gringotts-Bank (der Bank der Zauberer) zu rauben. Da er weiß, um welches Päckchen es sich handelt und dass der Inhalt des Päckchen von enormem Wert und enormer Wichtigkeit ist (Konkretes ist ihm über den Inhalt jedoch nicht bekannt), und da er ferner weiß, dass der versuchte Bankraub gescheitert ist, weil sich das Päckchens inzwischen irgendwo auf Hogwarts befindet (er weiß wohl nicht wo), erwacht seine, wenn man so will, "detektivische Neugier". Die Expositionsphase, die quantitativ etwa die Hälfte des Buches ausmacht, hat an dieser Stelle der Handlung ihr Ende gefunden. Die Ausgangslage ist für die Leserschaft nun ausreichend beschrieben und definiert worden; die Spielregeln und die Funktionsweise der Zauberwelt stehen fest – die Komplikationsphase wird eingeläutet.[171]

Die Komplikationsphase ist gekennzeichnet durch die Suche nach dem geheimnisvollen Päckchen. Harry wird dabei von seinem Freund Ron unterstützt; im Laufe der Handlung stößt die Schülerin Hermione, mit der sich beide anfreunden, noch hinzu.[172] Nach und nach finden die drei über das Päckchen immer mehr heraus. Es beinhaltet den Stein der Weisen (der Reichtum und ewiges Leben ermöglicht),[173] es wird aufbewahrt in einer unterirdischen Kammer[174] (zugänglich über eine Falltür, die bewacht wird durch ein dreiköpfiges Monster namens Fluffy[175]), und derjenige, der hinter dem versuchten Raub des Päckchens steht, ist niemand anderer als der dunkle Lord Voldemort.[176]

Da Harry, Ron und Hermione in Erfahrung bringen, wie sie das dreiköpfige Monster passieren können,[177] beschließen sie den Stein der

---

[171] Vgl. Rowling, *Harry Potter and the Philosopher's Stone*, 106.
[172] Vgl. Rowling, *Harry Potter and the Philosopher's Stone*, 132.
[173] Vgl. Rowling, *Harry Potter and the Philosopher's Stone*, 161.
[174] Vgl. Rowling, *Harry Potter and the Philosopher's Stone*, 120.
[175] Vgl. Rowling, *Harry Potter and the Philosopher's Stone*, 141.
[176] Vgl. Rowling, *Harry Potter and the Philosopher's Stone*, 189.
[177] Vgl. Rowling, *Harry Potter and the Philosopher's Stone*, 194.

Weisen zu holen, um ihn vor einem befürchteten, erneuten Raubversuch Lord Voldemorts in Sicherheit zu bringen.[178] Unterhalb der Falltür gilt es auf dem Weg zur Kammer, die den Stein der Weisen birgt, fünf weitere Kammern zu durchqueren; in jeder dieser Kammern sehen die drei sich genötigt lebensgefährliche Aufgaben zu bewältigen. Ron und Hermione bleiben auf diesem Weg zurück, Harry erreicht allein die Kammer, in der der Stein der Weisen aufbewahrt wird.[179] Mit dem Eintritt in diese Kammer endet die Komplikationsphase und geht in die Phase des Höhe- bzw. Wendepunktes über.[180]

In dieser Kammer sieht sich Harry mit gleich zwei Überraschungen konfrontiert. Die erste ist die, dass sein Lehrer Quirrell vor ihm steht.[181] Quirrell hatte bis dahin nicht als potenzieller Gehilfe Lord Voldemorts gegolten, im Gegensatz zu dem Lehrer Severus Snape[182] – eine Wende im wahrsten Sinne des Wortes. Die zweite Überraschung ist die, dass Lord Voldemort (der, seit er vor über elf Jahren dabei gescheitert ist Harry zu töten, nur noch eine bedingt lebensfähige Kreatur ist[183]), sich den Körper mit Quirrell teilt (er steckt unter der Kopfbedeckung Quirrells).[184] Es kommt zum Kampf, zu einer körperlichen Auseinandersetzung um den Stein der Weisen zwischen Quirrell (respektive Voldemort) und Harry. Als der Kampf einen Punkt erreicht, da Harry zu unterliegen droht und das Bewusstsein verliert, endet die Phase des Wende- bzw. Höhepunktes und geht in die Auflösungsphase über.[185]

Harry erwacht aus seiner Bewusstlosigkeit und stellt fest, dass er noch lebt. Professor Dumbledore, der Schulleiter von Hogwarts, erklärt ihm, dass er noch rechtzeitig intervenieren und in den Kampf eingreifen konnte, somit also Harry das Leben gerettet hat. Voldemort ist geflüchtet und hat seinen Diener Quirrell tot zurück gelassen. Dass

---

[178] Vgl. Rowling, *Harry Potter and the Philosopher's Stone*, 197.
[179] Vgl. Rowling, *Harry Potter and the Philosopher's Stone*, 201-208.
[180] Vgl. Rowling, *Harry Potter and the Philosopher's Stone*, 208ff.
[181] Vgl. Rowling, *Harry Potter and the Philosopher's Stone*, 209.
[182] Vgl. Rowling, *Harry Potter and the Philosopher's Stone*, 166.
[183] Vgl. Rowling, *Harry Potter and the Philosopher's Stone*, 189, 213 u. 216.
[184] Vgl. Rowling, *Harry Potter and the Philosopher's Stone*, 212f.
[185] Vgl. Rowling, *Harry Potter and the Philosopher's Stone*, 214.

der Stein der Weisen beim Kampf zerstört wurde, sei nicht weiter schlimm, erfährt Harry; wichtig sei einzig und allein, dass dieser Stein nicht in die Hände Lord Voldemorts geraten sei und dass er, Harry, den Kampf überlebt habe.[186]

Da die Sommerferien vor der Tür stehen, endet Harrys erstes Schuljahr auf Hogwarts kurze Zeit später,[187] und mit der Rückkehr Harrys zu seinen Verwandten endet auch der Plot von *Harry Potter and the Philosopher's Stone*.[188]

Rowling entwickelt die Plots ihrer Harry-Potter-Romane überaus effektiv, ihre LeserInnen werden in Atem gehalten. Die Literaturwissenschaftlerin Elizabeth D. Schafer über das *plot development* in Rowlings Romanen:

> An important stylistic technique is Rowling's ability to scare readers and create suspense by carefully pacing the plot to keep Harry and others in jeopardy for long durations and providing cliffhanger chapter endings.[189]

Cliffhanger sind in der Tat eine bevorzugte Methode Joanne K. Rowlings ihre Kapitel zu beenden, um somit dem Plot (der durch die Kapitel strukturiert ist) zusätzliches Tempo und eine zusätzliche Spannung zu verleihen. In *Harry Potter and the Philosopher's Stone* endet mehr als die Hälfte aller Kapitel mit einem *cliffhanger* – zehn von insgesamt siebzehn.[190]

Ein weiteres Merkmal der Harry-Potter-Plots ist die eingesetzte Technik des *foreshadowing*. In *Harry Potter and the Chamber of Secrets* beispielsweise sieht Harry, als er gemeinsam mit Ron dem Hogwarts-Express in einem Auto hinterherfliegt, auf den Zug hinab und stellt fest, dass der Zug aussieht wie eine große, rote Schlange.[191] Eine

---

[186] Vgl. Rowling, *Harry Potter and the Philosopher's Stone*, 214-216.
[187] Vgl. Rowling, *Harry Potter and the Philosopher's Stone*, 220f.
[188] Vgl. Rowling, *Harry Potter and the Philosopher's Stone*, 223.
[189] Schafer, 220.
[190] Vgl. Rowling, *Harry Potter and the Philosopher's Stone*, 18, 38, 84, 106, 120, 142, 166, 176, 208, 223.
[191] Vgl. Joanne K. Rowling, *Harry Potter and the Chamber of Secrets* (London, 1998⁵), 80.

Schlange ist es schließlich, die eine zentrale Rolle in diesem Harry-Potter-Band spielt und gegen die Harry auf dem Höhepunkt seines Abenteuers kämpfen muss.[192]

Auch wenn bisher nur die ersten vier Bände der auf sieben Abenteuer angelegten Harry-Potter-Serie vorliegen, lässt sich der Plot der gesamten Harry-Potter-Septologie vermutlich ebenfalls in eine Expositions- und eine Komplikationsphase, einen Höhe- bzw. Wendepunkt und in eine Auflösungsphase einteilen. Die ersten drei Bände wären dann der Expositionsphase zuzurechnen. In ihnen wird das detaillierte Bild der Zauberwelt entworfen. Die Gründe und die Motivationen für die Auseinandersetzung zwischen Harry und Lord Voldemort (die Ausgangslage für die Handlung der gesamten Septologie) erhalten ihre festen Umrisse. Das Prinzip dieser Auseinandersetzung wird ebenfalls definiert – Lord Voldemort wird immer wiederkommen, der Kampf hat eine sich steigernde Dynamik. Der vierte Band, *Harry Potter and the Goblet of Fire*, leitet die Komplikationsphase ein. Lord Voldemort hat seinen Körper und einen Teil seiner früheren Macht wiedererlangt. Die Auseinandersetzung zwischen Harry und Voldemort gewinnt eine neue Dimension. Dieser nun, im Vergleich zu den ersten drei Harry-Potter-Bänden, weitaus schwierigere und härtere ("kompliziertere") Kampf, wird an Härte weiter zunehmen (die Komplikationen werden wachsen) und sich, so lässt sich spekulieren, über das fünfte und sechste Harry-Potter-Abenteuer hinwegziehen. Im siebten Harry-Potter-Band würde der Kampf zwischen Harry und Voldemort seinen Höhe- oder seinen Wendepunkt erhalten. Entweder wird einer von beiden siegen oder es wird deutlich, dass der Kampf zwischen den beiden auf ewig unentschieden bleiben muss und eine Fortsetzung dieses Kampfes keinen Sinn mehr macht; der erreichte Status quo also so akzeptiert werden muss, wie er ist. Dementsprechend fiele die Auflösungsphase des siebten Abenteuers und damit der gesamten Septologie aus – eventuell mit einem offenen Ende.

---

[192] Vgl. Rowling, *Harry Potter and the Chamber of Secrets*, 341-344.

4.2. Setting – die Muggle- und die Zauberwelt

In der Muggle- und in der Zauberwelt "ticken die Uhren gleich": die Zeit in der Welt der Muggles läuft parallel mit der Zeit und dem Zeitablauf in der Welt der Zauberer.

Der genaue Handlungszeitraum in *Harry Potter and the Philosopher's Stone* lässt sich anhand verschiedener Angaben in den ersten beiden Harry-Potter-Bänden rekonstruieren. Im dritten Kapitel von Band eins, *Harry Potter and the Philosopher's Stone*, erfahren wir, dass Harry seinen elften Geburtstag feiert,[193] im achten Kapitel, dass sein Geburtstag auf den 31. Juli fällt, den Tag an dem bei Gringotts (der Zaubererbank) eingebrochen wurde. Im zweiten Band, *Harry Potter and the Chamber of Secrets*, Harrys zweitem Schuljahr auf Hogwarts, ist Harry zwölf Jahre alt (sein Geburtstag fällt in die Zeit der Sommerferien).[194] In Kapitel acht des zweiten Bandes besucht Harry mit seinen Freunden Ron und Hermione die fünfhundertste Todestagsfeier des Geistes Nearly Headless Nick.[195] Durch die Beschriftung des Todestagskuchens, geformt wie ein gewaltiger Grabstein, erfahren die drei Freunde das Todesdatum von Nearly Headless Nick: "Sir Nicholas de Mimsy-Porpington died on 31st October, 1492".[196] Harry Potters Geburtstag ist demzufolge der 31.Juli 1980. Da die Handlung des ersten Harry-Potter-Abenteuers jedoch nicht mit Harrys Geburt beginnt, sondern mit dem Tag an dem Lord Voldemort Harrys Eltern ermordet hat und Harry zu diesem Zeitpunkt etwa ein Jahr alt ist,[197] läßt sich der Handlungsbeginn von *Harry Potter and the Philosopher's Stone* und damit der gesamten Harry-Potter-Septologie auf den Monat August im Jahre 1981 festlegen. Aus den Angaben im

---

[193] Vgl. Rowling, *Harry Potter and the Philosopher's Stone*, 38. Sir Nicholas de Mimsy-Porpingtons Todestag (1492) ist das Jahr, das vielen Historikern als der Schnittpunkt zwischen Mittelalter und Neuzeit gilt – das Jahr, in dem Christoph Kolumbus (eigentlich: Don Cristóbal Colón) Amerika wiederentdeckte.
[194] Vgl. Rowling, *Harry Potter and the Chamber of Secrets*, 11.
[195] Vgl. Rowling, *Harry Potter and the Chamber of Secrets*, 142.
[196] Vgl. Rowling, *Harry Potter and the Chamber of Secrets*, 146.
[197] Vgl. Rowling, *Harry Potter and the Chamber of Secrets*, 10.

vierzehnten Kapitel des zweiten Harry-Potter-Bandes lässt sich das jeweilige Ende eines Schuljahres rekonstruieren: zwischen Ostern und den grundsätzlich kurz vor Schuljahresende stattfindenden Abschlussprüfungen liegen in etwa zehn Wochen.[198] Die Schuljahre auf Hogwarts enden also im Monat Juni. Sollte Rowling den siebten Harry-Potter-Roman, so wie die bisherigen vier Harry-Potter-Abenteuer, mit dem Beginn der Sommerferien enden lassen, dann endet die gesamte Harry-Potter-Septologie im Juni 1998.

Auch wenn die Uhren in der Welt der Muggles und der Zauberer "gleich ticken", scheinen die Uhren in der Zauberwelt doch um einiges älter zu sein als die Uhren in der Mugglewelt. Das Zauberinternat Hogwarts beispielsweise ist über tausend Jahre alt, gegründet im zehnten Jahrhundert.[199] Wollte man in der Welt der Muggles, die die reale Welt der Harry-Potter-Leserschaft repräsentiert, ein ähnlich altes Bildungsinstitut finden, müsste man sich nach Oberitalien begeben. Dort befindet sich in Bologna die älteste Universität der Welt (der Muggle- und damit der realen Welt). Ein Schild am Haupteingang des Universitätsgebäudes weist den Besucher auf das Gründungsjahr der Universität hin, das Jahr 1155. Das älteste Geschäft der Mugglewelt findet sich ebenfalls in Italien, um genauer zu sein, in Siena. Wer die Banca Monte dei Paschi di Siena betritt wird auf einem Messingschild in der Eingangshalle darüber informiert, dass diese Bank bereits seit über fünfhundert Jahren ihre Geschäfte tätigt, seit dem Jahre 1472, und damit die älteste Bank (und das älteste Geschäft) mit ununterbrochener Tradition darstellt. Diese über fünfhundertjährige Geschäftstradition der Banca Monte dei Paschi di Siena nimmt sich überaus bescheiden aus im Vergleich mit der Geschäftstradition verschiedener Läden in der "Diagon Alley", dem für Muggles unsichtbaren Zauberviertel im Herzen von London.[200] Auf dem Schild über dem Eingang eines recht unscheinbar aussehenden Geschäftes für Zauberstäbe heißt es dort: "Ollivanders: Makers of Fine Wands since 382 BC".[201]

---

[198] Vgl. Rowling, *Harry Potter and the Philosopher's Stone*, 167.
[199] Vgl. Rowling, *Harry Potter and the Chamber of Secrets*, 167.
[200] Vgl. Rowling, *Harry Potter and the Philosopher's Stone*, 55ff.
[201] Rowling, *Harry Potter and the Philosopher's Stone*, 63.

Die Lokalitäten der Zauber- und der Muggelwelt in den Harry-Potter-Romanen liegen in Großbritannien. Während die Muggelwelt von einem demokratisch legitimierten Premierminister regiert wird, der sich um Dinge wie Umweltschutz, Arbeitslosigkeit und Außenpolitik zu kümmern hat (von denen in den Romanen jedoch nicht die Rede ist), ist der oberste Regierungschef der Zauberwelt ein Zauberminister namens Cornelius Fudge. Fudge ist offenbar nicht demokratisch legitimiert und das Zauberministerium, dem er vorsteht, hat im Prinzip nur eine große Aufgabe zu bewältigen. In *Harry Potter and the Philosopher's Stone* beschreibt Rubeus Hagrid dem in der Zauberwelt noch unerfahrenen Harry das Ministerium der Zauberer wie folgt:

> 'There's a Ministry of Magic?' Harry asked, before he could stop himself.
> 'Course,' said Hagrid. 'They wanted Dumbledore fer Minister, o' course, but he'd never leave Hogwarts, so old Cornelius Fudge got the job. Bungler if ever there was one. So he pelts Dumbledore with owls every morning, askin' for advice.'
> 'But what does a Ministry of Magic *do?*'
> 'Well, their main job is to keep it from the Muggles that there's still witches an' wizards up an' down the country.'
> 'Why?'
> '*Why*? Blimey, Harry, everyone'd be wantin' magic solutions to their problems. Nah, we're best left alone.'[202]

Die Muggelwelt in ihrer detaillierten Beschreibung besteht überwiegend nur aus zwei Schauplätzen. Zum einen ist dies London (dort, wo für Muggles unsichtbar das Zauberviertel Diagon Alley liegt und wo am Bahnhof King's Cross eine Gleisabsperrung den Eintritt in die Welt der Zauberer ermöglicht[203]), zum anderen ist es das kleine Einfamilienhaus der Dursleys,[204] gelegen in einem fiktiven Vorort Londons namens Little Whinging.[205]

---

[202] Rowling, *Harry Potter and the Philosopher's Stone*, 51.
[203] Vgl. Rowling, *Harry Potter and the Philosopher's Stone*, 71.
[204] Vgl. Rowling, *Harry Potter and the Philosopher's Stone*, 32.
[205] Vgl. Rowling, *Harry Potter and the Philosopher's Stone*, 30.

Die Londoner Lokalitäten werden in den Harry-Potter-Romanen nur flüchtig und am Rande beschrieben, und da die Welt der Dursleys das Spiegelbild einer durch und durch spießbürgerlich-reaktionären Familie ist (mehr unter 4.3.2. Harry Potter und seine Familien – die Pflege- und die Wahlfamilie), üben die Schauplätze der Mugglewelt auf die Harry-Potter-Leserschaft keinen allzu großen Reiz aus. Anders die Zauberwelt – hier sind es überwiegend das vorangehend bereits erwähnte Viertel Diagon Alley (wo Zauberer vom selbst umrührenden und faltbaren Zaubertrankkessel bis hin zu Mondgloben, Zauberspruchfibeln oder Drachenleber alles für den alltäglichen Bedarf kaufen können[206]), Hogsmeade (ein Dorf, das ausschließlich von Zauberern bewohnt wird[207]) und das Zauberinternat Hogwarts,[208] die die Schauplätze der Handlung darstellen, wobei Hogwarts quantitativ den weitaus größten Stellenwert als Handlungsort hat. Hogwarts ist ein zauberhaft labyrinthisches Schloss mit gigantischen Ausmaßen – eine Zauberwelt in der Zauberwelt:

> There were a hundred and forty-two staircases at Hogwarts: wide, sweeping ones; narrow, rickety ones; some that led somewhere different on a Friday; some with a vanishing step halfway up that you had to remember to jump. Then there were doors that wouldn't open unless you asked politely, or ticked them in exactly the right place, and doors that weren't really doors at all, but solid walls just pretending. It was very hard to remember where anything was, because it all seemed to move around a lot.[209]

Sowohl Diagon Alley, Hogsmeade als auch Hogwarts sind durch Vorkehrungen des Zauberministeriums für gewöhnliche Muggles unsichtbar[210] (Ausnahmen sind jene Muggles, deren Kinder Zauberer sind[211]). Durch diese Vorkehrungen nehmen die Muggles ebenfalls nicht wahr, dass die Zauberer de facto mitten unter ihnen wohnen.[212]

---

[206] Vgl. Rowling, *Harry Potter and the Philosopher's Stone*, 56.
[207] Vgl. Rowling, *Harry Potter and the Prisoner of Azkaban*, 21.
[208] Vgl. Rowling, *Harry Potter and the Philosopher's Stone*, 85ff.
[209] Rowling, *Harry Potter and the Philosopher's Stone*, 98.
[210] Vgl. Rowling, *Harry Potter and the Goblet of Fire*, 148.
[211] Vgl. Rowling, *Harry Potter and the Chamber of Secrets*, 65.
[212] Vgl. Rowling, *Harry Potter and the Chamber of Secrets*, 38f.

Einzig und allein dann, wenn Zauberer gewisse Vorsichtsmaßnahmen außer acht lassen, bietet sich den aufmerksamen Beobachtern unter den Muggles die Gelegenheit, Indizien für die Existenz einer für sie unbekannten Parallelwelt wahrzunehmen – so wie beispielsweise im ersten Kapitel von *Harry Potter and the Philosopher's Stone*, als Scharen von Zauberern die Straßen bevölkern, um das Ende der Tyrannei unter Lord Voldemort zu feiern[213] und damit die Hogwarts-Lehrerin Professor McGonagall zu folgender Bemerkung veranlassen:

> 'Oh yes, everyone's celebrating, all right,' she said impatiently. 'You'd think they'd be a bit more careful, but no – even the Muggles have noticed something's going on. It was on their news. [...] I heard it. Flocks of owls ... shooting stars ... Well, they're not completely stupid. They were bound to notice something.'[214]

In der Zauberwelt gibt es jene Wesen, die es in der Mugglewelt nur in Mythen und Legenden gibt: Drachen,[215] Elfen,[216] Einhörner,[217] Geister,[218] Kobolde,[219] Riesen[220] und Trolle[221] (um nur eine Auswahl aller in den Harry-Potter-Romanen vorkommenden Geschöpfe zu nennen). Auch in der Zauberwelt spielt Geld eine nicht unbedeutende Rolle – auch Zauberer müssen bezahlen, können sich also nicht einfach alles nur herbeizaubern. Die Währung freilich unterscheidet sich von der in der Mugglewelt sowohl in der Form[222] als auch in der Bezeichnung. Hagrid zu Harry, als dieser zum ersten Mal Zaubergeld in der Hand hält: "'The gold ones are Galleons, seventeen silver Sickles to a Galleon and twenty-nine Knuts to a Sickle, it's easy enough.'"[223]

---

[213] Vgl. Rowling, *Harry Potter and the Philosopher's Stone*, 8.
[214] Rowling, *Harry Potter and the Philosopher's Stone*, 13.
[215] Vgl. Rowling, *Harry Potter and the Philosopher's Stone*, 171.
[216] Vgl. Rowling, *Harry Potter and the Chamber of Secrets*, 19.
[217] Vgl. Rowling, *Harry Potter and the Philosopher's Stone*, 183.
[218] Vgl. Rowling, *Harry Potter and the Philosopher's Stone*, 86.
[219] Vgl. Rowling, *Harry Potter and the Philosopher's Stone*, 56.
[220] Vgl. Rowling, *Harry Potter and the Goblet of Fire*, 614.
[221] Vgl. Rowling, *Harry Potter and the Philosopher's Stone*, 129.
[222] Vgl. Rowling, *Harry Potter and the Philosopher's Stone*, 147.
[223] Rowling, *Harry Potter and the Philosopher's Stone*, 58.

Die Einteilung der Zauberwährung erinnert stark an die Einteilung des britischen Pfunds vor der Reform im Jahre 1971, als der Wert eines Pfund mit zwanzig Schillingen und der eines Schillings mit zwölf Pennies veranschlagt wurde. Diese Parallele ist nicht weiter erstaunlich, da auch viele technische Gebrauchsgegenstände in der Zauberwelt einer längst vergangenen Mugglewelt entstammen, ob dies nun Federkiele sind (mit denen die Zauberer auf Pergament schreiben),[224] eine Dampflok, die den Charme eines viktorianischen Fortbewegungsmittels hat (der Hogwarts-Express)[225] oder Photoapparate mit immensen Ausmaßen, aus denen bei Gebrauch kleine Rauchwolken aufsteigen.[226] Die Produkte einer solch antiquierten Kamera jedoch, die Photos, sind denen der Mugglewelt (selbst wenn sie mit der neuesten Digitalkamera aufgenommen sein sollten) weit überlegen. Die abgebildeten Personen auf Zauberphotos können ihrem Betrachter beispielsweise zuwinken oder ihn anlächeln.[227]

Die Zauberwelt, so wie die Mugglewelt, funktioniert nach festgelegten Regeln. Bei den jährlichen Abschlussprüfungen auf Hogwarts beispielsweise kann nicht gepfuscht werden, weil die Federkiele der Schüler mit einem "Antipfuschzauber" behandelt sind.[228] Rowling in einem Interview zu den Regeln in ihrer Zauberwelt:

> Spannung und Drama können nur durch das Überschreiten von Grenzen entstehen. Auch eine Phantasiewelt muss nach klar definierten und nachvollziehbaren Regeln funktionieren. Und wissen Sie, warum ich Phantasieliteratur nicht ausstehen kann? Weil 99,9 Prozent aller Phantasiebücher unlogisch sind. Ich kann mir nichts Öderes vorstellen als einen Helden mit unbegrenzten Superkräften. Hast du ein Problem, reibst du an deinem Ring – schwups – ist alles in Butter. Das ist unerträglich langweilig.[229]

Rowlings Regeln wirken jedoch bisweilen ein wenig willkürlich. Einerseits ist Molly Weasley in *Harry Potter and the Chamber of Se-*

---

[224] Vgl. Rowling, *Harry Potter and the Philosopher's Stone*, 43.
[225] Vgl. Rowling, *Harry Potter and the Philosopher's Stone*, 71.
[226] Vgl. Rowling, *Harry Potter and the Chamber of Secrets*, 68.
[227] Vgl. Rowling, *Harry Potter and the Prisoner of Azkaban*, 15.
[228] Vgl. Rowling, *Harry Potter and the Philosopher's Stone*, 191.
[229] Dallach / Rowling.

crets in der Lage Harrys zerbrochene Brille mit einer kurzen Bewegung ihres Zauberstabes wieder zu reparieren[230] und den Abwasch des Frühstücksgeschirrs ebenfalls durch Zauberhilfe zu erledigen,[231] andererseits wird zum Bügeln ein Bügeleisen[232] und zum Putzen ein Putzmittel benötigt;[233] einerseits decken sich die Tische auf Hogwarts auf Dumbledores Kommando hin innerhalb des Bruchteiles einer Sekunde mit den herrlichsten Speisen,[234] andererseits erfährt die Leserschaft in Band vier, *Harry Potter and the Goblet of Fire*, dass diese Gerichte von Hauselfen in den Kellergewölben von Hogwarts zubereitet werden,[235] was den Zauber Dumbledores im Nachhinein zu einem bloßen "Servierzauber" degradiert. Da jedoch das Kochen wiederum ebenfalls durch Zaubern erledigt werden kann,[236] fragt es sich, wie sinnvoll dann eine durch Elfen betriebene Großküche ist.[237]

Alles in allem jedoch wirkt die Funktionsweise der Zauberwelt durchaus schlüssig. Eine Welt, in der Eulen die Post besorgen[238] und E-Mails ein Fremdwort sind, in der auf Ölgemälden abgebildete Personen sich gegenseitig besuchen, statt für alle Ewigkeit in starrer und unveränderter Position an der Wand zu hängen,[239] eine solche Welt ist von einer unbestreitbaren Anziehungskraft.

Die in den Harry-Potter-Abenteuern im Vergleich zur Zauberwelt recht langweilig wirkende Welt der Muggles wird an einigen Stellen der Potter-Romane dadurch aufgewertet, dass sie aus der Sicht der Zauberer betrachtet wird:

> Mr Weasley liked Harry to sit next to him at the dinner table so that he could bombard him with questions about life with Muggles, asking him to explain how things like plugs and the postal service worked.

---

[230] Vgl. Rowling, *Harry Potter and the Chamber of Secrets*, 65.
[231] Vgl. Rowling, *Harry Potter and the Chamber of Secrets*, 42.
[232] Vgl. Rowling, *Harry Potter and the Chamber of Secrets*, 36.
[233] Vgl. Rowling, *Harry Potter and the Chamber of Secrets*, 160.
[234] Vgl. Rowling, *Harry Potter and the Prisoner of Azkaban*, 105.
[235] Vgl. Rowling, *Harry Potter and the Goblet of Fire*, 161.
[236] Vgl. Rowling, *Harry Potter and the Goblet of Fire*, 55f.
[237] Vgl. Rowling, *Harry Potter and the Goblet of Fire*, 327.
[238] Vgl. Rowling, *Harry Potter and the Philosopher's Stone*, 43.
[239] Vgl. Rowling, *Harry Potter and the Philosopher's Stone*, 98.

'*Fascinating!*' he would say, as Harry talked him through using a telephone. '*Ingenious,* really, how many ways Muggles have found out of getting along without magic.'[240]

So erhält in Rowlings Romanen auch die Muggelwelt eine zauberhafte Note, wenngleich der Zauber in *dieser* Welt ein technisch-naturwissenschaftlich basierter Zauber ist. Für die Mehrzahl aller Muggles und damit auch aller Harry-Potter-LeserInnen ist bei näherer Betrachtung der Umstand, dass sich ein tonnenschweres Gerät, das sich Flugzeug nennt, in die Lüfte erheben und fliegen kann, auch ein Zauber der ganz besonderen Art. In der Muggelwelt gibt es jedoch derart viele vergleichbare Zaubereien, dass selbst die Kleinsten unter den Muggles schon in frühester Kindheit das Staunen zu verlernen scheinen. Die Zauberwelt Joanne K. Rowlings mag Anstoß dazu geben, das Staunen wieder zu erlernen.

4.3. Charaktere

4.3.1. Harry Potter und sein Widersacher – Protagonist und Antagonist

Sowohl die Autorin Joanne K. Rowling als auch ihr Held Harry Potter werden in zahlreichen Rezensionen mit der Grimmschen Märchenfigur des Aschenputtel verglichen.[241] Während der Vergleich zwischen Rowling und dem Aschenputtel sich nur auf den Umstand beziehen lässt, dass die Autorin als Empfängerin staatlicher Sozialhilfe rudimentäre Gemeinsamkeiten mit dem Aschenputtel aufzuweisen hat

---

[240] Rowling, *Harry Potter and the Chamber of Secrets*, 50.
[241] Vgl. Carsten Volkery, "Stephen Kings Urteil: Harry Potter ist ein männliches Aschenputtel", *Spiegel Online* (10.Juli 2000).

– eine finanzielle Situation, die sie davon ausschließt sich an "rauschenden Konsumfesten" zu beteiligen (Aschenputtel muss ebenfalls zu Hause bleiben, derweil sich ihre Stiefschwestern auf prunkvollen Bällen vergnügen[242]) – und Rowling aus dieser unterprivilegierten Situation zur Multimillionärin aufsteigt (zu einer "Prinzessin" des gesellschaftlichen Lebens), sind die Parallelen zwischen Harry Potter und dem Aschenputtel um einiges evidenter.

Die Ausgangssituation des Aschenputtels wird bei den Gebrüdern Grimm wie folgt beschrieben:

> Da mußte es so schwere Arbeit thun, früh vor Tag aufstehen, Wasser tragen, Feuer anmachen, kochen und waschen. Obendrein thaten ihm die Schwestern alles erbärmliche Herzeleid an, verspotteten es und schütteten ihm die Erbsen und Linsen in die Asche, so daß es sitzen und sie wieder auslesen mußte. Abends, wenn es sich müde gearbeitet hatte, kam es in kein Bett, sondern mußte sich neben den Herd in die Asche legen.[243]

Auch der Protagonist der Potter-Romane, Harry, muss bei den Dursleys die niederen Arbeiten verrichten, während sein Vetter Dudley das Leben eines rundum verwöhnten Einzelkindes führt. Während es bei den Gebrüdern Grimm die böse Stiefmutter ist, die das Aschenputtel zur Dienstmagd degradiert,[244] ist es in den Potter-Romanen die nicht minder bösartige Tante Petunia Dursley, die Harry herumkommandiert und ihn dazu veranlasst, seinen Vetter Dudley zu bedienen:

> Yet, Harry Potter was still there, asleep at the moment, but not for long. His Aunt Petunia was awake and it was her shrill voice which made the first noise of the day.
> 'Up! Get up! Now!'
> Harry woke up with a start. His aunt rapped on the door again.
> 'Up!' she screeched. Harry heard her walking towards the kitchen and then the sound of the frying pan being put on the cooker. He rolled on to his back and tried to remember the dream he had been having. [...]

---

[242] Vgl. Hermann Grimm (Hrsg.), *Kinder- und Hausmärchen gesammelt durch die Brüder Jacob und Wilhelm Grimm* (Gütersloh, 1887[6]), 99f.
[243] Grimm, 97f.
[244] Vgl. Grimm, 99f.

> His aunt was back outside the door.
> 'Are you up yet?' she demanded.
> 'Nearly,' said Harry.
> 'Well, get a move on, I want you to look after the bacon. And don't you dare let it burn, I want everything perfect on Dudley's birthday.'
> Harry groaned.
> 'What did you say?' his aunt snapped through the door.
> 'Nothing, nothing ...' [245]

Auch Harry wird von seinem Vetter schikaniert (so wie Aschenputtel von ihren Stiefschwestern[246]), auch Harry hat, so wie das Aschenputtel,[247] nicht die geringste Chance, dass ihm jemand zur Seite steht:

> 'I suppose we could take him [Harry] to the zoo,' said Aunt Petunia slowly, '... and leave him in the car ...' [Anmerkung des Verfassers: während Dudley sich im Zoo vergnügt]
> [...] Dudley began to cry loudly. In fact, he wasn't really crying, it had been years since he'd really cried, but he knew that if he screwed up his face and wailed, his mother would give him anything he wanted.
> 'Dinky, Duddydums, don't cry, Mummy won't let him [Harry] spoil your special day!' she cried, flinging her arms around him.
> 'I ... don't ... want ... him ... t-t-to come!' Dudley yelled between huge pretended sobs. 'He always sp-spoils everything!' He shot Harry a nasty grin through the gap in his mother's arms.[248]

Aschenputtel muss seine Nächte neben dem Herd in der Asche verbringen. Harrys Schlafplatz ist nicht wesentlich komfortabler:

> Harry got slowly out of bed and started looking for socks. He found a pair under his bed and, after pulling a spider off one of them, put them on. Harry was used to spiders, because the cupboard under the stairs was full of them, and that was where he slept.[249]

---

[245] Rowling, *Harry Potter and the Philosopher's Stone*, 19f.
[246] Vgl. Grimm, 98ff.
[247] Vgl. Grimm, 98.
[248] Rowling, *Harry Potter and the Philosopher's Stone*, 22.
[249] Rowling, *Harry Potter and the Philosopher's Stone*, 20.

Der Vergleich zwischen Aschenputtel und Harry erscheint also durchaus stimmig. Aschenputtel und Harry haben zudem eine weitere Gemeinsamkeit – auf Aschenputtel wartet das Leben als königliche Gemahlin,[250] auf Harry das Leben als berühmter und auserwählter Zauberer.[251] Im Unterschied zu Aschenputtel jedoch muss Harry nach jedem seiner bestandenen Abenteuer wieder in sein Aschenputtel-Dasein zurückkehren,[252] um diesem trostlosen Dasein letztendlich wieder aufs Neue zu entfliehen.[253]

Abgesehen von seinem Aschenputtel-Dasein und abgesehen von seinen Zauberkräften,[254] ist Harry ein ganz normaler Junge. Er ist keine Lichtgestalt. Er ist weder ein Adonis – er ist schmächtig und klein, hat ein hageres Gesicht und "knubblige" Knie ("knobbly knees")[255] – noch ist er sonderlich selbstbewusst und ihn plagen beispielsweise dieselben Ängste, die nahezu jeden Schüler und jede Schülerin irgendwann einmal plagen:

> 'See what I mean? [Harry zu Ron] I've got loads to learn ... I bet,' he added, voicing for the the first time something that had been worrying him a lot lately, 'I bet I'm the worst in the class.'[256]

In der Welt der Zauberer ist Harry zwar eine Berühmtheit[257] und ein talentierter Quidditch-Spieler,[258] aber die jährlichen Abschlussprüfungen auf Hogwarts bewältigt er nur mit den größten Mühen.[259] Im Gegensatz zu seiner Freundin Hermione ist er kein intellektueller Überflieger.[260]

---

[250] Vgl. Grimm, 106.
[251] Vgl. Rowling, *Harry Potter and the Philosopher's Stone*, 42 u. 46.
[252] Vgl. Rowling, *Harry Potter and the Philosopher's Stone*, 222f.
[253] Vgl. Rowling, *Harry Potter and the Chamber of Secrets*, 7-35.
[254] Vgl. Rowling, *Harry Potter and the Philosopher's Stone*, 23f.
[255] Vgl. Rowling, *Harry Potter and the Philosopher's Stone*, 20.
[256] Rowling, *Harry Potter and the Philosopher's Stone*, 75f.
[257] Vgl. Rowling, *Harry Potter and the Philosopher's Stone*, 54f u. 71f.
[258] Vgl. Rowling, *Harry Potter and the Philosopher's Stone*, 112f.
[259] Vgl. Rowling, *Harry Potter and the Philosopher's Stone*, 167f u. 191f.
[260] Vgl. Rowling, *Harry Potter and the Philosopher's Stone*, 207.

Harrys Stärke offenbart sich nicht in seiner Disziplin und seinen Leistungen als Schüler, sondern in seiner charakterlichen Integrität – seinem Mut und seiner Entschlossenheit (mehr dazu unter 6.1. Der Kampf des Guten gegen das Böse).

Der Protagonist Harry Potter und sein Antagonist, Lord Voldemort, haben eine Reihe von Gemeinsamkeiten. Beide sind mächtige Zauberer. Seine Zaubermacht ist es, die den dunklen Lord Voldemort in die Lage versetzt eine elfjährige Schreckensherrschaft zu errichten.[261] Harry befindet sich zwar noch nicht auf dem Höhepunkt seiner Zauberkunst (vgl. 6.2. Der Prozess des Erwachsenwerdens – vom Zauberlehrling zum Zaubermeister), aber bereits als Kind in der Mugglewelt ist er unwissentlich in der Lage, Dinge geschehen zu lassen, die sein überdurchschnittliches Talent als Zauberer offenbaren.[262]

Die qualitative Gleichheit ihrer Zaubermacht manifestiert sich jedoch in Lord Voldemorts und Harrys Zauberstäben. In der Zauberwelt suchen sich die Zauberer ihre Zauberstäbe nur vordergründig aus. In Wirklichkeit ist es umgekehrt: Die Zauberstäbe sind es, die ihren Besitzer auswählen.[263] Die Zauberstäbe der Zauberwelt sind überaus unterschiedlich in ihrer magischen Macht, jeder Zauberstab ist anders,[264] doch einen einzigen Zauberstab gibt es, der ein Zwillings-, ein Gegenstück hat.[265] Es ist fast überflüssig zu erwähnen, dass Harry Potter und Lord Voldemort den gleichen Zauberstab besitzen – "holly and phoenix feather, eleven inches, nice and supple".[266] Voldemort und Harry sind als Zauberer somit gleich ausgestattet und infolgedessen gleichwertige Duellanten. Dieser Umstand ist einer der Gründe, warum der Zauberlehrling Harry in Band vier, *Harry Potter and the Goblet of Fire*, im direkten Zauberstabduell mit Lord Voldemort bestehen kann und der Kampf zwischen den beiden dadurch letztendlich unentschieden ausgeht.[267]

---

[261] Vgl. Rowling, *Harry Potter and the Philosopher's Stone*, 65.
[262] Vgl. Rowling, *Harry Potter and the Philosopher's Stone*, 23f.
[263] Vgl. Rowling, *Harry Potter and the Philosopher's Stone*, 63.
[264] Vgl. Rowling, *Harry Potter and the Philosopher's Stone*, 64.
[265] Vgl. Rowling, *Harry Potter and the Philosopher's Stone*, 65.
[266] Rowling, *Harry Potter and the Philosopher's Stone*, 65.
[267] Vgl. Rowling, *Harry Potter and the Goblet of Fire*, 605.

Eine weitere Gemeinsamkeit zwischen Lord Voldemort und Harry ist die, dass beide als Waisen aufwachsen (wenngleich Voldemort nur als Halbwaise[268]). Diese Tatsache hat zum Teil Lord Voldemort höchstpersönlich zu verantworten. Er ist es, der Harrys Eltern umgebracht und ihn somit zum Waisen gemacht hat. Er selbst, Voldemort, hatte einen Muggle (Tom Riddle) zum Vater und eine Zauberin zur Mutter. Als Voldemorts Vater erfährt, dass seine Frau eine Zauberin ist, verstößt er sie.[269] Diese bringt ihren Sohn zur Welt und stirbt kurze Zeit später.[270] Voldemort wächst in einem Kinderheim auf.[271] Er rächt seine Mutter als erwachsener Zauberer, indem er seinen Vater tötet.[272]

Voldemort besucht Hogwarts rund fünfzig Jahre vor Harry.[273] Zu diesem Zeitpunkt trägt er noch seinen bürgerlichen Namen: Tom Marvolo Riddle.[274] Zu seiner Schulzeit ist er allseits beliebt und ein äußerst fleißiger Schüler – Klassenbester und Schulsprecher.[275]
Nach Abschluss der Schule jedoch, gerät der junge Tom Marvolo Riddle und spätere Lord Voldemort auf die schiefe Bahn:

> 'He disappeared after leaving school ... travelled far and wide ... sank so deeply into the Dark Arts, consorted with the very worst of our kind, underwent so many dangerous, magical transformations, that when he resurfaced as Lord Voldemort, he was barely recognisable.'[276]

Diese Verwandlung eines ehemals vielversprechenden Schülers von Hogwarts lässt sich interpretatorisch auf zweierlei Faktoren zurückführen: Voldemort sieht seinen Muggle-Vater als den Verantwortlichen für den Tod seiner Mutter. Dementsprechend hasst er seinen Vater und überträgt diesen Hass auf *alle* Muggles. Nachdem er seinen

---

[268] Vgl. Rowling, *Harry Potter and the Chamber of Secrets*, 264.
[269] Vgl. Rowling, *Harry Potter and the Chamber of Secrets*, 337.
[270] Vgl. Rowling, *Harry Potter and the Chamber of Secrets*, 264.
[271] Vgl. Rowling, *Harry Potter and the Chamber of Secrets*, 263.
[272] Vgl. Rowling, *Harry Potter and the Goblet of Fire*, 7-9.
[273] Vgl. Rowling, *Harry Potter and the Chamber of Secrets*, 353.
[274] Vgl. Rowling, *Harry Potter and the Chamber of Secrets*, 337.
[275] Vgl. Rowling, *Harry Potter and the Chamber of Secrets*, 335 u. 353.
[276] Rowling, *Harry Potter and the Chamber of Secrets*, 353.

Vater umgebracht hat, gibt es keinen Weg mehr zurück – der Hass wird zur Lebensphilosophie.

Der zweite Faktor ist der, dass Lord Voldemort einer der direkten Nachfahren Salazar Slytherins ist,[277] einem der Gründerväter von Hogwarts. Slytherin vertrat im Gegensatz zu den anderen Gründern von Hogwarts (Ravenclaw, Gryffindor und Hufflepuff) die Ansicht, dass nur reinrassige Zauberer, die keine Muggles als Vorfahren haben, Hogwarts besuchen sollten.[278] Der Rassenwahn Lord Voldemorts ist somit ein Erbe seines berühmten Vorfahren. Der Rassenwahn Lord Voldemorts und seine Durchsetzungskraft als tyrannischer Diktator sind es auch, die ihn einer realen Person aus der Mugglewelt überaus ähnlich erscheinen lassen – dem "Blut-und-Boden"-Diktator Adolf Hitler.

4.3.2. Harry Potter und seine Familien – die Pflege- und die Wahlfamilie

Da Harrys Eltern durch Lord Voldemort ermordet wurden, wächst er als Pflegekind bei seinen Verwandten, den Dursleys auf. Petunia Dursley ist Harrys Tante und die Schwester seiner verstorbenen Mutter Lily.

Dass Harrys Mutter und seine Tante nicht das allerbeste Verhältnis zueinander hatten, ist der folgenden Textstelle zu entnehmen:

> 'You *knew*?' said Harry. 'You *knew* I'm – a wizard?'
> 'Knew!' shrieked Aunt Petunia suddenly. '*Knew!* Of course we knew! How could you not be, my dratted sister being what she was? Oh, she got a letter just like that and disappeared off to that – that *school* – and came home every holiday with her pockets full of frog-spawn, turning teacups into rats.

---

[277] Vgl. Rowling, *Harry Potter and the Chamber of Secrets*, 357.
[278] Vgl. Rowling, *Harry Potter and the Chamber of Secrets*, 164f.

I was the only one who saw her for what she was – a freak! But for my mother and father, oh no, it was Lily this and Lily that, they were so proud of having a witch in the family!"[279]

Petunia Dursley hat es ihrer Schwester Lily ganz offensichtlich nie vergeben, dass sie "nur die zweite Geige spielen durfte". Sie hasst ihre Schwester und aufgrunddessen auch deren Sohn Harry. Harry ist ein überaus lästiges Übel, das ertragen werden muss. Eine der Taktiken ihn zu ertragen ist die, Harry zu ignorieren: "The Dursley often spoke about Harry [...] , as though he wasn't there – or rather, as though he was something, very nasty that couldn't understand them, like a slug."[280]

Oberste Maxime der Dursleys ist alles zu vermeiden, worüber die Nachbarn reden könnten.[281] Das Haus hat sauber zu sein, der Garten frei von Unkraut[282] und die Kleidung adrett.[283] Harrys ungebändigte Haare sind für Vernon Dursley immer wieder ein Grund sich zu echauffieren. Harrys Haare sind auffällig, sie sitzen nicht "normal" und sie gefährden das heilige Prinzip der Normalität.[284]

Vernon Dursley ist ein Choleriker, ein Choleriker jedoch, der seine Wutausbrüche in der Regel zu steuern vermag. Mit seiner Frau und seinem Sohn Dudley spricht er nicht selten im nahezu säuselnden Tonfall,[285] Harry hingegen schreit er bei jeder sich bietenden Gelegenheit an,[286] ebenso wie die ihm Untergebenen in der Firma:

Mr Dursley [...] had a perfectly normal [...] morning. He yelled at five different people. He made several important telephone calls and shouted a bit more. He was in a very good mood until lunchtime, when he thought he'd stretch his legs and walk across the road to buy himself a bun from the

---

[279] Rowling, *Harry Potter and the Philosopher's Stone*, 44.
[280] Rowling, *Harry Potter and the Philosopher's Stone*, 22.
[281] Vgl. Rowling, *Harry Potter and the Philosopher's Stone*, 7.
[282] Vgl. Rowling, *Harry Potter and the Philosopher's Stone*, 19.
[283] Vgl. Rowling, *Harry Potter and the Philosopher's Stone*, 8.
[284] Vgl. Rowling, *Harry Potter and the Philosopher's Stone*, 20f.
[285] Vgl. Rowling, *Harry Potter and the Philosopher's Stone*, 8.
[286] Vgl. Rowling, *Harry Potter and the Philosopher's Stone*, 24.

stretch his legs and walk across the road to buy himself a bun from the baker's opposite.[287]

Nach außen hin ist Vernon Dursley der durchsetzungskräftige Patriarch, der Herr des Hauses. Der wirkliche "Boss" der Familie Dursley aber ist Dudley Dursley, Harrys Vetter:

> Dudley [...] was counting his presents. His face fell.
> 'Thirty-six,' he said, looking up his mother and father. 'That's two less than last year.'
> 'Darling, you haven't counted Auntie Marge's present, see, it's here under this big one from Mummy and Daddy.'
> 'All right, thirty-seven, then,' said Dudley, going red in the face. Harry, who could see a huge Dudley tantrum coming on, began wolfing down his bacon as fast as possible in case Dudley turned the table over.
> Aunt Petunia obviously scented danger too, because she said quickly, 'And we'll buy you another *two* presents while we're out today. How's that, popkin? *Two* more presents. Is that all right?'
> Dudley thought for a moment. It looked like hard work. Finally he said slowly, 'So I'll have thirty ... thirty ...'
> 'Thirty-nine, sweetums,' said Aunt Petunia.
> 'Oh.' Dudley sat down heavily and grabbed the nearest parcel. 'All right then.'
> Uncle Vernon chuckled.
> 'Little tyke wants his money's worth, just like his father. Atta boy, Dudley!' He ruffled Dudleys hair.[288]

Dudley ist derjenige, der in der Familie Dursley die Kommandos gibt (von Vernon Dursleys Nervenzusammenbruch in *Harry Potter and the Philosopher's Stone* abgesehen – hier übernimmt ausnahmsweise Dudleys Vater das Kommando[289]), er ist das Abbild eines Elterntyranns:

---

[287] Rowling, *Harry Potter and the Philosopher's Stone*, 9.
[288] Rowling, *Harry Potter and the Philosopher's Stone*, 21.
[289] Vgl. Rowling, *Harry Potter and the Philosopher's Stone*, 35ff.

> Dudley quickly found the largest snake in the place. It could have wrapped its body twice around Uncle Vernons car and crushed it into a dustbin – but at the moment it didn't look in the mood. In fact, it was fast asleep.
> Dudley stood with his nose pressed against the glass, staring at the glistening brown coils.
> 'Make it move,' he whined at his father. Uncle Vernon tapped on the glass, but the snake didn't budge.
> 'Do it again,' Dudley ordered. Uncle Vernon rapped the glass smartly with his knuckles, but the snake just snoozed on.
> 'This is boring,' Dudley moaned. He shuffled away.[290]

In Band zwei, *Harry Potter and the Chamber of Secrets*, hat Harry erstmalig die Möglichkeit einen Teil seiner Sommerferien bei der Familie seines Freundes Ron, den Weasleys, zu verbringen – eine für Harry völlig neuartige Erfahrung:

> Life at The Burrow [dem Haus der Weasleys] was as different as possible from life in Privet Drive [dem Haus der Dursleys]. [...] The ghoul in the attic howled and dropped pipes whenever he felt things were getting too quiet, and small explosions from Fred and George's bedroom were considered perfectly normal. What Harry found most unusual about life at Ron's, however, [...] was the fact that everybody seemed to like him.[291]

Die Normalität im Hause der Weasleys ist die, dass Unnormales normal ist, Unnormales im Sinne der Dursleys. Die Mitglieder der Familie Weasleys sind *nicht* adrett gekleidet, so wie beispielsweise Arthur Weasley, der Vater von Ron: "He was wearing long green robes, which were dusty and travel-worn."[292] Im Vergleich zu dem Haus und den Maßstäben der Dursleys, vermittelt das Haus der Weasleys alles andere als den Eindruck eines sauberen und gepflegten Mittelstandshauses:

> A lop-sided sign stuck in the ground near the entrance read 'The Burrow'. Round the front door lay a jumble of Wellington boots and a very dusty

---

[290] Rowling, *Harry Potter and the Philosopher's Stone*, 25.
[291] Rowling, *Harry Potter and the Chamber of Secrets*, 50.
[292] Rowling, *Harry Potter and the Chamber of Secrets*, 45.

cauldron. Several fat brown chickens were pecking their way around the yard.[293]

Und auch der Garten der Weasleys entspricht nicht den Vorstellungen der Dursley-Familie. Unkraut ist hier eher der Regelfall als die Ausnahme:

The garden was large and, in Harry's eyes, exactly what a garden should be. The Dursleys wouldn't have liked it – there were plenty of weeds, and the grass needed cutting – but there were gnarled trees all around the walls, plants Harry had never seen spilling from every flowerbed and a big green pond full of frogs.[294]

Abgesehen von diesen Äußerlichkeiten – Äußerlichkeiten, die für die Dursleys von immenser Bedeutung sind – ist es die Tatsache, dass Harry in diesem Hause willkommen ist,[295] die für ihn eine nur nach und nach zu begreifende Erlösung aus seinem Aschenputtel-Dasein darstellt. Hier, im Hause der Weasleys, ist er ein gleichberechtigter Gesprächspartner. Man hört ihm zu und seine Meinung wird ernstgenommen.[296] Hier, im Hause seines Freundes Ron, wird er königlich (wenn auch einfach[297]) bewirtet[298] – und das, obwohl die Familie Weasley finanziell nicht gut dasteht.[299] Hier, in diesem Hause, das liebevoll "The Burrow" genannt wird, erlebt er zum ersten Mal in seinem Leben eine intakte Familie: in den vier Wänden der Familie Weasley geschieht etwas, was im Hause der Dursleys undenkbar ist – es wird gelacht.[300]

Zentrum der Weasley-Familie ist Molly Weasley. Sie ist es, die die Fäden in der Hand hält; sie ist es, die auf liebe- und hu-

---

[293] Rowling, *Harry Potter and the Chamber of Secrets*, 39.
[294] Rowling, *Harry Potter and the Chamber of Secrets*, 43f.
[295] Vgl. Rowling, *Harry Potter and the Chamber of Secrets*, 41.
[296] Vgl. Rowling, *Harry Potter and the Chamber of Secrets*, 50f.
[297] Vgl. Rowling, *Harry Potter and the Chamber of Secrets*, 41.
[298] Vgl. Rowling, *Harry Potter and the Chamber of Secrets*, 50.
[299] Vgl. Rowling, *Harry Potter and the Chamber of Secrets*, 52.
[300] Vgl. Rowling, *Harry Potter and the Goblet of Fire*, 49.

morvolle Art und Weise das Kommando führt[301] und die einzelnen Mitglieder ihrer Großfamilie zu nehmen weiß, ob nun ihren etwas zu strebsam geratenen Sohn Percy, die schalkhaften Zwillinge George und Fred[302] oder ihren verträumten und bisweilen etwas realitätsfremden Ehemann Arthur.[303]

Als sich Harrys erster Ferienaufenthalt bei den Weasleys dem Ende nähert, fällt es ihm schwer sich zu verabschieden:

> The end of the summer holidays came too quickly for Harry's liking. He was looking forward to getting back to Hogwarts, but his month at the Burrow had been the happiest of his life. It was difficult not to feel jealous of Ron when he thought of the Dursleys and the sort of welcome he would expect next time he turned up in Privet Drive.[304]

Harry hat fortan zwei Familien – eine Pflege- und eine Wahlfamilie.

4.3.3. Harry Potter und seine Freunde – das unschlagbare Trio

Harrys Ausgangslage in *Harry Potter and the Philosopher's Stone* ist wahrhaftig bedrückend. Er lebt in einer Familie, die ihn hasst und schikaniert, er hat außer den Dursleys keine weiteren Verwandten, die sich um ihn kümmern würden[305] und auch in der näheren Nachbarschaft gibt es niemanden, der sich für ihn interessiert.[306] Dass Harry

---

[301] Vgl. Rowling, *Harry Potter and the Chamber of Secrets*, 42f.
[302] Vgl. Rowling, *Harry Potter and the Philosopher's Stone*, 72f.
[303] Vgl. Rowling, *Harry Potter and the Chamber of Secrets*, 46f.
[304] Rowling, *Harry Potter and the Chamber of Secrets*, 74.
[305] Vgl. Rowling, *Harry Potter and the Philosopher's Stone*, 27.
[306] Vgl. Rowling, *Harry Potter and the Philosopher's Stone*, 22.

auch in der Schule keine Freunde findet, dafür sorgt sein Vetter Dudley:

> At school, Harry had no one. Everybody knew that Dudley's gang hated that odd Harry Potter in his baggy, old clothes and broken glasses, and nobody liked to disagree with Dudley's gang.[307]

Erst in der Zauberwelt, befreit von seiner Rolle als Außenseiter, hat Harry die Möglichkeit Freundschaften zu schließen.[308] Der gleichaltrige Ron Weasley ist diejenige Person, die sich zu seinem engsten Freund entwickelt. Schon auf ihrer ersten gemeinsamen Zugfahrt nach Hogwarts stellen die beiden fest, dass sie viele Gemeinsamkeiten haben. Da Rons Familie zu den ärmeren Familien in der Zauberwelt gehört, ist es sein Schicksal grundsätzlich die ausrangierten Kleidungsstücke und Gegenstände seiner älteren Geschwister zu "erben" – so trägt er beispielsweise den zu kurzen Umhang seines älteren Bruders Bill,[309] muss mit dem geflickten Zauberstab seines erwachsenen Bruders Charlie vorliebnehmen[310] und selbst sein Haustier, die Ratte Scabbers, ist "Second Hand" und hat ehemals seinem Bruder Percy gehört.[311] Harry kann sich in Rons Situation nur allzu gut einfühlen. Auch ihm ist das Schicksal beschieden, grundsätzlich die abgelegten und abgetragenen Kleidungsstücke von seinem Vetter Dudley aufzutragen.[312]

Beide, Ron und Harry, haben anfangs Angst vor Hogwarts, Angst davor zu versagen: Harry, weil er nahezu nichts von der Welt der

---

[307] Rowling, *Harry Potter and the Philosopher's Stone*, 27.
[308] Zu diesen neuen Freunden gehören auch Sirius Black und Rubeus Hagrid. Sirius Black, ein rechtskräftig verurteilter Mörder, entpuppt sich in *Harry Potter and the Prisoner of Azkaban* als Harrys Patenonkel und avanciert in *Harry Potter and the Goblet of Fire* zu einem verlässlichen und hilfreichen Ratgeber in Notsituationen (vgl. Rowling, *Harry Potter and the Goblet of Fire*, 353f). Rubeus Hagrid erfährt eine nähere Charakterisierung unter 4.3.5. Hausmeister, Schlossgeister und Zaubermeister.
[309] Vgl. Rowling, *Harry Potter and the Philosopher's Stone*, 75 u. 83.
[310] Vgl. Rowling, *Harry Potter and the Philosopher's Stone*, 75 u. 78f.
[311] Vgl. Rowling, *Harry Potter and the Philosopher's Stone*, 75.
[312] Vgl. Rowling, *Harry Potter and the Philosopher's Stone*, 29 u. 75.

Zauberer weiß, einer Welt, in der er nicht aufgewachsen ist,[313] Ron, weil er sich unter Erfolgsdruck sieht wegen seiner überaus erfolgreichen Brüder – Percy, sein um vier Jahre älterer Bruder, ist Vertrauensschüler; Bill, sein ältester Bruder, war Schulsprecher von Hogwarts; Charlie, der zweitälteste Bruder, war zu seiner Schulzeit ein großartiger Quidditch-Spieler und Kapitän der Schulmannschaft.[314]

Eine weitere Gemeinsamkeit, die Ron und Harry entdecken, ist ihre Antipathie gegenüber dem hochnäsigen Mitschüler Draco Malfoy.[315] Diese Abneigung verstärkt sich zur Feindschaft (s. 4.3.4. Die Schüler von Hogwarts). Draco Malfoy wird zum gemeinsamen Widersacher der beiden Freunde Harry und Ron.[316]

Ein herausragende Eigenschaft Rons ist seine Fähigkeit "zu gönnen". Diese Eigenschaft weist ihn als einen wahren Freund Harry Potters aus. Obwohl Ron, der sich ständig den Vergleich mit seinen erfolgreichen Brüdern gefallen lassen muss,[317] allen Anlass dazu hätte empfindlich darauf zu reagieren, dass der berühmte Harry Potter[318] sich auch noch als ein großartiges Quidditch-Talent entpuppt,[319] freut er sich gemeinsam mit seinem Freund darüber, dass dieser der jüngste Quidditch-Spieler seit über hundert Jahren ist.[320] Als Harry zu allem Überfluss von der stellvertretenden Schulleiterin Minerva McGonagall auch noch den besten und begehrtesten aller Rennbesen geschenkt bekommt (der Traum eines jeden jungen Zauberers[321]), gönnt Ron seinem Freund Harry auch dieses Geschenk von Herzen.[322] Freunde, die frei von potenziellen Neidgefühlen sind, sind keine Selbstverständlichkeit. Ron gehört dieser "seltenen Spezies" von Freunden an.

---

[313] Vgl. Rowling, *Harry Potter and the Philosopher's Stone*, 76.
[314] Vgl. Rowling, *Harry Potter and the Philosopher's Stone*, 75.
[315] Vgl. Rowling, *Harry Potter and the Philosopher's Stone*, 81f.
[316] Vgl. Rowling, *Harry Potter and the Philosopher's Stone*, 114.
[317] Vgl. Rowling, *Harry Potter and the Philosopher's Stone*, 75.
[318] Vgl. Rowling, *Harry Potter and the Philosopher's Stone*, 90f.
[319] Vgl. Rowling, *Harry Potter and the Philosopher's Stone*, 112.
[320] Vgl. Rowling, *Harry Potter and the Philosopher's Stone*, 113.
[321] Vgl. Rowling, *Harry Potter and the Philosopher's Stone*, 56.
[322] Vgl. Rowling, *Harry Potter and the Philosopher's Stone*, 122f.

Zu dem freundschaftlichen Duo "Ron und Harry" stößt im Laufe der Handlung von *Harry Potter and the Philosopher's Stone* die Mitschülerin Hermione Granger hinzu. Hermione ist eine Schülerin, die Ron und Harry ursprünglich nicht sonderlich gut leiden können, die sie als unsympathische Streberin und penetrante Besserwisserin empfinden.[323] Als Ron, Harry und Hermione sich jedoch durch unglückliche Umstände mit einem Troll konfrontiert sehen und ihn gemeinsam besiegen,[324] verändert sich die Situation:

> from that moment on, Hermione Granger became their friend. There are some things you can't share without ending up liking each other, and knocking out a twelve-foot mountain troll is one of them.[325]

Aus dem Duo wird ein Trio und Hermione zum intellektuellen Kopf des Trios. Sie ist es, die in *Harry Potter and the Philosopher's Stone* das Geheimnis um die Identität von Nicolas Flamel lüftet;[326] sie ist es, die auf dem Weg zum Stein der Weisen das auf reiner Logik basierende Rätsel des Lehrers Severus Snape löst;[327] sie findet in *Harry Potter and the Chamber of Secrets* heraus, dass ein *Basilisk* in der *Chamber of Secrets* haust.[328]

Trotz ihrer Freundschaft zu Ron und Harry bleibt Hermione sich selbst treu: sie ist auch weiterhin eine äußerst ehrgeizige Schülerin, jedoch nicht mit den Merkmalen einer Streberin – sie hilft ihren Freunden engagiert, das jährliche Abschlussexamen auf Hogwarts zu bestehen.[329]

Hermione hat hohe moralische Ansprüche. Regeln dürfen ihrer Meinung nach nur in Notsituationen gebrochen werden,[330] trotzdem

---

[323] Vgl. Rowling, *Harry Potter and the Philosopher's Stone*, 102f.
[324] Vgl. Rowling, *Harry Potter and the Philosopher's Stone*, 129f.
[325] Rowling, *Harry Potter and the Philosopher's Stone*, 132.
[326] Vgl. Rowling, *Harry Potter and the Philosopher's Stone*, 161.
[327] Vgl. Rowling, *Harry Potter and the Philosopher's Stone*, 207.
[328] Vgl. Rowling, *Harry Potter and the Chamber of Secrets*, 312f. Der *Basilisk* ist eine monströse Schlange. Nicht nur die Giftzähne dieses Ungeheuers sind tödlich, sondern auch dessen Blick.
[329] Vgl. Rowling, *Harry Potter and the Philosopher's Stone*, 167.
[330] Vgl. Rowling, *Harry Potter and the Philosopher's Stone*, 133f.

aber ist sie keine gefühlskalte Prinzipienreiterin[331] und ebenso wenig ist sie ein hoffnungsloser Bücherwurm; sie bildet sich nichts ein auf ihre intellektuellen Fähigkeiten. Hermione zu Harry in *Harry Potter and the Philosopher's Stone*:

> 'Harry – you're a great wizard, you know.'
> 'I'm not as good as you,' said Harry, very embarrassed [...].
> 'Me!' said Hermione. 'Books! And cleverness! There are more important things – friendship and bravery [...]!'[332]

Der ehemalige Einzelgänger Harry ist in der Zauberwelt im doppelten Sinne reich. Er hat ein gutgefülltes Gelddepot bei der Zauberbank Gringotts[333] und – noch wichtiger als *Galleons*, *Knuts* und *Sickels* – er verfügt über einen Reichtum der immateriellen Art: er hat Freunde, auf die er sich verlassen kann. Ohne diese Freunde wäre Harry – umgangssprachlich ausgedrückt – im wahrsten Sinne des Wortes "arm dran". Sein Kampf gegen Lord Voldemort wäre aussichtslos. Gemeinsam mit seinen Freunden jedoch bildet Harry, wie es scheint, ein unschlagbares Trio.

4.3.4. Die Schüler von Hogwarts

Jeder neuer Schüler von Hogwarts wird gemäß seiner charakterlichen Eigenschaften einem der sogenannten vier "Häuser" des Zauberinternates zugeordnet, benannt nach den vier Gründern von Hogwarts: Gryffindor, Slytherin, Hufflepuff und Ravenclaw.[334]

---

[331] Vgl. Rowling, *Harry Potter and the Chamber of Secrets*, 174.
[332] Rowling, *Harry Potter and the Philosopher's Stone*, 208.
[333] Vgl. Rowling, *Harry Potter and the Philosopher's Stone*, 58.
[334] Vgl. Rowling, *Harry Potter and the Philosopher's Stone*, 88-91.

Während die Gryffindors als tapfer und mutig gelten, werden die Hufflepuffs als gerecht, treu und fleißig eingestuft, die Ravenclaws als gelehrsam und weise und die Slytherins als listig und verschlagen.[335] Abgesehen von Ron und Hermione werden in den Harry-Potter-Romanen nur wenige der Schüler von Hogwarts ausführlicher charakterisiert. Auch der dem Hufflepuff-Haus angehörende Cedric Diggory, der in den ersten drei Harry-Potter-Bänden nur eine unbedeutende Nebenfigur ist[336] und in *Harry Potter and the Goblet of Fire* zu einem der Hauptakteure aufsteigt,[337] bleibt in Band vier trotz allem ein Figur ohne Profil, ein *flat character*. Obwohl Cedric Diggory gemeinsam mit Harry einer der vier Teilnehmenden am *Triwizard Tournament* ist,[338] werden Diggorys Gedanken – seine Ängste und Motivationen – nur am Rande beschrieben. Die Person Cedric Diggory bleibt im Dunkeln, die Darstellung seines Charakters eine Skizze.

Über die Schüler des Hauses Gryffindor, dem Harry Potter und seine Freunde angehören, erfahren die Leserinnen und Leser noch am meisten: hier sind es insbesondere Rons Brüder – der strebsame, pedantische Percy und die liebenswert anarchistischen Zwillinge Fred und George[339] – aber auch der tollpatschige, verschüchterte Neville Longbottom,[340] die im Vergleich zu den anderen Schülern von Hogwarts von der Autorin Joanne K. Rowling etwas ausführlicher und profilierter dargestellt werden. Sowohl Rons Brüder als auch Neville Longbottom sorgen in den Harry-Potter-Romanen für zahlreiche amüsante Verwicklungen[341] und für nahezu burleske Szenen,[342] keiner der vier Charaktere aber ist für den Plot der Harry-Potter-Romane von essentieller Bedeutung, keiner dieser Charaktere ist unverzichtbar.

---

[335] Vgl. Rowling, *Harry Potter and the Philosopher's Stone*, 88.
[336] Vgl. Rowling, *Harry Potter and the Prisoner of Azkaban*, 193.
[337] Vgl. Rowling, *Harry Potter and the Goblet of Fire*, 238.
[338] Vgl. Rowling, *Harry Potter and the Goblet of Fire*, 246.
[339] Vgl. Rowling, *Harry Potter and the Philosopher's Stone*, 72f.
[340] Vgl. Rowling, *Harry Potter and the Philosopher's Stone*, 90.
[341] Vgl. Rowling, *Harry Potter and the Philosopher's Stone*, 177f.
[342] Vgl. Rowling, *Harry Potter and the Philosopher's Stone*, 148f.

Das Slytherin-Haus ist mit den Gryffindors traditionell verfeindet;[343] die Hufflepuffs und Ravenclaws solidarisieren sich in der Regel mit den Gryffindors.[344] Dies ist jedoch nicht immer der Fall; nicht immer ist der strahlende Quidditch-Held und berühmte Harry Potter wohlgelitten. Es gibt Situationen, in denen sich fast die gesamte Schülerschaft gegen Harry Potter (und damit auch gegen Ron und Hermione) stellt, so wie in Band zwei, *Harry Potter and the Chamber of Secrets*, als Harry verantwortlich gemacht wird für die mysteriösen Versteinerungen von Schülern.[345]

Situationen wie diese sind die Sternstunden des Slytherin-Schülers Draco Malfoy,[346] der mit Vorliebe gegen Harry Potter und seine Freunde intrigiert und diese bei jeder sich bietenden Gelegenheit zu provozieren versucht.

So zieht er Ron beispielsweise regelmäßig damit auf, dass dieser einer verhältnismäßig armen Zaubererfamilie entstammt[347] und nennt Hermione, weil ihre Eltern Muggles und keine Zauberer sind, ein "Mudblood".[348]

Draco Malfoys Selbstbewusstein stützt sich auf zwei Faktoren. Durch seine beiden Mitschüler Crabbe and Goyle, die ihn überall hin begleiten und auf sein Kommando hin gehorchen, fühlt er sich sicher und unangreifbar: "Both of them [Crabbe und Goyle] were thickset and looked extremely mean. Standing either side of the pale boy [Malfoy] they looked like bodyguards."[349] Schutz erfährt Draco Malfoy jedoch nicht nur durch seine "Leibwache", sondern auch durch seinen Vater Lucius Malfoy, der in der Zauberwelt ein äußerst mächtiger und reicher Mann ist. Lucius Malfoy ist ein Anhänger Lord Voldemorts,[350] der nach dessen Niedergang zum Schein wieder auf die andere Seite

---

[343] Vgl. Rowling, *Harry Potter and the Philosopher's Stone*, 61f u. 79f.
[344] Vgl. Rowling, *Harry Potter and the Philosopher's Stone*, 222.
[345] Vgl. Rowling, *Harry Potter and the Chamber of Secrets*, 227f.
[346] Vgl. Rowling, *Harry Potter and the Chamber of Secrets*, 228.
[347] Vgl. Rowling, *Harry Potter and the Philosopher's Stone*, 164.
[348] Vgl. Rowling, *Harry Potter and the Chamber of Secrets*, 123.
[349] Rowling, *Harry Potter and the Philosopher's Stone*, 81.
[350] Vgl. Rowling, *Harry Potter and the Goblet of Fire*, 564.

gewechselt ist[351] und sich mit großzügigen Spenden für wohltätige Zwecke das Wohlwollen des Zauberministers Cornelius Fudge sichert.[352] Malfoy hat in seinem Sohn einen "würdigen Erben". Dieser hat seine Werte und Ansichten kritiklos übernommen und ist, wie er selbst, ein leidenschaftlicher Rassist, der die Ansicht vertritt, nur "reinrassige" Zauberer, die keine Muggles als Vorfahren haben, dürften Hogwarts besuchen.[353] Lucius Malfoy unterstützt seinen Sohn, wann immer er nur kann. In *Harry Potter and the Chamber of Secrets* beispielsweise schenkt er jedem Spieler des Slytherin-Quidditch-Teams, dem selbstredend auch Draco angehört, das neueste und teuerste Rennbesenmodell.[354] Als sein Sohn Draco ihn dazu veranlasst, instrumentalisiert Lucius Malfoy ohne zu zögern seine Position als Schulrat von Hogwarts und erreicht die zeitweilige Suspendierung des Direktors Albus Dumbledore.[355]

Allein und auf sich gestellt ist Draco Malfoy ein Feigling, so beispielsweise als er ohne den Schutz seiner Leibwache und seines Vaters gemeinsam mit seinen MitschülerInnen Neville, Hermione und Harry eine Strafarbeit im *Forbidden Forest* zu verrichten hat, dem Wald von Hogwarts, in dem es von wilden und gefährlichen Kreaturen nur so wimmelt:[356]

> Malfoy [...] turned to Hagrid.
> 'I'm not going in that Forest,' he said, and Harry was pleased to hear the note of panic in his voice.
> 'Yeh are if yeh want ter stay at Hogwarts,' said Hagrid fiercely, 'Yeh've done wrong an' now yeh've got ter pay fer it.'
> 'But this is servant stuff, it's not for students to do. I thought we'd be writing lines or something. If my father knew I was doing this, he'd –'
> '– tell yer that's how it is at Hogwarts,' Hagrid growled. 'Writin' lines! What good's that ter anyone? Yeh'll do summat useful or yeh'll get out. If yeh

---

[351] Vgl. Rowling, *Harry Potter and the Philosopher's Stone*, 82.
[352] Vgl. Rowling, *Harry Potter and the Goblet of Fire*, 613.
[353] Vgl. Rowling, *Harry Potter and the Chamber of Secrets*, 60f u. 123.
[354] Vgl. Rowling, *Harry Potter and the Chamber of Secrets*, 122.
[355] Vgl. Rowling, *Harry Potter and the Chamber of Secrets*, 283ff.
[356] Vgl. Rowling, *Harry Potter and the Philosopher's Stone*, 183.

> think yer father'd rather you were expelled, then get back off ter the castle an' pack. Go on!'
> Malfoy didn't move. He looked at Hagrid furiously but then dropped his gaze.[357]

Ist Lucius Malfoy nicht mehr in der Lage als Schulrat seinem Sohn beizustehen und ihn zu unterstützen, so wie in *Harry Potter and the Chamber of Secrets*, fällt die Arroganz und Überheblichkeit seines Sohnes wie ein Kartenhaus in sich zusammen:

> Lucius Malfoy had been sacked as a school governor. Draco was no longer strutting around the school as though he owned the place. On the contrary, he looked resentful and sulky.[358]

Da jedoch in Band drei, *Harry Potter and the Prisoner of Azkaban*, Malfoys Vater sich als Kläger vor dem *Committee for the Disposal of Dangerous Creatures* wieder in einer Position befindet, die Intrigen seines Sohnes zu unterstützen,[359] ist auch Draco Malfoy wieder ganz der alte.[360] In Band vier, *Harry Potter and the Goblet of Fire*, verteilt Draco Malfoy Anstecker an die Schülerschaft von Hogwarts, die seinen Charakter bestens widerspiegeln. "Potter stinks" lautet die Aufschrift der Buttons.[361] *Wer* hier jedoch "stinkt" steht außer Frage – es ist Malfoy höchstselbst. Malfoy ist ein "Stänkerer" wie er "im Buche steht", ein "Stänkerer" allerdings, der das schulische Setting der Harry-Potter-Romane glaubhaft macht. Personen wie er "stehen nicht nur in Büchern", sie sind ebenso Bestandteil des realen schulischen Alltags.

---

[357] Rowling, *Harry Potter and the Philosopher's Stone*, 182.
[358] Rowling, *Harry Potter and the Chamber of Secrets*, 365.
[359] Vgl. Rowling, *Harry Potter and the Prisoner of Azkaban*, 236.
[360] Vgl. Rowling, *Harry Potter and the Prisoner of Azkaban*, 135 u. 166.
[361] Vgl. Rowling, *Harry Potter and the Goblet of Fire*, 261.

4.3.5. Hausmeister, Schlossgeister und Zaubermeister

Die Grenzen zwischen Hausmeistern, Schlossgeistern und Zaubermeistern in den Harry-Potter-Romanen sind fließend. Rubeus Hagrid und Argus Filch sind die Hausmeister von Hogwarts. Argus Filch ist der Major Domus, der die Einhaltung der Hausordnung überwacht;[362] Rubeus Hagrid ist der offizielle *Keeper of the Keys*[363] und hat außerdem die Funktion als *Gamekeeper* (Wildhüter) inne.[364] Hagrids Zuständigkeitsbereich ist insbesondere der *Forbidden Forest*; er ist gewissermaßen der Hausmeister für die Außenanlagen von Hogwarts. In Band drei, *Harry Potter and the Prisoner of Azkaban*, steigt Hagrid vom Hausmeister zum Lehrer und somit zum Zaubermeister auf.[365] Rubeus Hagrid ist in den Harry-Potter-Romanen also beides: Hausmeister und Zaubermeister. Unter den Zaubermeistern wiederum, den Lehrern, gibt es einen Geschichtslehrer namens Mr. Binns, der nicht nur Zaubermeister, sondern gleichzeitig ein Geist ist:

> Easily the most boring lesson was History of Magic, which was the only class taught by a ghost. Professor Binns had been very old indeed when he had fallen asleep in front of the staff-room fire and got up next morning to teach, leaving his body behind him.[366]

Der Hausmeister Argus Filch ist ein exzellentes Beispiel dafür, wie Joanne K. Rowling einzelnen Charakteren, die in ihrer anfänglichen Darstellung überaus stereotyp wirken, im Laufe der Harry-Potter-Romane mehr Tiefe verleiht. In *Harry Potter and the Philosopher's*

---

[362] Vgl. Rowling, *Harry Potter and the Philosopher's Stone*, 94.
[363] Vgl. Rowling, *Harry Potter and the Philosopher's Stone*, 40. In keinem der bisher vier veröffentlichten Harry-Potter-Abenteuer wird deutlich, welche Aufgabe Hagrid als *Keeper of the Keys* nun eigentlich hat. Als er in *Harry Potter and the Philosopher's Stone* die Erstklässler zum Schloss geleitet, klopft er an die Schlosstür anstatt sie aufzuschließen (vgl. Rowling, *Harry Potter and the Philosopher's Stone*, 84.).
[364] Vgl. Rowling, *Harry Potter and the Philosopher's Stone*, 60.
[365] Vgl. Rowling, *Harry Potter and the Prisoner of Azkaban*, 104.
[366] Rowling, *Harry Potter and the Philosopher's Stone*, 99.

Stone ist Argus Filch nichts weiter als das stark überzeichnete Klischee eines Hausmeisters: die Hausmeister einer Schule haben gegenüber den Schülern penetrante Spielverderber zu sein – und diese Rolle füllt Argus Filch nun wahrlich gewissenhaft aus. Mit *Argus*augen achtet Argus Filch auf etwaige Verstöße gegen die Hausordnung. Sein Bemühen, die Schüler und Schülerinnen bei Regelverstößen zu ertappen, ist nahezu manisch. Filch, so der Eindruck, der im ersten Harry-Potter-Band entsteht, ist ein unverhohlener Sadist. Kennzeichnend für seinen Sadismus ist sein Wunsch, Schüler und Schülerinnen bestrafen zu können, indem er sie an den Fußgelenken gefesselt für die Dauer einiger Tage von der Decke baumeln lässt.[367]

In Band zwei, *Harry Potter and the Chamber of Secrets*, erhält die Leserschaft ein völlig neuartiges Bild des sadistischen Hausmeisters. Filch ist, wie sich herausstellt, ein *Squib*[368] – ein Abkömmling einer Zaubererfamilie, der über kein oder ein nur äußerst geringes magisches Talent verfügt.[369] Durch Zufall entdeckt Harry Potter, dass Filch unter diesem Umstand sehr zu leiden scheint. Dieser hat in seinem Büro diverse Werbebroschüren liegen ("Kwikspell: A Correspondence Course in Beginners' Magic"[370]), die stark an eine gewisse Kategorie von Werbeangeboten in der Mugglewelt (der Welt der Harry-Potter-LeserInnen) erinnern, in denen beispielsweise Diäten angepriesen werden, die garantiert und ohne großen Aufwand und Verzicht einen kolossalen Gewichtsverlust innerhalb kürzester Zeit bewirken:

> Feel out of step in the world of modern magic? Find yourself making excuses not to perform simple spells? Ever been taunted for your woeful wandwork?
> There is an answer!
>
> Kwikspell is an all-new, fail-safe, quick-result, easy-learn course. Hundreds of witches and wizards have benefited from the Kwikspell method.

---

[367] Vgl. Rowling, *Harry Potter and the Philosopher's Stone*, 181.
[368] Vgl. Rowling, *Harry Potter and the Chamber of Secrets*, 156.
[369] Vgl. Rowling, *Harry Potter and the Chamber of Secrets*, 159.
[370] Rowling, *Harry Potter and the Chamber of Secrets*, 139.

Madam Z. Nettles of Topsham writes:
'I had no memory for incantations and my potions were a family joke! Now, after a Kwikspell course, I am the centre of attention at parties and friends beg for the recipe of my Scintillation Solution!'[371]

Der Sadismus des Hausmeisters Argus Filch erscheint in einem neuen Licht, er erhält eine neue Bedeutung. Argus Filch wird durch Harry Potters Entdeckung zu einer mitleiderregenden Person. Sein Sadismus und seine Besessenheit sind nichts anderes als der Versuch, eigene psychische Defizite zu kompensieren.

Hagrid, der "zweite Hausmeister", ist ein gutmütiger Halbriese[372] mit immensen körperlichen Ausmaßen.[373] Seine Größe und sein temperamentvoll-poltriges Verhalten lassen ihn nicht selten wie den vielzitierten Elefanten im Porzellanladen erscheinen.[374] Hagrids animalisches Äußeres (sein Gesicht ist derart behaart, dass es kaum zu erkennen ist[375]) verleiht ihm das Bild eines unzivilisierten Halbwilden.

Dadurch, dass Hagrid nicht das strahlende Abbild eines erfolgreichen Zauberers ist – er wurde als Schüler von Hogwarts verwiesen, sein Zauberstab wurde zerbrochen (den er in einem Schirm versteckt, um heimlich damit zu zaubern)[376] – erleichtert er Harry den Übergang von der Muggle- in die Zauberwelt. Harry wird nicht von Anfang an mit einem Zauberer konfrontiert, der wie ein unerreichbares, makelloses Idol erscheint.

Die sich entwickelnde Freundschaft zwischen Hagrid und Harry[377] ist für Harry nicht immer von Vorteil. Zwar ist Hagrid von Grund auf ehrlich und verlässlich[378] (deshalb betraut ihn Dumbledore auch mit

---

[371] Rowling, *Harry Potter and the Chamber of Secrets*, 139f.
[372] Vgl. Rowling, *Harry Potter and the Goblet of Fire*, 172f. Hagrids Vater war ein gewöhnlicher Zauberer, Hagrids Mutter eine Riesin.
[373] Vgl. Rowling, *Harry Potter and the Philosopher's Stone*, 16.
[374] Vgl. Rowling, *Harry Potter and the Philosopher's Stone*, 52.
[375] Vgl. Rowling, *Harry Potter and the Philosopher's Stone*, 16 u. 39.
[376] Vgl. Rowling, *Harry Potter and the Philosopher's Stone*, 64.
[377] Vgl. Rowling, *Harry Potter and the Philosopher's Stone*, 101ff.
[378] Vgl. Rowling, *Harry Potter and the Philosopher's Stone*, 16.

wichtigen Aufgaben[379]), aber er ist gleichzeitig ein sentimentales, sympathisches, zu groß geratenes Kind, das in ausweglos erscheinenden Situationen beispielsweise bitterlich zu weinen anfängt.[380] Etwaige Probleme pflegt Hagrid im Alkohol zu ertränken,[381] und durch seine naive Unbedachtheit bringt er Harry nicht selten in schwierige, ja gar lebensbedrohliche Situationen.[382] Hagrid, so liebenswert, hilfsbereit und loyal wie er ist,[383] gehört zu einer Kategorie von Freunden, von denen sowohl in der Muggle- als auch in der Zauberwelt niemand zu viele haben sollte.

Unter den zahlreichen Geistern von Hogwarts ist Peeves der auffälligste. Peeves ist kein gewöhnlicher Geist, er ist ein Poltergeist:[384] Das "Poltern" ist sozusagen sein Handwerk.[385] Er bewirft die SchülerInnen mit Spazierstöcken[386] und Kreidestücken, lehrt über ihren Köpfen Papierkörbe aus oder zieht ihnen die Teppiche unter den Füßen weg.[387] Peeves ist ein Anarchist,[388] der sich als Geist in der Lage sieht, seine Lust an Streichen und Hinterhältigkeiten zur Gänze auszuleben – er kann schweben und weil er sich unsichtbar machen kann, ist er für seine Opfer nicht zu fassen.[389] Da diese Lust, seinen Mitmenschen einen Streich zu spielen, in nahezu jedem Kind (und auch noch in so manchem Jugendlichen oder Erwachsenen) steckt, häufig aber diese Streiche aus Angst vor den Konsequenzen nicht durchgeführt werden,

---

[379] Vgl. Rowling, *Harry Potter and the Philosopher's Stone*, 57.
[380] Vgl. Rowling, *Harry Potter and the Prisoner of Azkaban*, 133.
[381] Vgl. Rowling, *Harry Potter and the Prisoner of Azkaban*, 133.
[382] Vgl. Rowling, *Harry Potter and the Philosopher's Stone*, 193ff u. 219.
[383] Vgl. Rowling, *Harry Potter and the Chamber of Secrets*, 226.
[384] Vgl. Rowling, *Harry Potter and the Philosopher's Stone*, 96.
[385] Vgl. Rowling, *Harry Potter and the Chamber of Secrets*, 139.
[386] Vgl. Rowling, *Harry Potter and the Philosopher's Stone*, 96.
[387] Vgl. Rowling, *Harry Potter and the Philosopher's Stone*, 98.
[388] Auch die Weasley-Zwillinge Fred und George sind Anarchisten; ihre Scherze und Späße sind jedoch nicht bösartig. Aus diesem Grunde besitzen die beiden Zwillinge eine gewisse Narrenfreiheit und sind sowohl bei den Lehrern als auch bei den Schülern überaus beliebt (vgl. Rowling, *Harry Potter and the Philosopher's Stone*, 75 u. 94).
[389] Vgl. Rowling, *Harry Potter and the Philosopher's Stone*, 96.

ist Peeves für die LeserInnen ein Abbild unausgelebter Wunschphantasien.

Doch auch der Anarchismus von Peeves hat seine Grenzen. Es gibt jemanden auf Hogwarts, vor dem Peeves, der sich ansonsten vor niemandem fürchtet, Respekt hat – den Slytherin-Geist Bloody Baron.[390] Diesen Umstand machen sich Harry und seine Freunde in *Harry Potter and the Philosopher's Stone* zunutze, als sie unter einem Tarnumhang unsichtbar des nächtens in Hogwarts umherschleichen und Peeves, der Poltergeist, sie dennoch bemerkt.

> They [Harry, Ron und Hermione] didn't meet anyone else until they reached the staircase up to the third floor. Peeves was bobbing halfway up, loosening the carpet so that people would trip.
> 'Who's there?' he said suddenly as they climbed up towards him. He narrowed his wicked black eyes. 'Know you're there, even if I can't see you. Are you ghoulie or ghostie or wee student beastie?'
> He rose up in the air and floated there, squinting at them.
> 'Should call Filch, I should, if something's a-creeping around unseen.'
> Harry had a sudden idea.
> 'Peeves,' he said in a hoarse whisper, 'the Bloody Baron has his own reasons for being invisible.'
> Peeves almost fell out of the air in shock. He caught himself in time and hovered about a foot off the stairs.
> 'So, sorry, your bloodiness, Mr Baron, sir,' he said greasily. 'My mistake, my mistake – I didn't see you – of course I didn't, you're invisible – forgive old Peevsie his little joke, sir.'
> 'I have business here, Peeves,' croaked Harry. 'Stay away from this place tonight.'
> 'I will, sir, I most certainly will,' said Peeves, rising up in the air again. 'Hope your business goes well, Baron, I'll not bother you.'
> And he scooted off.[391]

Peeves, der vordergründig von allen Zwängen und Regeln befreite Anarchist, wird in Anwesenheit des Bloody Baron zum Opportunisten. Da Opportunismus und Anarchismus jedoch nicht zusammenpassen, sondern einander ausschließen, ist Peeves ein nahezu schizo-

---

[390] Vgl. Rowling, *Harry Potter and the Philosopher's Stone*, 96.
[391] Rowling, *Harry Potter and the Philosopher's Stone*, 199.

phrener Poltergeist: der stets zu enervierenden Streichen aufgelegte "Quälgeist" ist gewissermaßen ein *reglementierter* Anarchist.

Der "Meister" aller Zaubermeister auf Hogwarts ist Albus Dumbledore, der Direktor des Zauberinternates. Dumbledores äußere Erscheinung entspricht den Vorstellungen eines prototypischen Zaubermeisters:

> He was tall, thin and very old, judging by the silver of his hair and beard, which were both long enough to tuck into his belt. He was wearing long robes [...]. His blue eyes were light, bright and sparkling behind half-moon spectacles and his nose was very long and crooked, as though it had been broken at least twice.[392]

Dumbledores Entscheidungen als Direktor von Hogwarts sind von einer salomonischen Weisheit[393] und von einem erstaunlichen Einfühlungsvermögen geprägt. Seine hervorstechendsten Charaktermerkmale sind sein Humor, sein Mut und sein Güte.

Denjenigen, die sich eines schwerwiegenden Fehlers schuldig gemacht haben, gibt Dumbledore nicht selten eine zweite Chance, so wie beispielsweise dem *Potions Master* Severus Snape, der sich zu den Zeiten der Voldemortschen Herrschaft auf die Seite des dunklen Lords geschlagen, dies jedoch einige Zeit später aufrichtig bereut hatte.[394]

Dumbledore besitzt den Mut ungewöhnliche Entscheidungen zu treffen. So befördert er Rubeus Hagrid, der sein volles Vertrauen besitzt, in *Harry Potter and the Prisoner of Azkaban* entgegen aller Konventionen vom Wildhüter zum Lehrer für die "Pflege magischer Geschöpfe".[395] Für den ehemals zu Unrecht von der Schule verwiesenen Hagrid (geschehen unter Dumbledores Vorgänger Dippet und aufgedeckt in *Harry Potter and the Chamber of Secrets*[396]) ist dieser zusätzliche Vertrauensbeweis von enormer Bedeutung. Hagrids ram-

---

[392] Rowling, *Harry Potter and the Philosopher's Stone*, 12.
[393] Vgl. Schafer, 166.
[394] Vgl. Rowling, *Harry Potter and the Goblet of Fire*, 616ff.
[395] Vgl. Rowling, *Harry Potter and the Prisoner of Azkaban*, 104f.
[396] Vgl. Rowling, *Harry Potter and the Chamber of Secrets,* 334f.

poniertes Selbstbewusstsein (ein von der Schule verstoßener Zauberer hat in der Zauberwelt nicht den allerbesten Status) erfährt durch diese Entscheidung eine nicht unerhebliche Stärkung.[397]

Dumbledores salomonische Weisheit und sein Einfühlungsvermögen offenbaren sich in besonders eindrucksvoller Weise in der Auflösungsphase von *Harry Potter and the Philosopher's Stone*.

Bei der Jahresabschlussfeier steht die Überreichung des sogenannten Hauspokals an. Dieser wird am Ende eines jeden Schuljahres an eines der vier Häuser (Gryffindor, Hufflepuff, Ravenclaw oder Slytherin) vergeben. Verliehen wird der Hauspokal an jenes Haus, dessen Schüler im Laufe des Schuljahres die meisten Punkte gesammelt haben[398] – Punkte, die es für besondere Leistungen[399] und für gewonnene Qudditch-Spiele gibt[400] (bei Verfehlungen und Übertretungen der Hausordnung werden Punkte abgezogen[401]).

Die Ausgangssituation bei der Abschlussfeier in *Harry Potter and the Philosopher's Stone* ist die, dass das Slytherin-Haus mit 150 Punkten vor Gryffindor führt. Dumbledore jedoch verteilt je 50 Punkte an Harry, Ron und Hermione für ihre besonderen Leistungen im Zusammenhang mit dem Stein der Weisen und erzeugt somit zum Entsetzen der Slytherins und zur Freude der Gryffindors einen Gleichstand im Wettstreit um den Hauspokal.[402]

Mit einer sich unmittelbar anschließenden, zusätzlichen Punktvergabe zeigt Dumbledore, dass er nicht nur ein weiser Mathematiker, sondern auch ein einfühlsamer Pädagoge ist. Dem tollpatschigen, allseits verhöhnten und schüchternen Gryffindor-Schüler Neville Longbottom,[403] der aus Sorge versucht hat seine Mitschüler Harry, Ron und Hermione von ihrem Vorhaben abzuhalten den Stein der Weisen in ihren Besitz zu bringen, und von diesen mit einem "Ganzkörperklam-

---

[397] Vgl. Rowling, *Harry Potter and the Prisoner of Azkaban*, 105.
[398] Vgl. Rowling, *Harry Potter and the Philosopher's Stone*, 85.
[399] Vgl. Rowling, *Harry Potter and the Philosopher's Stone*, 85 u. 116.
[400] Vgl. Rowling, *Harry Potter and the Philosopher's Stone*, 178.
[401] Vgl. Rowling, *Harry Potter and the Philosopher's Stone*, 85 u. 131.
[402] Vgl. Rowling, *Harry Potter and the Philosopher's Stone*, 220f.
[403] Vgl. Rowling, *Harry Potter and the Philosopher's Stone*, 198.

mer-Fluch" ("Full Body-Bind Spell") außer Gefecht gesetzt worden ist,[404] erteilt er zehn weitere Punkte – mit folgender Begründung:

> 'There are all kinds of courage,' said Dumbledore, smiling. 'It takes a great deal of bravery to stand up to our enemies, but just as much to stand up to our friends. I therefore award ten points to Mr Neville Longbottom.'[405]

Der verspottete Neville Longbottom wird somit zum Held des Abends. Gryffindor gewinnt den Hauspokal – ein Ereignis, dass nicht nur von den Gryffindors, sondern auch von den Hufflepuffs und Ravenclaws enthusiastisch gefeiert wird,[406] da in den vorangehenden sieben Jahren grundsätzlich die Slytherins den Hauspokal gewonnen haben.[407]

Dumbledore gibt sich gerne als humorvoller Kindskopf. So trägt er beispielsweise in *Harry Potter and the Philosopher's Stone* statt seines spitzen Zauberhutes eine geblümte Pudelmütze,[408] schwärmt bei anderer Gelegenheit von Süßigkeiten und zeigt ein Faible für ausgefallene Scherzartikel.[409] Seine Autorität als Zaubermeister und als Direktor von Hogwarts wird dadurch allerdings nicht im geringsten untergraben. Als Harry in seinem ersten Schuljahr Zeuge der recht eigenwilligen Begrüßungsrede von Professor Dumbledore wird, ist er jedoch ein wenig verwirrt:

> Everybody clapped and cheered. Harry didn't know whether to laugh or not.
> 'Is he – a bit mad?' he asked Percy uncertainly.
> 'Mad?' said Percy airily. 'He's a genius! Best wizard in the world! But he is a bit mad, yes. Potatoes, Harry?'[410]

---

[404] Vgl. Rowling, *Harry Potter and the Philosopher's Stone*, 199.
[405] Rowling, *Harry Potter and the Philosopher's Stone*, 221.
[406] Vgl. Rowling, *Harry Potter and the Philosopher's Stone*, 222.
[407] Vgl. Rowling, *Harry Potter and the Philosopher's Stone*, 220.
[408] Vgl. Rowling, *Harry Potter and the Philosopher's Stone*, 150.
[409] Vgl. Rowling, *Harry Potter and the Prisoner of Azkaban*, 246.
[410] Rowling, *Harry Potter and the Philosopher's Stone*, 92.

Diese Rede, über die Harry so erstaunt ist, zeigt eine weitere Seite von Dumbledores Weisheit. Dumbledore ist nicht nur "salomonisch", sondern auch "sokratisch" weise. Er ist nicht eitel und nimmt sich selbst nicht zu wichtig. Der Inhalt seiner Rede sagt nichts anderes als: Ein neues Schuljahr hat begonnen, doch wollen wir dieser Tatsache nicht zuviel Bedeutung schenken. Auch ich will mich als Direktor, wenn es nicht unbedingt erforderlich ist, nicht zu wichtig nehmen. Das Leben ist herrlich und auf uns alle wartet ein herrliches Essen. Also genug der Worte.

Dumbledore erweist sich als eloquenter und effektiver Rhetoriker. Den vorangehend genannten Inhalt seiner Rede fasst er in nur vier Worte:

> Albus Dumbledore had got to his feet. He was beaming at the students, his arms opened wide, as if nothing could have pleased him more than to see them all there.
> 'Welcome!' he said. 'Welcome to a new year at Hogwarts! Before we begin our banquet, I would like to say a few words. And here they are: Nitwitt! Blubber! Oddment! Tweak!
> Thank you!'[411]

Vier Worte, die "vielsagend nichtssagend" sind und die den weisen Zaubermeister Dumbledore aufs Beste charakterisieren.

Albus Dumbledore, der allgemeinhin als der mächtigste und größte Zauberer der Zauberwelt gilt[412] (selbst Lord Voldemort hat es während seiner Schreckensherrschaft nicht gewagt, Hand an Hogwarts zu legen[413]), wird vom obersten, offiziellen Regenten der Zauberwelt, dem Zauberminister Cornelius Fudge, tagtäglich um Rat gefragt.[414] De facto ist es Dumbledore, der die Welt der Zauberer regiert – ein wahrhaft sympathischer, unperfektionistischer und doch perfekter Regent.

---

[411] Rowling, *Harry Potter and the Philosopher's Stone*, 91f.
[412] Vgl. Rowling, *Harry Potter and the Philosopher's Stone*, 77.
[413] Vgl. Rowling, *Harry Potter and the Philosopher's Stone*, 14 u. 45.
[414] Vgl. Rowling, *Harry Potter and the Philosopher's Stone*, 51.

5. SPRACHLICHE ASPEKTE DER HARRY-POTTER-ROMANE

5.1. Die Kunst der Reduktion und der Authentizität

Der Literaturwissenschaftler Richard Jenkyns über die Dialoge in den Harry-Potter-Romanen:

> Rowling's dialogues are excellent: her adults sound like adults and her children like children, addressing one another robustly, without any sentimentality.[415]

Jenkyns bringt hiermit eine der Stärken Joanne K. Rowlings auf den Punkt – die Authentizität ihrer dialogischen Sprache. Kinder sprechen nicht wie Erwachsene und Erwachsene nicht wie Kinder. Rowlings Dialoge sind realitätsnah (handeln häufig von Banalitäten); Gespräche zwischen ihren Charakteren wirken nicht gestelzt (die auf Phrasen und kurze Sätze reduzierte Umgangssprache wird überzeugend wiedergegeben); kurzum – die dialogische Sprache der Harry-Potter-Romane spiegelt die Sprache des Alltags wider:

> Then, to his [Harrys] relief, a voice came floating in through the train's open door.
> 'Fred? George? Are you there?' [Anmerkung des Verfassers: gemeint ist nicht "Wo seid ihr?", sondern "Kommt her zu mir!" – eine Erwachsene, die sich äußert wie eine Erwachsene]
> 'Coming, Mum.' [Anmerkung des Verfassers: reduzierte Phrase der Umgangssprache]
> With a last look at Harry, the twins hopped of the train.
> Harry sat down next to the window where, half-hidden, he could watch the red-haired familiy on the platform and hear what they were saying. Their mother had just taken out her handkerchief.
> 'Ron, you've got something on your nose.' [Anmerkung des Verfassers: Banalität des Alltags – eine Mutter, die klingt wie eine Mutter]

---

[415] Jenkyns, 42.

> The youngest boy tried to jerk out of the way, but she grabbed him and began rubbing the end of his nose.
> '*Mum*, geroff.' He wriggled free. [Anmerkung des Verfassers: Ron in Bedrängnis – ein Kind, das reagiert und spricht wie ein Kind]
> 'Aaah, has ickle Ronnie somefink on his nosie?' said one of the twins. [Anmerkung des Verfassers: sich anbietende Gelegenheit zum Spott – Kinder, die klingen wie Kinder]
> 'Shut up,' said Ron. [Anmerkung des Verfassers: alltagsnahe Antwort, frei von Sentimentalitäten]
> 'Where's Percy?' said their mother. [Anmerkung des Verfassers: Gemeint ist nicht "Wo ist Percy?", sondern "Sorgt dafür, dass Percy zu mir herkommt." – eine Erwachsene, die spricht wie eine Erwachsene]
> [...] The oldest boy came striding into sight.[416]

Abgesehen von der Glaubwürdigkeit der dialogischen Sprache, die sich an dieser Stelle offenbart, zeigt sich hier eine weitere Stärke Joanne K. Rowlings: Die indirekte Beschreibung eines Sachverhaltes oder einer Person durch Dialoge. Anhand des vorangehenden Zitates wird deutlich, dass die Mutter von Ron, Molly Weasley, das Zepter in der Hand hat – sie ruft und ihre Kinder kommen. Sie hat eine nahezu prototypisch mütterliche Eigenschaft: Dinge an ihren Kindern zu entdecken, die nicht so sind wie sie sein sollen; in Rons Fall ist es der Fleck auf der Nase, in anderen Fällen ist es das ungekämmte Haar oder ein schief sitzender Kragen. Der Widerstand ihres Sohnes stört sie nicht weiter. Sie ist eine resolute Frau und setzt sich durch, ohne jedoch noch ein zusätzliches Wort über ihr Vorhaben verlieren zu müssen. Auf die Spötteleien ihrer Zwillinge Fred und George reagiert sie nicht. Sie ist eine gelassene Frau (die, wie die LeserInnen später erfahren, über ein gute Portion Humor verfügt). In nur wenigen Sätzen, überwiegend dialogisch (auch die Tatsache, dass Rons Mutter gewisse Dinge nicht weiter kommentiert, hat dialogische Qualitäten), gelingt Joanne K. Rowling mit dieser Textstelle eine erste, aussagekräftige Charakterisierung Molly Weasleys.

Die deskriptive Sprache Joanne K. Rowlings zeichnet sich unter anderem dadurch aus, dass sie Metaphern und *Similes*[417] nur überaus

---

[416] Rowling, *Harry Potter and the Philosopher's Stone*, 72.
[417] Literaturwissenschaftlicher Begriff für Gleichnis oder qualitativer Vergleich.

sparsam verwendet; das macht den Einsatz dieser Sprachbilder um so effektiver. In der vorangehend zitierten Szene ist es die Stimme Molly Weasleys – "floating in through the train's open door" – die in metaphorischer Weise beschrieben wird. Molly Weasley ist zwar eine resolute Frau, ihre Stimme hat jedoch keinen "Appellhofcharakter" – ansonsten käme sie, die Stimme, wohl kaum "hereingeschwebt", sondern würde viel eher ins Zugabteil "dringen", im Sinne von "eindringen". *Similes* werden von Rowling zumeist eingesetzt um Emotionen zu illustrieren. Auch hier zeigt die Autorin Gespür für die Auswahl nachvollziehbarer Sprachbilder. Ihre *Similes* wirken nicht trivial oder deplatziert. Im dritten Kapitel von *Harry Potter and the Philosopher's Stone* erhält das "Aschenputtel Harry" zum ersten Mal in seinem Leben einen Brief: "Harry picked it up and stared at it, his heart twanging like a giant elastic band."[418] Ein Gummiband ist kein allzu poetischer Alltagsgegenstand, doch er bringt Harry Gefühle auf den Punkt. So sparsam und effektiv Rowling im Einsatz von Metaphern und *Similes* ist, so sparsam und effektiv ist sie stellenweise im Einsatz von Adjektiven und Adverbien. Wenn sie Adjektive und Adverbien gehäuft einsetzt, dann zumeist, um einen pointiert komischen Effekt zu erzielen:

> Dudley looked a lot like Uncle Vernon. He had a large pink face, not much neck, small, watery blue eyes and thick, blond hair that lay smoothly on his thick, fat head. Aunt Petunia often said that Dudley looked like a baby angel – Harry often said that Dudley looked like a pig in a wig.[419]

Die lebendige und alles andere als schmeichelhafte Beschreibung Dudleys durch den geballten Einsatz von Adjektiven wird kontrastiert durch die Einschätzung von Dudleys äußerer Erscheinung durch Tante Petunia ("baby angel") und wird gekrönt (gewissermaßen ad absurdum geführt) durch das sich reimende *Simile* "a pig in a wig".

Nicht selten verzichtet Rowling gänzlich auf Attribuierungen und beschreibt eine Szenerie durch Aufzählung einer langen Liste von Details oder Kuriositäten, ob dies nun die zum Verkauf angeboten Uten-

---

[418] Rowling, *Harry Potter and the Philosopher's Stone*, 30.
[419] Rowling, *Harry Potter and the Philosopher's Stone*, 21.

silien in einem Zauberladen sind oder die verschiedenen Gerichte eines Festessens auf Hogwarts:

> He had never seen so many things he liked to eat on one table: roast beef, roast chicken, pork chops and lamb chops, sausages, bacon and steak, boiled potatoes, roast potatoes, chips, Yorkshire pudding, peas, carrots, gravy, ketchup and, for some strange reason, mint humbugs.[420]

Aufgrund der Fülle aufgezählter Speisen und Gerichte entsteht vor den Augen der Leserschaft das Bild eines üppigen Gelages. Dass die überladenen Tische sich nahezu biegen, dass alles auf glänzenden, silbernen Platten kredenzt wird, rustikale Kerzenleuchter die Tische erhellen, dass es dampft und duftet, der Speck knusprig und die Würstchen lang sind, die knackigen Erbsen sich leuchtend grün im Kerzenschein widerspiegeln, all dies bedarf keiner Erwähnung. Rowling ist sich darüber im Klaren, dass ihre Leserschaft imstande ist, sich die Szenerie selbst auszumalen.

Sich selbst als Kinderbuchautorin definierend, verzichtet Joanne K. Rowling darauf, ihre Zielleserschaft zu unterfordern. Zahlreiche Bonmots verlangen von den jüngeren unter den Harry-Potter-LeserInnen (und auch von den älteren) die Fähigkeit und Bereitschaft zur Reflexion: "Piers, Dennis, Malcolm and Gordon were all big and stupid, but as Dudley was the biggest and stupidest of the lot, he was the leader."[421]

Dass die intellektuelle Auffassungsgabe von Kindern in der für sie geschriebenen Literatur gefordert und ernstgenommen wird, ist keine Selbstverständlichkeit. Der Literaturwissenschaftler Klaus Doderer zu einem der großen Dilemmata in der Kinderliteratur:

> Wer für Kinder schreibt, ist sicher auf das Prinzip des einfachen Sagens in strikterer Weise angewiesen als derjenige, der sich mit seiner Sprachkraft und seinem Geschichtenvorrat auf die Ansprüche einer erwachsenen Leserschaft einläßt. [...] Aber die hohe Kunst des Sagens ist nicht zu verwechseln mit dem betulichen, kindertümelnden Niederbeugen zu den kleinen

---

[420] Rowling, *Harry Potter and the Philosopher's Stone*, 92.
[421] Rowling, *Harry Potter and the Philosopher's Stone*, 28.

Menschen, die angeblich noch nicht viel verstehen und die man deshalb mit billigen Mitteln 'lustig' unterhalten müsse.[422]

Den Vorwurf des "kindertümelnden Niederbeugens" kann man Rowling mitnichten machen. Dies ist der Grund, warum ihre Romane auch auf Erwachsene eine offenkundige Anziehungskraft ausüben. Rowling, so die Journalistin Susanne Gaschke, respektiere ihre "nur vorübergehend kleinen Leser"[423] und stehe damit in bester angelsächsischer Kinderbuch-Tradition:

> Das typische Merkmal des angelsächsischen Kinderbuches ist ein augenzwinkerndes Beiseitesprechen, das sich nicht nur an die Jüngsten im Publikum, sondern eher an die vorlesenden Eltern wendet. Kinder spüren diese feine Ironie, ohne sie schon ganz zu verstehen: Gute Texte lassen auf diese Weise ein Versprechen für später aufblitzen. Man kann sie wieder lesen; sie sind mehr, als sie auf den ersten Blick scheinen.[424]

Diese feine Ironie, die auch Kinder spüren, verlangt in der Regel ein gewisses Maß an Lebenserfahrung. Das erste Kapitel von *Harry Potter and the Philosopher's Stone* wird eingeleitet mit dem Satz: "Mr and Mrs Dursley, of number four, Privet Drive, were proud to say that they were perfectly normal [...]."[425] In demselben Kapitel heißt es kurze Zeit später:

> Mrs Dursley had had a nice, normal day. She told him [Mr Dursley] over dinner all about Mrs Next Door's problems with her daughter and how Dudley had learnt a new word ('Shan't!'). Mr Dursley tried to act normally.[426]

Dass "normal" im ersten Zitat ein Synonym für "spießbürgerlich" ist, werden nur die wenigsten Kinder unter den Harry-Potter-LeserInnen

---

[422] Klaus Doderer,"Vorwort", *Neue Helden in der Kinder- und Jugendliteratur,* Hrsg. Klaus Doderer (München, 1986), 9.
[423] Gaschke, *Zum Beispiel Harry Potter.*
[424] Gaschke, *Zum Beispiel Harry Potter.*
[425] Rowling, *Harry Potter and the Philosopher's Stone,* 7.
[426] Rowling, *Harry Potter and the Philosopher's Stone,* 10.

verstehen. Das Wort "spießbürgerlich" erhält in der Regel erst im Jugendalter seine umfassendere Semantik. Und doch werden auch Kinder bereits feststellen, dass das für sie neutral bis positiv konnotierte Wort "normal" eine "eigentümliche Vokabel" ist für die doch recht "eigentümliche Familie Dursley" – eine Familie, die eben *keinen* positiven oder neutralen Eindruck macht.

Ähnliches gilt für das zweite Zitat. Das "normal" hier nicht gleich "nice" ist, werden nicht alle Kinder unter den LeserInnen bemerken. Tante Petunia lebt das Leben einer gelangweilten Hausfrau, dessen Höhepunkte in der Verbreitung und der Akquisition der neuesten Gerüchte und des neuesten Klatsches bestehen. Kinder machen sich keine Gedanken darüber, dass für manche Hausfrauen das Leben langweilig und unausgefüllt ist. Doch auch die jüngsten LeserInnen werden bei dieser Textstelle bemerken, dass irgendetwas nicht stimmt. Onkel Vernon hat eben keinen "normalen" Tag gehabt (im positiven und neutralen Sinne), er hat sich geärgert über Katzen, die Straßenkarten lesen und über eine ganze Anzahl von in seinen Augen überaus unziemlich gekleideten Leuten[427] – dass Onkel Vernon sich trotzdem bemüht sich "normal" zu verhalten, erhält von diesem Standpunkt aus auch für Kinder eine "ungewöhnliche" Note. Dass "normal" in diesem Zusammenhang erneut ein Tribut an das Ideal der Spießbürgerlichkeit ist, werden nur die älteren Leser verstehen.

Diese Beispiele zeigen, dass Joanne K. Rowling den LeserInnen aller Altersgruppen gerecht wird. Rowlings Sprache ist nicht nur eine authentische und stellenweise "wirkungsvoll reduzierte" Sprache, Rowlings Sprache ist eine kind-, jugend- und erwachsenengerechte Sprache.

---

[427] Vgl. Rowling, *Harry Potter and the Philosopher's Stone*, 8.

5.2. Die Magie des Humors

Der weltweit als einzigartig eingestufte *English Sense of Humour* (im Deutschen kurz und bündig "englischer Humor" genannt) basiert zum überwiegenden Teil auf dem Spiel mit Sprache. Engländer (und auch Waliser, Schotten oder Nordiren) sind in der Regel recht stolz auf ihren Sinn für Humor und nicht wenige sind der Überzeugung, dass in puncto Humor kein anderes Volk der Welt mit ihnen zu konkurrieren vermag.[428] Recht treffend konstatiert der britische Schriftsteller George Mikes: "The English take everything with an exquisite sense of humour – they are only offended if you tell them they have no sense of humour."[429]

Ein Monitum dieser Art an die Adresse der Autorin Joanne K. Rowling wäre mehr als nur verfehlt. Rowlings Romane sind überaus reich an humorvollen Passagen und ihr Humor ist englisch wie er englischer nicht sein könnte – sein hervorstechendstes Merkmal ist das Spiel mit Sprache.

Dieses Spiel mit Sprache äußert sich bei Rowling in zahlreichen, unterschiedlichen Varianten. Eine Auswahl dieser Spielformen illustriert die Vielfältigkeit des Rowlingschen Humors:

Eine erste Variante ist der Einsatz humorvoller Metaphern und *Similes,* wobei Joanne K. Rowling dem Einsatz von *Similes* eindeutig den Vorzug gibt. Rowlings *Similes* zeichnen sich durch ihre aussagekräftige Absurdität aus. So wird Vernon Dursleys Gesicht im zweiten Kapitel mit einer riesigen Scheibe Rote Bete, die einen Schnurrbart trägt, verglichen.[430] Im vierten Kapitel, als Vernon Dursley sich mit Rubeus Hagrid konfrontiert sieht, der ihm sein Gewehr aus der Hand nimmt, den Lauf verdreht als sei er aus Gummi und es anschließend in eine Ecke wirft, heißt es: "Uncle Vernon made another funny noise,

---

[428] Vgl. Paul Bürvenich, "'Typically English!?' : An Investigation into Cultural Stereotypes", *Anglistik Online* (Stand: 27.April 2001), Homepage des Anglistik-Seminars der Universtiät Koblenz-Landau, Abteilung Koblenz.
[429] George Mikes, *How to be a Brit*, (London, 1986^{10}), 22.
[430] Vgl. Rowling, *Harry Potter and the Philosopher's Stone*, 24.

like a mouse being trodden on."[431] Beide *Similes* beschreiben in satirischer Art und Weise ein und denselben Mann in seinen unterschiedlichen Gemütsverfassungen – den cholerischen und den kleinlauten Vernon Dursley.

Eine zweite Variante ist die der Dialoge, in denen einer der Gesprächspartner den anderen absichtlich missversteht:

> Dudley had a place at Uncle Vernon's old school, Smeltings. [...] Harry, on the other hand, was going to Stonewall High, the local comprehensive. Dudley thought this was very funny.
> 'They stuff people's heads down the toilet first day at Stonewall,' he told Harry. 'Want to come and practice?'
> 'No thanks,' said Harry. 'The poor toilet's never had anything as horrible as your head down it – it might be sick.' Then he ran, before Dudley could work out what he'd said.[432]

Dudley, der Provokateur, wird entgegen seiner Intentionen hier selbst zum Opfer.

Dritte Variante: Die neutrale Beschreibung von Gegenständen und deren Nutzung (respektive Schicksal) werden in Kontrast zueinander gesetzt. Die Gegensätzlichkeit kreiert die Komik:

> in the corner was Dudleys first-ever television set, which he'd put his foot through when his favourite programme had been cancelled; there was a large bird-cage which had once held a parrot that Dudley had swapped at school for a real air-rifle, which was up on a shelf with the end all bent because Dudley had sat on it. Other shelves were full of books. They were the only things in the room that looked as though they'd never been touched.[433]

Vierte Variante: verbale Situationskomik. Diese Variante geht einher mit der Komik der Handlung. Vernon Dursley steht kurz vor einem Nervenzusammenbruch. Sein verzweifeltes Bemühen, die Zustellung eines Briefes an Harry (die Einladung nach Hogwarts) zu verhindern, äußert sich in immer abstruseren Handlungen. Seine Zurechnungsfä-

---

[431] Rowling, *Harry Potter and the Philosopher's Stone*, 40.
[432] Rowling, *Harry Potter and the Philosopher's Stone*, 28.
[433] Rowling, *Harry Potter and the Philosopher's Stone*, 32.

higkeit steht in Frage. Die Komik der Situation entsteht hier dadurch, dass er die Zurechnungsfähig der anderen anzweifelt:

> Uncle Vernon didn't go to work that day. He stayed home and nailed up the letter-box.
> 'See,' he explained to Aunt Petunia through a mouthful of nails, 'if they can't *deliver* them they'll just give up.'
> 'I'm not sure that'll work, Vernon.'
> 'Oh, these people's minds work in strange ways, Petunia, they're not like you and me,' said Uncle Vernon, trying to knock in a nail with the piece of fruit cake Aunt Petunia had just brought him.[434]

Fünfte Variante: die kommentierende Pointe. Im nachfolgenden Beispiel ist Vernon Dursley sich seines Aussehens und seiner Handlungen nicht mehr bewusst. Dies macht den lakonischen Kommentar des Erzählers um so effektiver:

> 'That does it,' said Uncle Vernon, trying to speak calmly but pulling great tufts out of his moustache at the same time. 'I want you all back here in five minutes, ready to leave. We're going away. Just pack some clothes. No arguments!'
> He looked so dangerous with half his moustache missing that no one dared to argue.[435]

Sechste Variante: die gesteigerte Banalität als Pointe. Dudley Dursley hat den seiner Ansicht nach schlimmsten Tag in seinem Leben hinter sich. Die Aufzählung der überaus banalen Gründe findet ihren Höhepunkt in der Nennung des letzten Grundes:

> By nightfall Dudley was howling. He'd never had such a bad day in his life. He was hungry, he'd missed five television programmes he'd wanted to see and he'd never gone so long without blowing up an alien on his computer.[436]

---

[434] Rowling, *Harry Potter and the Philosopher's Stone*, 34.
[435] Rowling, *Harry Potter and the Philosopher's Stone*, 35.
[436] Rowling, *Harry Potter and the Philosopher's Stone*, 35.

Siebte Variante: die Verbindung eines unpassenden, jedoch vielsagenden Adjektivs mit einem Substantiv: "[...] Harry was left to find the softest bit of floor he could and to curl up under the thinnest, most ragged blanket."[437] Weiche Fußböden gibt es nicht, allenfalls weiche Teppiche. Dass Harry sich das weichste Stück Fußboden suchen muss, um die Nacht zu verbringen, ist eine pointierte Beschreibung seines Aschenputtel-Daseins.

Achte Variante: redundante, aber um so aussagekräftigere Wiederholungen:

> While he drove, Uncle Vernon complained to Aunt Petunia. He liked to complain about things: people at work, Harry, the council, Harry, the bank and Harry were just a few of his favourite subjects. This morning, it was motorbikes.[438]

Effektiver und humorvoller ließe sich kaum darstellen, dass Harry das bevorzugte Beschwerdethema von Vernon Dursley ist.

. Die vorangehenden Beispiele zeigen, dass Rowling eine Meisterin des englischen Humors ist – eines Humors, der nicht auf "Schenkelklopfer" abzielt, sondern viel eher auf ein hintergründiges Lächeln. Nur dann, wenn sie auf das Spiel mit Sprache verzichtet (was selten geschieht), misslingt ihr gelegentlich die ein oder andere humorvoll intentionierte Passage, so zum Beispiel im ersten Kapitel von *Harry Potter and the Philosopher's Stone*, als Dumbledore Harrys Stirnnarbe mit den Worten kommentiert, dass Narben überaus nützlich seien. Er selbst habe eine Narbe oberhalb des linken Knies und die sei ein tadelloser Plan der Londoner U-Bahn.[439] Hier ist es der pure Inhalt der Textpassage (genauer: der U-Bahn-Plan), der Amüsement hervorrufen soll. Da eine Narbe in Form des Londoner U-Bahn-Planes jedoch alles andere als realistisch ist, wird dieses Ziel verfehlt.

Dies jedoch ist eine der wenigen Ausnahmen missglückten Humors bei Rowling. Zusammenfassend lässt sich sagen, dass der Humor der Potter-Abenteuer, der Humor in seiner ganzen Vielseitigkeit,

---

[437] Rowling, *Harry Potter and the Philosopher's Stone*, 37.
[438] Rowling, *Harry Potter and the Philosopher's Stone*, 24.
[439] Vgl. Rowling, *Harry Potter and the Philosopher's Stone*, 17.

einer der Faktoren sein dürfte, der den Erfolg der Harry-Potter-Romane entscheidend beeinflusst hat.

5.3. Mehr als nur Schall und Rauch: Klingende und sprechende Namen

"Namen sind nichts als Schall und Rauch", sagt der Volksmund. Der Volksmund irrt – zumindest was die Namen in den Harry-Potter-Romanen angeht. Fast jeder Name in Rowlings Romanen ist, wie es scheint, mit Bedacht und viel Überlegung ausgewählt worden. Ein gutes Beispiel ist der Name Gilderoy Lockharts, dem überaus eitlen und selbstverliebten Lehrer in *Harry Potter and the Chamber of Secrets*. In einem Interview mit Lindsey Fraser beschreibt Joanne K. Rowling die Namensfindung für diesen Lehrer wie folgt:

> I knew his name had to have an impressive ring to it. I was looking through the *Dictionary of Phrase and Fable* – a great source for names – and came across Gilderoy, a handsome Scottish highwayman. Exactly what I wanted. And then I found Lockhart on a war memorial to the First World War. The two together said exactly what I wanted.[440]

Rowlings Namenswahl überzeugt. Der erste Teil des Vornamens Gilderoy lässt sich ableiten von "to gild", übersetzt gleich "vergolden"; der zweite Teil des Namens von dem französischen "roi" (König). Fügt man beide Teile zusammen, erhält man den "vergoldeten König" und als "vergoldeter König" präsentiert sich Gilderoy Lockhart in *Harry Potter and the Chamber of Secrets*. Lockhart gibt Autogrammstunden[441] und erwähnt bei jeder Gelegenheit wie populär er ist[442] (sei-

---

[440] Fraser / Rowling, 21.
[441] Vgl. Rowling, *Harry Potter and the Chamber of Secrets*, 67.
[442] Vgl. Rowling, *Harry Potter and the Chamber of Secrets*, 69.

ne Bücher sind Bestseller[443]) – er ist ein "König". Da er den "Order of Merlin" erhalten und den "Most-Charming-Smile Award" der Zeitschrift "Witch Weekly's" gleich fünfmal hintereinander verliehen bekommen hat,[444] ist er sogar mehr als nur ein König – ein "vergoldeter" König. Dass "Gilderoy" der Name eines berühmten schottischen Strauchdiebes und Wegelagerers war, passt ebenfalls. Sämtliche Bücher Gilderoy Lockharts (z.B. "Year with a Yeti"[445]) sind erlogen, da er sich die in ihnen geschilderten Erlebnisse von anderen Zauberern erzählen lassen und diese Zauberer dann mit einem "Vergessenszauber" belegt hat (den einzigen Zauber, den er beherrscht), um die Abenteuer anschließend als seine eigenen auszugeben.[446] Gilderoy – der "vergoldete König" der Wegelagerer und Strauchdiebe.

Auch Lockharts Nachname ist überaus vielsagend. Dass Rowling den Namen auf einem Kriegerdenkmal gefunden hat, kann zwar nur als Zufall eingestuft werden, der "Kriegerdenkmal-Lockhart" hat jedoch trotzdem offensichtliche Parallelen mit dem "Potter-Lockhart" – auch er hat Abenteuer mit kriegerischen Dimensionen durchlebt, auch er ist ein "Kriegsheld".[447] Davon abgesehen bedeutet der erste Teil des Nachnamens, "lock", unter anderem Locke – und auf die Pflege seiner blonden Locken legt Gilderoy Lockhart ganz besonderen Wert.[448] Der zweite Teil des Nachnamens, "hart", bedeutet Hirsch – und auch Gilderoy Lockhart ist ein Hirsch, ein "Platzhirsch" sogar: Da er sich dessen bewusst ist, dass seine Popularität auf seinen angeblichen Abenteuern basiert, diese aber auf Lug und Trug aufgebaut sind, sieht er seinen "Star-Status" durch den von Geburt an berühmten Harry Potter ständig bedroht und bemüht sich, seine Person auch in Anwesenheit Harry Potters in den Vordergrund zu stellen[449] – er, Lock"hart", verhält sich wie ein "Platzhirsch", der sein Revier verteidigt. Lockhart – der "heldenhafte Lockenplatzhirsch".

---

[443] Vgl. Rowling, *Harry Potter and the Chamber of Secrets*, 132.
[444] Vgl. Rowling, *Harry Potter and the Chamber of Secrets*, 110.
[445] Vgl. Rowling, *Harry Potter and the Chamber of Secrets*, 52.
[446] Vgl. Rowling, *Harry Potter and the Chamber of Secrets*, 320.
[447] Vgl. Rowling, *Harry Potter and the Chamber of Secrets*, 110ff.
[448] Vgl. Rowling, *Harry Potter and the Chamber of Secrets*, 155.
[449] Vgl. Rowling, *Harry Potter and the Chamber of Secrets*, 109.

Zahlreiche andere Namen in Rowlings Romanen sind ähnlich vielsagend (vgl. "Sirius Black", 3. Joanne K. Rowling – die "Zauberin" hinter Harry Potter): Peter Pettigrew beispielsweise verdient seinen Namen ebenfalls zu Recht. Pettigrew ist der untertänige Diener von Lord Voldemort.[450] Weil er Harrys Eltern und Sirius Black an Lord Voldemort verraten hat,[451] versteckt er sich, nachdem Voldemort die Macht verloren hat, rund zwölf Jahre in der Gestalt einer Ratte (Rons Haustier Scabbers).[452] Als Mensch ist Pettigrew sowohl körperlich als auch charakterlich klein und unbedeutend.[453] Der erste Teil des Nachnamens "Pettigrew" ließe sich also von dem englischen Wort "petty" (klein, unbedeutend, belanglos) ableiten. Außerdem steckt in "Petti" noch das englische Wort für Haustier (pet). "Petti" könnte als das "kleine, unbedeutende Haustier" oder, etwas illustrativer, als die "kleine, schäbige Ratte" (schließlich ist Pettigrew eine Ratte – charakterlich und physisch) interpretiert werden.

Der zweite Teil des Nachnamens Pettigrew ist die Vergangenheitsform von "to grow" (wachsen). Am Ende des dritten Harry-Potter-Abenteuers nimmt Peter Pettigrew wieder eine menschliche Gestalt an.[454] Peter Pettigrew – "die gewachsene, schäbige, kleine Ratte" (im wörtlichen, als auch im übertragenen Sinne).

Nicht von allen Namen in den Harry-Potter-Romanen lässt sich sagen, dass sie eine rundum gelungene Wahl darstellen. Einige Namen sind der Autorin Rowling vielleicht ein wenig *zu* sprechend geraten. Dies sind zumeist diejenigen Namen, die sich nicht auf die charakterlichen Eigenschaften der jeweiligen Person beziehen, sondern ausschließlich auf deren Äußerlichkeiten, so wie beispielsweise bei Remus Lupin, ein Lehrer in *Harry Potter and the Prisoner of Azkaban*. Remus Lupin leidet unter der Tatsache, dass er sich bei Vollmond in einen Werwolf verwandelt.[455] "Remus" hieß einer der Gründer Roms, der von einer Wölfin großgezogen wurde. "Lupin" leitet sich von dem

---

[450] Vgl. Rowling, *Harry Potter and the Prisoner of Azkaban*, 403.
[451] Vgl. Rowling, *Harry Potter and the Prisoner of Azkaban*, 393.
[452] Vgl. Rowling, *Harry Potter and the Prisoner of Azkaban*, 391.
[453] Vgl. Rowling, *Harry Potter and the Prisoner of Azkaban*, 395.
[454] Vgl. Rowling, *Harry Potter and the Prisoner of Azkaban*, 395.
[455] Vgl. Rowling, *Harry Potter and the Prisoner of Azkaban*, 379ff.

lateinischen "lupus" (Wolf) ab. Lupins Name ist zu offensichtlich – der Name wäre vergleichbar mit dem eines verdeckt ermittelnden Detektives, der beispielsweise "Sherlock Search" hieße.

Joanne K. Rowling bezeichnet sich selbst als eine leidenschaftliche Sammlerin von Namen. Sehr häufig sind es klangliche Qualitäten, die bei der Namenswahl für ihre Charaktere den Ausschlag geben.[456]

Eine der favorisierten Klangqualitäten ist die der Alliteration. Die Liste der alliterierenden Namen in den Harry-Potter-Romanen ist dementsprechend lang. Beispiele für alliterierende Namen sind Dedalus Diggle, Bathilda Bagshot, Dudley Dursley, Padma und Parvati Patil, Cho Chang, Colin Creevey, Peter Pettigrew (s.o.), Mad-Eye Moody, Severus Snape, Minerva McGonagall, Salazar Slytherin, Godric Gryffindor, Helga Hufflepuff, Bloody Baron oder Moaning Myrtle.

Auch Buchtitel bestehen bei Rowling häufig aus Alliterationen. Die Buchtitel Gilderoy Lockharts (s.o.) sind fast allesamt alliterierend: "Magical Me",[457] "Travels with Trolls", "Break with a Banshee", "Gadding with Ghouls", "Wanderings with Werewolves", "Year with a Yeti" oder "Voyages with Vampires".[458]

Rowlings Vorliebe für Alliterationen macht bei Personennamen und Buchtiteln nicht halt. Kapitelüberschriften und Produktnamen sind ebenfalls alliterierend. Bei den Kapitelüberschriften sind dies z.B. "The Forbidden Forest",[459] "Through the Trapdoor",[460] "The Whomping Willow",[461] "Mudbloods and Murmurs",[462] "The Polyjuice Potion",[463] "Talons and Tea Leaves",[464] "The Marauder's Map",[465] "Weas-

---

[456] Vgl. Fraser / Rowling, 21.
[457] Vgl. Rowling, *Harry Potter and the Chamber of Secrets*, 67.
[458] Vgl. Rowling, *Harry Potter and the Chamber of Secrets*, 51f.
[459] Rowling, *Harry Potter and the Philosopher's Stone*, 177.
[460] Rowling, *Harry Potter and the Philosopher's Stone*, 191.
[461] Rowling, *Harry Potter and the Chamber of Secrets*, 74.
[462] Rowling, *Harry Potter and the Chamber of Secrets*, 115.
[463] Rowling, *Harry Potter and the Chamber of Secrets*, 223.
[464] Rowling, *Harry Potter and the Prisoner of Azkaban*, 107.
[465] Rowling, *Harry Potter and the Prisoner of Azkaban*, 199.

ley's Wizard Wheezes",⁴⁶⁶ "The Triwizard Tournament"⁴⁶⁷ oder "The Hungarian Horntail",⁴⁶⁸ bei den Produktnamen (in der Mehrzahl Süßigkeiten) z. B. die "Ton-Tongue Toffees",⁴⁶⁹ der "Best Blowing Bubble Gum (bluebell-coloured)"⁴⁷⁰ oder die "Bertie Bott's Every-Flavour Beans".⁴⁷¹

Mag man Rowling auch zum Vorwurf machen, dass sie es mit den Alliterationen ein wenig übertreibe, alles in allem sind insbesondere die Namen in ihren Harry-Potter-Büchern von einem klanglichen und inhaltlichen Zauber, der seine Wirkung auf die Leserschaft nicht verfehlen wird.

---

[466] Rowling, *Harry Potter and the Goblet of Fire*, 49.
[467] Rowling, *Harry Potter and the Goblet of Fire*, 152.
[468] Rowling, *Harry Potter and the Goblet of Fire*, 275.
[469] Rowling, *Harry Potter and the Goblet of Fire*, 49.
[470] Rowling, *Harry Potter and the Prisoner of Azkaban*, 214.
[471] Rowling, *Harry Potter and the Philosopher's Stone*, 76.

6. ZENTRALE THEMEN DER HARRY-POTTER-ROMANE

6.1. Der Kampf des Guten gegen das Böse

Das archaische Thema vom Kampf des Guten gegen das Böse ist eines der ältesten literarischen Themen überhaupt. In dem ersten großen und umfassenden Epos der Menschheit, dem Gilgamesch-Epos, verfasst zwischen dem 19. und 18. Jahrhundert v. Chr., kämpft bereits der junge Utnapischtim gegen das Böse. Das Böse sind hier tyrannische Götter, die die Menschen aus unersichtlichen Gründen mit einer großen Sturmflut zu ertränken gedenken. Utnapischtim baut ein Schiff, bringt die Samen alles Lebendigen an Bord und rettet somit, indem er die Sturmflut überlebt, nicht nur die Menschheit, sondern Tiere, Flora und Fauna.[472] Utnapischtims literarischer Bruder, der biblische Noe (besser bekannt als "Noah"), rettet die Menschheit in gleicher Manier; bei der Geschichte um die Arche Noah liegt der Fall jedoch etwas anders. Die alttestamentarische Sintflut ist hier die Strafe eines zornigen, aber gerechten Gottes.[473]

Bis zum heutigen Tag ist das Thema "Gut gegen Böse" von zahllosen Schriftstellern in beinahe ebenso zahllosen Varianten literarisch verarbeitet worden. In manchen dieser Werke wird der Kampf "Gut gegen Böse" übertragen auf den Kampf zwischen der Liebe und dem Hass, und tobt im Inneren eines Protagonisten, so wie beispielsweise in Dostojewskis Roman *Der Spieler*.[474]

In den Harry-Potter-Romanen manifestiert sich der Kampf des Guten gegen das Böse in allererster Linie in der Auseinandersetzung

---

[472] Vgl. Anonymus / Hartmut Schmökel (Übers.), *Das Gilgamesch-Epos* (Köln, 1998⁹).
[473] Vgl. Anonymi / Vinzenz Hamp (Hrsg./Übers.) et al, *Die Bibel: Die Heilige Schrift des Alten und des Neuen Testamentes* (Aschaffenburg, 1969²⁰), AT, 6 (Gen 6,1-8).
[474] Vgl. Fjodor Michailowitsch Dostojoweski, *Der Spieler: Aus den Aufzeichnungen eines jungen Mannes* (München, 1986⁶).

zwischen Lord Voldemort und Harry. Lord Voldemort repräsentiert das Böse, Harry Potter das Gute.

Die Ausgangslage: Lord Voldemort, ein ehemaliger und überaus talentierter Schüler von Hogwarts,[475] verschreibt sich der schwarzen Magie, und errichtet ein Schreckensregime in der Welt der Zauberer (s. 4.3.1. Harry Potter und sein Widersacher – Protagonist und Antagonist). Bei dem Versuch, den einjährigen Harry Potter zu töten, scheitert er.[476] Lord Voldemorts Macht zerbricht,[477] er fällt in sich zusammen[478] und ein Teil seiner Kräfte geht auf Harry über.[479] Mit dem Wiedereintritt Harry Potters in die Welt der Zauberer, von der er rund zehn Jahre lang isoliert in der Welt der Muggles gelebt hat, erscheint auch Lord Voldemort wieder auf der Bühne des Geschehens. Voldemort kennt von nun an nur noch ein Ziel: die Wiedererlangung seiner Macht. Dieses Ziel kann er nur erreichen, indem er das Gute vernichtet, indem er den herangewachsenen Harry Potter tötet.[480] Freilich sieht Lord Voldemort in sich selbst nicht den Vertreter des Bösen und in Harry Potter nicht den Vertreter des Guten: "There is no good and evil, there is only power, and those too weak to seek it."[481]

Joanne K. Rowling ist mitnichten eine Schwarz-Weiß-Malerin. Die Darstellung des Guten und des Bösen in ihren Harry-Potter-Romanen verkommt nicht zur bloßen Stereotype. Das Gute und das Böse haben verschiedene Facetten – das Gute ist nicht immer gut und das Böse ist nicht immer böse.

Quirrell, den Harry, Ron und Hermione fälschlicherweise für einen Vertreter des Guten und für ein Opfer des verdächtig erscheinenden Severus Snape halten, jener Professor Quirrell, der in *Harry Potter and the Philosopher's Stone* seinen Körper und seine Seele mit Lord Voldemort teilt, ist böse, doch er ist böse aus Schwäche:

---

[475] Vgl. Rowling, *Harry Potter and the Chamber of Secrets*, 353.
[476] Vgl. Rowling, *Harry Potter and the Philosopher's Stone*, 45.
[477] Vgl. Rowling, *Harry Potter and the Philosopher's Stone*, 15.
[478] Vgl. Rowling, *Harry Potter and the Philosopher's Stone*, 47.
[479] Vgl. Rowling, *Harry Potter and the Chamber of Secrets*, 357.
[480] Vgl. Rowling, *Harry Potter and the Chamber of Secrets*, 336.
[481] Rowling, *Harry Potter and the Philosopher's Stone*, 211.

'Sometimes,[...] I [Quirrell] find it hard to follow my masters instructions – he is a great wizard and I am weak –' [...] '[...] I have served him faithfully, although I have let him down many times. He has had to be very hard on me.'[482]

Wie schwer es dem schwachen Quirrell fällt seinem Meister zu gehorchen, erfährt Harry, als er ihn durch Zufall bei einem Gespräch mit Lord Voldemort belauscht. Harry geht zu diesem Zeitpunkt jedoch noch davon aus, dass er Zeuge einer Unterhaltung zwischen Quirrell und Snape ist. Dass Quirrell sich in dieser Szene mit Lord Voldemort auseinandersetzt, der von ihm fordert in den Verbotenen Wald zu gehen, um für ihn ein Einhorn (Sinnbild der Reinheit und Schutzlosigkeit[483]) zu töten und dessen Blut zu trinken (welches eine lebenserhaltende Wirkung hat),[484] davon erfährt Harry erst später.

> Walking back from the library on his own one afternoon, [Harry] heard someone whimpering from a classroom up ahead. As he drew closer, he heard Quirrell's voice.
> 'No – no – not again, please –'
> It sounded as though someone was threatening him. Harry moved closer.
> 'All right – all right –' he heard Quirrell sob.
> Next second, Quirrell came hurrying out of the classroom, straightening his turban. He was pale and looked as though he was about to cry.[485]

Auch der "böse" Snape, der Lehrer für Zaubertrankkunde, von dem die LeserInnen des ersten Harry-Potter-Romanes annehmen müssen, dass er derjenige ist, der versucht Harry bei einem Quidditch-Spiel mit einem Zauberspruch vom Besen zu stürzen, stellt sich letztendlich als nicht gar so böse heraus wie es die Umstände vermuten lassen. Zwar hasst Snape Harry Potter zutiefst[486] und lässt keine Möglichkeit aus um ihn zu schikanieren[487] (insofern ist er tatsächlich bösartig), aber er

---

[482] Rowling, *Harry Potter and the Philosopher's Stone*, 210f.
[483] Vgl. Rowling, *Harry Potter and the Philosopher's Stone*, 188.
[484] Vgl. Rowling, *Harry Potter and the Philosopher's Stone*, 213.
[485] Rowling, *Harry Potter and the Philosopher's Stone*, 180.
[486] Vgl. Rowling, *Harry Potter and the Philosopher's Stone*, 217.
[487] Vgl. Rowling, *Harry Potter and the Philosopher's Stone*, 102-104.

ist kein Anhänger von Lord Voldemort (wie Harry, Ron und Hermione vermuten), ja er ist sogar derjenige, der Harry vor dem Absturz beim Quidditch-Spiel bewahrt, wie Harry zu seiner Überraschung von Quirrell erfährt:

> Harry couldn't take it. This couldn't be true, it couldn't.
> 'But Snape tried to kill me!'
> 'No, no, no. *I* [Quirrell] tried to kill you. Your friend Miss Granger accidentally knocked me over as she rushed to set fire to Snape at that Quidditch match. She broke my eye contact with you. Another few seconds and I'd have you got off that broom. I'd managed it before then if Snape hadn't been muttering a counter-curse, trying to save you.'
> 'Snape was trying to *save* me?'
> 'Of course,' said Quirrell coolly. 'Why do you think he wanted to be referee your next match? He was trying to make sure I didn't do it again.'[488]

Selbst, ob der weise und gerechte Albus Dumbledore (s. 4.3.5 Hausmeister, Schlossgeister und Zaubermeister), Harrys Beschützer und väterlicher Freund, stellvertretend für das Gute steht, bleibt abzuwarten. Die folgende Szene in der Schlussphase des vierten Bandes, *Harry Potter and the Goblet of Fire*, lässt Dumbledore in einem eigenartigen und dubiosen Licht erscheinen:

> When Harry told of Wormtail piercing his arm with the dagger, however, Sirius let out a vehement exclamation; and Dumbledore stood up so quickly that Harry started. Dumbledore walked around the desk and told Harry to stretch out his arm. Harry showed them both the place where his robes were torn, and the cut beaneath them.
> 'He said my blood would make him stronger than if he'd used someone else's.' Harry told Dumbledore. 'He said the protection my – my mother left in me – he'd have it, too. And he was right – he could touch me without hurting himself, he touched my face.'
> For a fleeting instant, Harry thought he saw a gleam of something like triumph in Dumbledore's eyes. But next second, Harry was sure he had imagined it, for when Dumbledore had returned to his seat behind the desk, he looked as old and weary as Harry had never seen him.[489]

---

[488] Rowling, *Harry Potter and the Philosopher's Stone*, 209.
[489] Rowling, *Harry Potter and the Goblet of Fire*, 604.

In einem Interview zu dieser Szene befragt (ob Dumbledore letztendlich auf der Seite des Böse stünde), antwortet Joanne K. Rowling: "Hmmmm ... like all the best questions I get asked, I can't answer that one. But you are obviously reading carefully. I promise you'll find out!"[490]

Der große Zauberer Albus Dumbledore, der einzige, der neben Harry in der Lage ist dem Bösen in der Gestalt Lord Voldemorts gegenüber zu treten, ein janusköpfiger Zauberschwindler? Dies scheint nicht ausgeschlossen.

Mit *Harry Potter and the Goblet of Fire* erhalten die Abenteuer Harry Potters eine neue Qualität. Bis zum dritten Band, *Harry Potter and the Prisoner of Azkaban*, war es die Liebe, die den Hass besiegte – genauer: die Liebe seiner Mutter machte Harry für das Böse unberührbar:

> 'Your mother died to save you. If there is one thing Voldemort cannot understand, it is love. He didn't realise that love as powerful as your mother's for you leaves its own mark. Not a scar, no visible sign ... to have been loved so deeply, even though the person who loved us is gone, will give us protection for ever. It is in your very skin. Quirrell, full of hatred, greed and ambition, sharing his soul with Voldemort, could not touch you for this reason. It was agony to touch a person marked by something so good.'[491]

Auf diesen Schutz durch die Liebe seiner Mutter wird Harry in seinen künftigen Abenteuern verzichten müssen. Canon Osborne, *Treasurer* der Kathedrale von Salisbury, hat also – wie es scheint –den vierten Harry-Potter-Band nicht allzu gründlich gelesen, wenn er in einem Artikel in der *Times* schreibt, dass in den Harry-Potter-Romanen letztendlich immer die Liebe triumphiere.[492]

Davon abgesehen ist bei Harry Potter, dem Vertreter des Guten, die Liebe beileibe nicht immer der Grundantrieb allen Handelns. Har-

---

[490] Anonymus / Rowling, *Transcript of J.K. Rowling's Live Interview on Scholastic.com: October 16, 2000.*
[491] Rowling, *Harry Potter and the Philosopher's Stone*, 216.
[492] Canon Osborne, " Harry Potter and the Triumph of Love", *The Times* (October 19, 2000), Online Edition.

ry hasst Draco Malfoy (noch mehr als seinen Vetter Dudley Dursley[493]), aber – und das muss man ihm zugute halten – er hasst Malfoy aus den "richtigen", aus guten Gründen. Malfoy, der einer Familie entstammt, die zu den ehemaligen Anhängern Lord Voldemorts zählt, ist Rassist und macht keinen Hehl daraus; er attackiert jene Schüler, die er als "Mudbloods" einstuft (s. 4.3.4. Die Schüler von Hogwarts). Davon abgesehen, hasst Harry Draco Malfoy aus (und das darf man ihm ebenfalls zugute halten) verständlichen Gründen. Draco Malfoy ist schrecklich arrogant und hochnäsig:

> 'Oh, this is Crabbe and this is Goyle,' said the pale boy carelessly, noticing where Harry was looking. 'And my name's Malfoy, Draco Malfoy.'
> Ron gave a slight cough, which might have been hiding a snigger. Draco Malfoy looked at him.
> 'Think my name is funny, do you? No need to ask who you are. My father told me all the Weasleys have red hair, freckles and more children than they can afford.'
> He turned back to Harry.
> 'You'll soon find out some wizarding families are much better than others, Potter. You don't want to go making friends with the wrong sort. I can help you there.'
> He held out his hand to shake Harry's, but Harry didn't shake it.
> 'I think I can tell who the wrong sort are for myself, thanks,' he said coolly.
> Draco Malfoy didn't go red, but a pink tinge appeared in his pale cheeks.
> 'I'd be careful, if I were you, Potter,' he said slowly. 'Unless you're a bit politer you'll go the same way as your parents. They didn't know what was good for them either. You hang around with riff-raff like the Weasleys and that Hagrid and it'll rub off on you.' [494]

Harry ist zudem nicht bereit im christlichen Sinne seine rechte Wange hinzuhalten, wenn ihm auf die linke geschlagen wurde[495] – ganz im Gegenteil: er nutzt jede Gelegenheit um es Draco Malfoy in irgendeiner Form heimzuzahlen. Als Draco Malfoy von Professor McGonagall bei einem verbotenen nächtlichen Ausgang ertappt wird, ist Harry Oh-

---

[493] Vgl. Rowling, *Harry Potter and the Philosopher's Stone*, 107.
[494] Rowling, *Harry Potter and the Philosopher's Stone*, 81.
[495] Anonymi / Hamp, NT, 9 (Gen 6,1-8).

ren- und Augenzeuge und theoretisch in der Lage Draco Malfoy durch seine Intervention und Aussage zu entlasten. Harry jedoch hält sich bedeckt (gemeinsam mit seinen Freunden Ron und Hermione):

> Professor McGonagall, in a tartan dressing-gown and a hairnet, had Malfoy by the ear.
> 'Detention!' she shouted. 'And twenty points from Slytherin! Wandering around in the middle of the night, how *dare* you –'
> 'You don't understand, Professor. Harry Potter's coming – he's got a dragon!'
> 'What utter rubbish! How dare you tell such lies! Come on – I shall see Professor Snape about you, Malfoy!'[496]

Harry ist eben ein ganz normaler Junge. Als Vertreter des Guten ist er weder ein Heiliger noch ein Märtyrer – und das macht ihn glaubhaft. Im Kampf gegen Lord Voldemort verfügt Harry Potter über das Kapital Freunde zu haben und Freund zu sein. Voldemorts Gefolgsleute sind keine Freunde, es sind Feiglinge und Opportunisten; Voldemort selbst ist seinen Gefolgsleuten ebenfalls alles andere als ein Freund – er nutzt sie aus: er okkupiert in *Harry Potter and the Philosopher's Stone* Quirrells Körper und veranlasst in *Harry and the Goblet of Fire* seinen treuen Diener Wormtail dazu, sich die Hand abzuhacken, um eine der notwendigen Ingredienzen für einen Zaubertrank zur Verfügung zu haben, der ihm einen menschlichen Körper zurückgibt. Von Loyalität und Verlässlichkeit aus positiven Gefühlen heraus kann bei den Gefolgsleuten Lord Voldemorts nicht die Rede sein. Es ist die pure Angst, die sie gehorchen lässt. Voldemort selbst ist insofern verlässlich, als dass seine Egomanie für seine Gefolgsleute ein sicher einzuschätzender Charakterzug ist.

Harry Potter handelt, wenn es um die Bekämpfung des Bösen geht, nicht aus egomanischen, sondern aus einem humanistisch basierten Verantwortungsbewusstsein heraus. Dieses Verantwortungsbewusstsein befähigt ihn zu Entscheidungen, die einer gehörigen Portion Mut bedürfen, so beispielsweise in Band vier, *Harry Potter and the Goblet of Fire*. Harry und seine drei Kontrahenten müssen im Rahmen

---

[496] Rowling, *Harry Potter and the Philosopher's Stone*, 175f.

des *Triwizard Tournament* innerhalb eines Zeitlimits von einer Stunde je eine Geisel aus der Gewalt von Wassermenschen im Schwarzen See befreien. Zuvor gilt es eine Möglichkeit zu finden über genügend Sauerstoff zu verfügen, um diese Zeit unter Wasser überbrücken zu können. Harrys Wahl fällt auf die Einnahme eines magischen Krautes namens *gillyflower*. Unter Wasser erreicht er als erster die vier Geiseln. Da die Zeit bereits recht fortgeschritten und keiner seiner Kontrahenten zu sehen ist, entscheidet er sich dazu nicht nur seine, sondern alle Geiseln zu befreien. Zwei seiner Kontrahenten erscheinen jedoch kurze Zeit später ebenfalls. Harry befreit seine eigene und die übriggebliebene Geisel – und verschenkt damit nicht nur die Möglichkeit als erster wieder an die Wasseroberfläche zu gelangen, sondern er riskiert damit auch sein eigenes Leben, da der Weg nach oben mit zwei bewusstlosen Körpern, die er mit sich ziehen muss, äußerst mühsam und langwierig ist und die Wirkung des eingenommenen Krautes vorzeitig nachzulassen droht.[497]

Die Entscheidungen, die wir treffen, haben eine immense Aussagekraft, so Dumbledore zu Harry in *Harry Potter and the Chamber of Secrets*: "It's our choices, Harry, that show what we truly are, far more than our abilities."[498]

Trifft Harry weiterhin die richtigen Entscheidungen (aus den "richtigen", den "guten" Motiven heraus), dann ist anzunehmen, dass der Kampf zwischen dem Guten und dem Bösen spannend bleibt – ein Kampf, der immer größere Opfer fordert und dessen Ausgang am Ende eines jeden Harry-Potter-Bandes nur vorläufig ist. Schon in *Harry Potter and the Philosopher's Stone* ahnt Harry, dass er Voldemort nicht endgültig besiegt hat. Dumbledore bestätigt ihm dies:

> 'Well, Voldemort's going to try other ways of coming back, isn't he? I mean, he hasn't gone, has he?'
> 'No, Harry, he has not. He is still out there somewhere, perhaps looking for another body to share ... not being truly alive, he cannot be killed. He left Quirrell to die; he shows just as little mercy to his followers as his enemies. Nevertheless, Harry, while you may only have delayed his return to power,

---

[497] Vgl. Rowling, *Harry Potter and the Goblet of Fire*, 428-440.
[498] Rowling, *Harry Potter and the Chamber of Secrets*, 358.

it will merely take someone else who is prepared to fight what seems a losing battle next time – and if he is delayed again, and again, why, he may never return to power.'[499]

Am Ende des vierten Bandes, *Harry Potter and the Goblet of Fire*, ist Lord Voldemort nicht mehr auf den Körper eines anderen angewiesen – er hat seinen eigenen Körper zurückgewonnen:

> But then, through the mist in front of him, [Harry] saw, with an icy surge of terror, the dark outline of a man, tall and skeletally thin, rising slowly from inside the cauldron.
> 'Robe me,' said the high cold voice from behind the steam, and Wormtail, sobbing and moaning, still cradling his mutilated arm, scrambled to pick up the black robes from the ground, got to his feet, reached up, and pulled them one-handed over his master's head.
> The thin man stepped out of the cauldron, staring at Harry ... and Harry stared back into the face that had haunted his nightmares for three years. Whiter than a skull, with wide, livid scarlet eyes, and a nose that was as flat as a snake's, with slits for nostrils ...
> Lord Voldemort had risen again.[500]

Das Böse hat – wortwörtlich – wieder Gestalt angenommen. Spätestens in Band sieben wird die Leserschaft erfahren, ob das Böse besiegbar ist – oder ob der Kampf des Guten gegen das Böse letztendlich offenbleibt.

---

[499] Rowling, *Harry Potter and the Philosopher's Stone*, 216.
[500] Rowling, *Harry Potter and the Goblet of Fire*, 558.

6.2. Der Prozess des Erwachsenwerdens – vom Zauberlehrling zum Zaubermeister

In einem Interview mit der Harry-Potter-Autorin Joanne K. Rowling konstatiert der Journalist Christoph Dallach:

> In vielen Kinderbuch-Klassikern wird das Ideal der endlosen Kindheit zelebriert, so bei Peter Pan[501] oder bei Pippi Langstrumpf[502] und ihren Freunden, die Krummelus-Pillen schlucken, damit sie immer neun bleiben. Harry Potter dagegen muss erwachsen werden.[503]

Für Joanne K. Rowling jedoch ist die Tatsache, dass Harry Potter erwachsen werden muss, eine Selbstverständlichkeit:

> Das nennt man Realität. Ich halte nichts davon, die Kindheit zu sentimentalisieren. Natürlich kann das eine wunderbare Zeit sein; man trägt keine Verantwortung, muss sich nicht um andere scheren. Aber das hat auch weniger schöne Seiten. Bei allem Glück ist man total machtlos. Die Erwachsenen haben das Sagen, die Kinder müssen sich fügen. [...] 'Peter Pan' konnte ich nie ausstehen [...]. Es basiert auf einer Lüge. Es gibt keine endlose Kindheit.[504]

Manche Rezensenten unterstellen Joanne K. Rowling hingegen trotzdem, dass die Harry-Potter-Romane eine Flucht vor dem Erwachsenwerden repräsentieren, so beispielsweise auch der Journalist Christian Seidel:

> [Harry Potters] Übertritt in ein verwunschenes Paralleluniversum ist nichts anderes als die allegorische Weigerung, erwachsen und also so zu werden

---

[501] Vgl. J.M. Barrie, *Peter Pan* (London, 1994$^{\text{New Edition}}$).
[502] Vgl. Astrid Lindgren, *Pippi Langstrumpf* (Hamburg, 1979^{13}).
[503] Dallach / Rowling.
[504] Dallach / Rowling.

wie seine Stiefeltern, und die Inanspruchnahme des juvenilen Rechts auf Spaß und Satisfaktion.[505]

Zwar ist die Welt von Hogwarts voller zauberhaft-abenteuerlicher Überraschungen – und insofern weitaus anziehender und ansprechender als die Muggelwelt – doch die Tatsache, dass Harry Potter im Kampf gegen Lord Voldemort sich mit dem grauenhaften und grausamen Antlitz des Bösen auseinandersetzen muss, spricht eindeutig gegen die These, dass Harry Potter dem Erwachsenwerden entflieht. Zeuge zu werden, wie sich ein um Gnade winselnder Zauberer auf den Befehl Lord Voldemorts hin selbst verstümmelt, so wie Harry dies in Band vier, *Harry Potter and the Goblet of Fire*, muss,[506] kann man gewiss nicht mit einer "Inanspruchnahme des juvenilen Rechts auf Spaß und Satisfaktion" gleichsetzen.

Zu Beginn seines ersten Schuljahres auf Hogwarts ist Harry elf Jahre alt.[507] Der Weg zum Zaubermeister ist noch lang. Sieben Jahre soll die schulische Zauberausbildung dauern.[508] Nach Abschluss dieser sieben Jahre ist Harry ein junger Mann im Alter von 18 Jahren – wenn alles gut geht, wird er bis dahin so viele *O.W.Ls, Ordinary Wizarding Levels*,[509] absolviert haben wie nur möglich und sowohl die jährlichen Abschlussprüfungen[510] als auch die finalen *N.E.W.Ts, Nastily Exhausting Wizarding Tests*,[511] bestanden haben; wenn alles gut geht, wird er am Ende seiner schulischen Laufbahn vom Zauberlehrling zum Zaubermeister aufgestiegen sein.

Dass ein Zaubermeister erwachsen ist, ja erwachsen sein muss, ist ein Selbstverständlichkeit. Der Regelfall ist der, dass ein Lehrling, der

---

[505] Christian Seidel, "Der Trubel mit Harry: Echter Punk: Das vierte Abenteuer von Harry Potter ist endlich in Muggel-Hand", *Süddeutsche Zeitung* (14. Oktober 2000), 17, 17.
[506] Vgl. Rowling, *Harry Potter and the Goblet of Fire*, 556-564.
[507] Vgl. Rowling, *Harry Potter and the Philosopher's Stone*, 38.
[508] Vgl. Rowling, *Harry Potter and the Philosopher's Stone*, 47.
[509] Vgl. Rowling, *Harry Potter and the Chamber of Secrets*, 54.
[510] Vgl. Rowling, *Harry Potter and the Philosopher's Stone*, 191f.
[511] Vgl. Rowling, *Harry Potter and the Prisoner of Azkaban*, 462.

zum Meister werden möchte, nicht nur die Bürde der Ausbildung, sondern auch die Bürde des Erwachsenwerdens zu tragen hat.

Die Bürde der Ausbildung zeigt sich in den jährlichen Abschlussprüfungen, bei denen sich Harry beispielsweise vor die Aufgabe gestellt sieht, eine Teekanne in eine Wasserschildkröte zu verwandeln – eine Aufgabe, die einzig und allein die Musterschülerin Hermione halbwegs zu lösen vermag:

> Hermione irritated the rest by fussing about how her tortoise had looked more like a turtle, which was the least of everyone else's worries.
> 'Mine still had a spout for a tail, what a night-mare ...'
> 'Were the tortoises *supposed* to breathe steam?'
> 'It still had a willow-patterned shell, d'you think that'll count against me?'[512]

Die Bürde und der Prozess des Erwachsenwerdens spiegelt sich bei Harry in seiner Auseinandersetzung mit Lord Voldemort. Ein Davonlaufen im Kampf gegen den schwarzen Magier ist nicht möglich. Die Konflikte innerhalb dieser Auseinandersetzung verschärfen sich; Voldemort gewinnt von Band zu Band an Macht und die Herausforderungen an Harry werden größer. Die Kindertherapeutin Sabine Berloge:

> Ein eindrucksvolles Beispiel dafür [Anmerkung des Verfassers: gemeint sind die Herausforderungen an Harry und der damit verbundene Reifeprozess] finden wir im 'Goblet of Fire' [...], als [Harry] lernt, einem der vernichtendsten und illegalen Flüche der Zauberwelt, dem Imperius-Fluch, zu widerstehen. Dieser Fluch zielt auf Manipulation und erzeugt im Opfer völlige Willenlosigkeit, so dass es in jeder Weise fremdbestimmt werden kann. Harry ist der einzige heranwachsende Zauberer seiner Klasse, der diesem Zauber widerstehen kann.[513]

Diese Fähigkeit zum Widerstand fällt Harry jedoch nicht in den Schoß. Er muss hart darum kämpfen. Insgesamt braucht er drei Versuche, um letztendlich in der Lage zu sein, sich dem Imperius-Zauber zu

---

[512] Rowling, *Harry Potter and the Prisoner of Azkaban*, 342.
[513] Sabine Berloge, "'Expecto patronum!': Harry Potter aus kindertherapeutischer Sicht", *Harry Potter oder Warum wir Zauberer brauchen*, Hrsg. Olaf Kutzmutz (Wolfenbüttel, 2001), 31.

widersetzen. Schließlich jedoch siegt, was ein gehöriges Maß an charakterlicher Reife voraussetzt, seine Willensstärke:

> Harry didn't answer. He was going to die like Cedric, those pitiless red eyes were telling him so ... he was going to die, and there was nothing he could do about it ... but he wasn't to play along. He wasn't going to obey Voldemort ... he wasn't going to beg ...
> 'I asked you whether you want me to do that again?' said Voldemort softly. 'Answer me! *Imperio!*'
> And Harry felt, for the third time in his life, the sensation that his mind had been wiped off all thought ... ah, it was bliss, not to think, it was as though he was floating, dreaming ... *just answer 'no'* ... *just answer 'no'* ...
> I will not, said a stronger voice, in the back of his head, I won't answer ...
> *Just answer 'no'* ...
> I won't do it, I won't say it ...
> *Just answer 'no'* ...
> 'I WON'T!'
> And these words burst from Harry's mouth; they echoed through the graveyard, and the dream state was lifted as suddenly as though cold water had been thrown over him – back rushed the aches, that the Cursiatus curse had left all over his body – back rushed the realisation of where he was, and what he was facing ...[514]

Dass der Kampf gegen Lord Voldemort von Harry verlangt erwachsen zu werden, zeigt sich in dem bisherigen Höhepunkt der Potter-Septologie, Harry Potter and the Goblet of Fire. Harry muss künftig auf den "Schutz durch die Liebe der Mutter" verzichten (s. 6.1. Der Kampf des Guten gegen das Böse) – einen Schutz, der ihn für das Böse unberührbar gemacht hat. Pointiert gesagt: Harry kann sich nicht mehr hinter dem Rücken seiner Mutter verstecken – der "Rockzipfel" hat sich in "Luft aufgelöst". Dass die Auseinandersetzung mit dem Bösen kein abenteuerlicher und lustiger Wettstreit ist, zeigt sich spätestens im vierten Harry-Potter-Abenteuer. Der Kampf gegen den schwarzen Magier fordert Opfer. Harry wird Zeuge wie sein Schul-

---

[514] Rowling, *Harry Potter and the Goblet of Fire*, 573f.

kamerad Cedric Diggory die Begegnung mit dem Bösen mit dem Leben bezahlt.[515]

Albus Dumbledore, in der Rolle eines weisen Mentors, begleitet Harry auf dem Weg des Erwachsenwerdens. Er veranlasst Harry auf den *Mirror of Erised* zu verzichten, einen Spiegel, der Harry kurzzeitig den Wunsch erfüllt hat, seine Eltern wiederzusehen, wenn auch nur als eine illusorische Projektion. Dumbledore:

> The Mirror will be moved to a new home tomorrow, Harry, and I ask you not go looking for it again. If you ever *do* run across it, you will now be prepared. It does not do to dwell on dreams and forget to live, remember that.[516]

Harry muss lernen, dass Träume (auch wenn manche von ihnen durch harte Arbeit oder durch Glück erfüllbar sind) nicht die Realität widerspiegeln. Träume sind Botschaften, aus denen der Träumende lernen kann. Ein Zuviel an Träumerei birgt die Gefahr in sich, das eigentliche, das wahre Leben zu versäumen. Harry lernt diese Lektion recht schnell; schon beim nächsten Quidditch-Wettkampf ist er wieder der Alte und ganz und gar bei der Sache:

> Harry jumped off his broom, a foot from the ground. He couldn't believe it. He'd done it – the game was over; it had barely lasted five minutes. [...] Harry felt a hand on his shoulder and looked up into Dumbledore's smiling face.
> 'Well done,' said Dumbledore quietly, so that only Harry could hear. 'Nice to see you haven't been brooding about that mirror ... been keeping busy ... excellent ...'[517]

Auf dem Weg zum Erwachsenendasein, muss Harry lernen sich zu akzeptieren, so wie er ist. Harry ist vom Herzen her ein Gryffindor (s. 4.3.4. Die Schüler von Hogwarts), jedoch stecken in ihm sowohl die Qualitäten und Fähigkeiten eines Gryffindors als auch die eines Slytherins. Es fällt ihm schwer dies zu akzeptieren, doch es gelingt

---

[515] Vgl. Rowling, *Harry Potter and the Goblet of Fire*, 553.
[516] Rowling, *Harry Potter and the Philosopher's Stone*, 157.
[517] Vgl. Rowling, *Harry Potter and the Philosopher's Stone*, 164.

ihm.⁵¹⁸ Womit Harry keine Schwierigkeiten hat ist, seine eigenen Schwächen richtig einzuschätzen und die Stärken anderer anzuerkennen – ein Stück charakterlicher Reife über das er bereits verfügt. So lässt er beispielsweise im Finale von *Harry Potter and the Philosopher's Stone* ohne zu zögern Ron den Vortritt, als es darum geht eine Partie mit Schachmenschen zu spielen, die, falls sie gewonnen wird, eine Tür auf dem Weg zum Stein der Weisen freigibt.⁵¹⁹

Eine Sache die Harry ebenfalls lernen muss ist die, die Dinge beim Namen zu nennen,⁵²⁰ denn ein Schönreden im Sinne euphemistischer Verbrämung hilft ihm im Falle Lord Voldemorts nicht weiter. Lord Voldemort ist weder ein *He Who Must Not Be Named*⁵²¹ noch ein *You-Know-Who*⁵²² (so wie ihn fast die gesamte Welt der Zauberer nennt). Voldemort ist Voldemort. Voldemort, ist die Inkarnation des Bösen und Voldemort ist Harrys Gegner.

Schon gegen Ende seines ersten Abenteuers, *Harry Potter and the Philosopher's Stone*, hat Harry auch diese Lektion gelernt. Die Fähigkeit, Lord Voldemort beim Namen zu nennen, hat er seinem erwachsenen Freund Rubeus Hagrid nun voraus:

> 'Hagrid!' said Harry, shocked to see Hagrid shaking with grief and remorse, great tears leaking down his beard. 'Hagrid, he'd have found out somehow, this is Voldemort we're talking about, he'd even found out even if you hadn't told him.'
> 'Yeh could've died!' sobbed Hagrid. 'An don' say his name!'
> 'VOLDEMORT!' Harry bellowed, and Hagrid was so shocked, he stopped weeping. 'I've met him and I'm calling him by name.'⁵²³

Harry hat auffällige Gemeinsamkeiten mit dem Zauberlehrling von Goethe, jenem Zauberlehrling, der in Abwesenheit seines Meister felsenfest davon überzeugt ist: "Und mit Geistesstärke thu ich Wunder

---

[518] Vgl. Rowling, *Harry Potter and the Chamber of Secrets*, 357f.
[519] Vgl. Rowling, *Harry Potter and the Philosopher's Stone*, 204f.
[520] Vgl. Rowling, *Harry Potter and the Philosopher's Stone*, 216.
[521] Vgl. Rowling, *Harry Potter and the Philosopher's Stone*, 65.
[522] Vgl. Rowling, *Harry Potter and the Philosopher's Stone*, 45.
[523] Rowling, *Harry Potter and the Philosopher's Stone*, 219f.

auch."[524] Auch Harry "tut mit Geistesstärke Wunder", wenn auch größerere Wunder als Goethes Zauberlehrling, der lediglich einen Besen dazu bringt Wasser zu holen und eine Wanne zu füllen. Harrys Geistesstärke besteht beispielsweise darin, dass er den Stein der Weisen nicht aus den üblichen Gründen (Gold, ewiges Leben)[525] finden möchte, sondern lediglich deshalb, weil er verhindern möchte, dass der Stein in die Hände des Bösen gerät.[526] Weil Harry den Stein aus uneigennützigen Gründen sucht,[527] findet er ihn schließlich auch.[528] Wie beim Zauberlehrling von Goethe jedoch, bei dem die Dinge außer Kontrolle geraten – der Besen hört nicht auf Wasser zu holen[529] – geraten auch bei Harry in *The Philosopher's Stone* die Dinge außer Kontrolle: er gerät in einen lebensgefährlichen physischen Zweikampf mit Lord Voldemort alias Quirrell.[530] Wie beim Zauberlehrling von Goethe, der von seinem Zaubermeister aus höchster Not gerettet wird (der Zaubermeister bietet dem außer Kontrolle geratenen Besen Einhalt),[531] wird auch Harry von seinem Zaubermeister (Dumbledore) aus höchster Not gerettet – dieser rettet ihm sogar das Leben.[532]

Bisher war Harry noch in jedem seiner vier Abenteuer auf die Hilfe seines Zaubermeisters angewiesen. In *The Chamber of Secrets* schickt Dumbledore seinem Schüler Harry den Phönix, den *Sorting Hat* und das Gryffindor-Schwert – ohne diese Hilfen hätte Harry den Zweikampf mit Lord Voldemort alias Tom Riddle nicht überlebt.[533] In *The Prisoner of Azkaban* sorgt Dumbledore dafür, dass Harrys Pate (der zu unrecht als Mörder verurteilte Sirius Black) entfliehen kann – ohne diese Hilfe wäre dem Paten Harrys der Tod gewiss gewesen.[534]

---

[524] Goethe, Bd.1, 125.
[525] Vgl. Rowling, *Harry Potter and the Philosopher's Stone*, 189.
[526] Vgl. Rowling, *Harry Potter and the Philosopher's Stone*, 190.
[527] Vgl. Rowling, *Harry Potter and the Philosopher's Stone*, 217.
[528] Vgl. Rowling, *Harry Potter and the Philosopher's Stone*, 212.
[529] Vgl. Goethe, Bd. 1, 125f.
[530] Vgl. Rowling, *Harry Potter and the Philosopher's Stone*, 214.
[531] Vgl. Goethe, Bd. 1, 126.
[532] Vgl. Rowling, *Harry Potter and the Philosopher's Stone*, 215.
[533] Vgl. *Rowling, Harry Potter and the Chamber of Secrets*, 339-343.
[534] Vgl. *Rowling, Harry Potter and the Prisoner of Azkaban*, 422-424.

In *The Goblet of Fire* trifft Dumbledore nach Harrys Pyrrhussieg gegen Lord Voldemort (Voldemort hat seinen Körper wiedergewonnen, Cedric Diggory hat sein Leben gelassen, Harry seine "Unberührbarkeit" [s.o.] verloren) die notwendigen organisatorischen Entscheidungen um Harrys Sieg nicht zu einer unmittelbaren Niederlage werden zu lassen.[535]

Solange Harry auf die Hilfe Dumbledores angewiesen ist, solange Harry nicht erwachsen ist, solange ist er selbst noch *kein* Zaubermeister. Solange er noch kein Zaubermeister ist, solange ist er auch noch nicht erwachsen.

---

[535] Vgl. Rowling, *Harry Potter and the Goblet of Fire*, 617-619.

7. MOTIVE, NAMEN UND BEGRIFFLICHKEITEN DER HARRY-POTTER-ROMANE

7.1. Parallelen zu Joanne K. Rowlings Biographie

Joanne K. Rowlings Romane sind mit Sicherheit nicht als biographische Romane einzustufen, jedoch gibt es einige Personen, Namen und Ereignisse in ihrer Biographie, die in den Harry-Potter-Abenteuern ihren Niederschlag gefunden haben.

Die furchterregenden Gestalten in *Harry Potter and the Prisoner of Azkaban*, jene Gestalten, die ihren Opfern jegliches Glück aussaugen *(Dementors* genannt), spiegeln laut Rowling ihre eigenen Depressionen wider:

> Es ging mir wirklich nicht gut, ich hatte meinen Job als Lehrerin verloren, meine Ehe war in die Brüche gegangen. Meine Mutter war an multipler Sklerose gestorben, ich war einsam [...]. [...] Die Dementoren spiegeln Depressionen wider, ein Gefühl der totalen Hoffnungslosigkeit.[536]

Wie dem nachfolgenden Zitat zu entnehmen ist, hat Rowling die von ihr durchlittenen Depressionen in den Harry-Potter-Romanen jedoch nicht bewusst in der Gestalt der *Dementors* verarbeitet.

> I haven't consciously based anything in the Harry books on my life, but of course that doesn't mean your own feelings don't creep in. When I reread chapter 12 of the first book, 'The Mirror of Erised,' I saw that I had given Harry lots of my own feelings about my own mother's death, though I hadn't been aware of that as I had been writing.[537]

Gemeint ist die folgende Textstelle aus *Harry Potter and the Philosopher's Stone* :

---

[536] Dallach / Rowling.
[537] Anonymus / Joanne K. Rowling, "Magic, Mystery and Mayhem", *amazon.com* (Stand: 15 April 2001), Homepage des Internetbuchhändlers Amazon.

> He looked in the mirror again. A woman standing right behind his reflection was smiling at him and waving. He reached out a hand and felt the air behind him. If she was really there, he'd touch her, their reflections were so close together, but he felt only air – she and the others existed only in the mirror.
> She was a very pretty woman. She had dark red hair and her eyes – her eyes are just like mine, Harry thought, edging a little closer to the glass. Bright green – exactly the same shape, but then he noticed that she was crying; smiling, but crying at the same time. The tall, thin, black-haired man standing next to her put his arms around her. He wore glasses, and his hair was very untidy. It stuck up at the back, just like Harry's did.
> Harry was so close to the mirror now that his nose was nearly touching that of his reflection.
> 'Mum?' he whispered. 'Dad?'
> They just looked back at him, smiling. And slowly, Harry looked into the faces of the other people in the mirror and saw other pairs of green eyes like his, other noses like his, even a little old man who looked as though he had Harry's knobbly knees – Harry was looking at his family, for the first time in his life.
> The Potters smiled and waved at Harry and he stared hungrily back at them, his hands pressed flat against the glass as though he was hoping to fall right through it and reach them. He had a powerful kind of ache inside him, half joy, half terrible sadness.[538]

Diese Textpassage gehört zu einer der stärksten, weil aussagekräftigsten Stellen in Rowlings Potter-Romanen. Harry, der bis zu seinem elften Geburtstag nahezu nichts von seinen Eltern wusste und nie auch ein einziges Photo von ihnen gesehen hat, hat erst wenige Monate zuvor erfahren wie seine Eltern wirklich gestorben sind: nicht durch einen Autounfall, wie ihm seine Pflegeeltern zuvor erzählt haben, sondern durch die Hand des grausamen Lord Voldemort. Harrys Mutter hat sich für ihren Sohn geopfert, hat ihm durch ihre Liebe das Leben gerettet (s. 6.1. Der Kampf des Guten gegen das Böse).

Wer immer einen geliebten Menschen verloren hat, verfügt in der Regel über das Privileg sich an diesen Menschen erinnern zu können. Harry hatte dieses Privileg bis zu dem Zeitpunkt, da er in den Spiegel – *the Mirror of Erised* – blickt, nicht. Es ist nachvollziehbar, wie

---

[538] Rowling, *Harry Potter and the Philosopher's Stone*, 153.

schmerzhaft es für Harry sein muss, seine Mutter, seinen Vater, ja seine ganze Familie das erste Mal in seinem Leben zu sehen und nicht umarmen zu können. Ähnlich ergeht es jedem Menschen, der "im Spiegel seiner Erinnerungen" an den Menschen zurückdenkt um den er trauert – das Bedürfnis diesen Menschen noch einmal zu berühren, noch einmal umarmen zu können, mit ihm zu sprechen, bleibt ein unerfüllbarer Wunsch.

Harry Potter hat seinen "Namenspaten" in dem heute 35-jährigen Baukontrolleur Ian Potter, einem Nachbarjungen aus Rowlings Kindertagen.[539] Dessen Schwester, Vikki Potter, erinnert sich:

> 'Ian war die perfekte Anregung für einen zu Streichen aufgelegten Zauberer. Er war ein Albtraum als Kind. Er hat die Stützen an meinem Fahrrad angesägt, sammelte Kaulquappen in Krügen und hat ihren grünen Schleim dann überall verteilt.'[540]

Rowling sieht das anders: "zu behaupten, er sei der wahre Harry Potter, ist totaler Blödsinn."[541] Sie habe sich für ihren Romanhelden Harry Potter einzig und allein den Nachnamen ihres ehemaligen Nachbarjungen geborgt, mehr nicht.[542] Der Vorname Harry Potter erkläre sich aus ihrer persönlichen Vorliebe für diesen Namen:

> 'Harry' has always been my favourite boy's name, so if my daughter had been a son, he would have been Harry Rowling. Then I would have had to choose a different name for 'Harry' in the books, because it would have been too cruel to name him after my own son.[543]

Die Person in den Harry-Potter-Romanen, die den größten Bezug zu Rowlings eigener Biographie aufweist, ist Harry Potters Freundin

---

[539] Vgl. Claudia Lord, "Harry Potter lebt in Bristol", *Die Welt online* (4.Juli 2000).
[540] Lord.
[541] Dallach / Rowling.
[542] Vgl. Dallach / Rowling.
[543] Anonymus / Rowling, *Transcript of J.K. Rowling's Live Interview on Scholastic.com: October 16, 2000*.

Hermione. Rowling über den nervtötenden und doch sympathischen Bücherwurm in den Potter-Abenteuern:

> Hermione was very easy to create because she is based almost entirely on myself at the age of 11. She is really a caricature of me. I wasn't as clever as she is, or do I think I was such a know-it-all, though former classmates might disagree. Like Hermione, I was obsessed with achieving academically, but this masked a huge insecurity.[544]

Abgesehen von Hermione, die die Autorin als eine Karikatur ihrer selbst ansieht, offenbart Rowling in diversen Interviews Parallelen zu weiteren Personen in ihrem Leben, wenngleich diese Personen auch nur als Anregung für ihre Roman-Charaktere hergehalten haben.
Tante Magda aus *Harry Potter and the Prisoner of Azkaban* (jene Tante, die an Harry noch mehr herummäkelt als seine Pflegeeltern Onkel Vernon und Tante Petunia) findet ihre Entsprechung in Rowlings Großmutter Frieda mütterlicherseits. Sie habe ebenfalls Hunde den Menschen vorgezogen, so Rowling.[545]

Zwei weitere Charaktere aus den Harry-Potter-Romanen, Gilderoy Lockhart, der narzisstische, ruhmversessene Lehrer aus *Harry Potter and the Chamber of Secrets*, und Ron Weasley, Harrys bester Freund, haben ebenfalls Paten gehabt, die Modell gestanden haben. Rowling:

> The closest I've come to putting a real person in my books is with Gilderoy Lockhart, who is an exaggeration of someone I once knew. John Weasley [sic / Anmerkung des Verfassers: Gemeint ist Ron Weasley – einen John Weasley gibt es in den Harry-Potter-Romanen nicht] is a little bit like my oldest friend, a man I was at school with, whose name is Séan. But neither of them are accurate portraits.[546]

Séan ist derjenige, dem Joanne K. Rowling ihren zweiten Roman, *Harry Potter and the Chamber of Secrets*, mit folgenden Worten ge-

---

[544] Weir / Rowling.
[545] Vgl. Lord.
[546] Anonymus / Rowling, *Transcript of J.K. Rowling's Live Interview on Scholastic.com: February 3, 2000*.

widmet hat: "For Séan P.F. Harris, getaway driver and foulweather friend."[547]

Ron Weasley, auch wenn er kein akkurates Portrait von Séan P.F. Harris ist, hat ebenfalls die Qualitäten eines *foulweather friend*. Er ist Harrys bester Freund und steht zu ihm, auch dann, so wie im zweiten Harry-Potter-Band, wenn sich fast die gesamte Schülerschaft gegen Harry wendet.[548]

Ebenfalls in Band zwei beweist Ron seine Qualitäten als *getaway driver*, auch wenn das *getaway* hier eher im Sinne von "fortkommen" als von "flüchten" zu verstehen ist. Ron und Harry verpassen zu Beginn des neuen Schuljahres den Hogwarts Express. Ron zögert nicht lange – um überhaupt noch zur Schule kommen zu können, um "fortzukommen", entleiht er den alten Ford Anglia seines Vaters und fährt mit Harry "fliegend" dem Hogwarts-Express hinterher.[549]

Ron, der *foulweather friend*, und Ron, der *getaway driver*, sind recht deutliche Reminiszenzen der Autorin Joanne K. Rowling an ihren alten Freund.

7.2. Parallelen zu *The Legend of Rah and the Muggles*: Ist "Harry Potter" ein Plagiat?

Am 16.März 2000 verbreitet die Nachrichtenagentur *Associated Press* eine Meldung mit der Überschrift "U.S. Author Sues Potter Writer".[550] In der Meldung heißt es, eine US-Autorin namens Nancy K. Stouffer

---

[547] Vgl. Rowling, *Harry Potter and the Chamber of Secrets*, o.S.
[548] Vgl. Rowling, *Harry Potter and the Chamber of Secrets*, 227f.
[549] Vgl. Rowling, *Harry Potter and the Chamber of Secrets*, 78-85.
[550] Vgl. Anonymus, "U.S. Author Sues Potter Writer", *JK* [sic] *Rowling Lawsuit: Rowling Sued!* (Stand: 7.Juli 2000), Online-Veröffentlichung einer Meldung der Nachrichtenagentur 'Associated Press' durch die Vereinigung 'The Unofficial Harry Potter Fan Club'.

habe bereits 1984 ein Kinderbuch mit dem Titel *The Legend of Rah and the Muggles* geschrieben, welches erstaunliche Parallelen mit den Harry-Potter-Romanen Joanne K. Rowlings aufweise. In Nancy K. Stouffers Buch gäbe es:

a) "Muggles" – in den Harry-Potter-Romanen gibt es ebenfalls "Muggles".
b) Waisenkinder, die von den "Muggles" großgezogen würden – Harry Potter ist ebenfalls ein Waisenkind und wird ebenfalls von "Muggles" großgezogen.
c) eine Figur namens "Larry Potter" – Joanne K. Rowlings Held heißt "Harry Potter".
d) eine weitere Figur namens "Lilly Potter" – Harry Potters Mutter heißt ebenfalls "Lily", wenngleich ihr Name nur mit einem "l" geschrieben wird.
e) einen "Keeper of the Gardens" – in Rowlings Bücher gibt es einen "Keeper of the Keys" (Hagrid).[551]

Die Autorin Stouffer gehe davon aus, so die Meldung der Nachrichtenagentur *Associated Press*, dass Rowling Namen und Bezeichnungen aus ihrem Buch übernommen hat. Wörtlich zitiert wird die amerikanische Kinderbuchautorin mit dem Ausspruch: "I think coincidences happen, but I still say if it looks like a duck and acts like a duck, it's a duck."[552] Stouffer, deren Buch *The Legend of Rah and the Muggles* nach der Veröffentlichung 1984 überwiegend in Supermärkten und *Drugstores* an der Ostküste verkauft wurde,[553] ist davon überzeugt: "Rowling may have come across it when she was on a work-study exchange in Baltimore in 1987 and 1988."[554]

Das Medieninteresse ob dieser Meldung ist groß. Die internationale Presse übernimmt den Inhalt der Associated-Press-Meldung ohne

---

[551] Vgl. Anonymus, *U.S. Author Sues Potter Writer*.
[552] Anonymus, *U.S. Author Sues Potter Writer*.
[553] Vgl. Anonymus, *U.S. Author Sues Potter Writer*.
[554] Anonymus, *U.S. Author Sues Potter Writer*.

ihn zu hinterfragen und verbreitet ihn auch noch Monate später in unveränderter Form (beispielsweise *Der Spiegel*).[555]

Ob die zentrale Behauptung der Autorin Nancy K. Stouffer – Rowling habe ihren Roman *The Legend of Rah and the Muggles* plagiiert – den Tatsachen entspricht, soll nachfolgend untersucht werden.

Der Plagiatsbegriff erstreckt sich sowohl auf literarische als auch auf musikalische Werke und wird gemeinhin als ein Diebstahl geistigen Eigentums definiert. In der Literatur liegt ein Plagiat dann vor, wenn ein Autor oder eine Autorin Stoffe, Motive oder stilistische Spracheigentümlichkeiten aus einem fremden Werk in nur unwesentlich variierter Form übernommen oder kopiert hat. Da Plagiate gegen das schriftstellerische Urheberrecht verstoßen, können sie juristisch geahndet werden.[556] Eine interessante Frage in diesem Zusammenhang ist die, ob Parallelen und Gemeinsamkeiten zwischen Werken verschiedener AutorInnen grundsätzlich auf einen geistigen Diebstahl zurückzuführen sind oder aber auch rein zufälliger Natur sein können. Man kann jedoch davon ausgehen, dass, bezogen auf die Werke zweier unterschiedlicher AutorInnen, das Vorliegen eines Plagiats um so wahrscheinlicher ist, je größer die Anzahl der Gemeinsamkeiten und je größer die Einzigartigkeit bzw. Exotik der gemeinsamen Details ist.

Die Vorwürfe der Autorin Nancy K. Stouffer scheinen daher auf den ersten Blick durchaus berechtigt zu sein. Das Wort "Muggles" ist ein äußerst exotischer Begriff, die Verwendung dieses Wortes durch Joanne K. Rowling könnte zwar rein zufälliger Natur sein, zusammen mit den anderen verwendeten Namen, Begriffen und Motiven jedoch (s. vorangehende Liste, Pkte. b-e) verliert diese Möglichkeit an Wahrscheinlichkeit.

Da die Definition des Begriffes "Plagiat" Spielraum für weitgehende Interpretationen lässt, ist die Bestimmung wann ein Plagiat tatsächlich vorliegt nicht immer einfach.

---

[555] Susanne Beyer, "Die Zaubermacht des Schweigens", *Der Spiegel* 27 (Juli 2000), 146-147, 146.
[556] Vgl. Diether Krywalski, *Knaurs Lexikon der Weltliteratur: Autoren: Werke: Sachbegriffe*, (München, 1992), 681.

Bedauerlicherweise ist *The Legend of Rah and the Muggles* nicht verfügbar, da schon seit Jahren vergriffen.[557] Eine Neuveröffentlichung des Romanes im Laufe des Jahres 2001 ist zwar geplant[558] (und wirtschaftlich durchaus vielversprechend aufgrund der Publicity, die der Roman durch die Klage Stouffers erfahren hat), ein Veröffentlichungstermin steht jedoch noch nicht fest, so dass eine als Textauszug zur Verfügung stehende und im Internet veröffentlichte Einleitung zu *The Legend of Rah and the Muggles* genügen muss.[559] Zusammen jedoch mit einem Interview, das mit der Autorin Nancy K. Stouffer geführt wurde, veröffentlicht auf ihrer eigenen Homepage namens "Real Muggles"[560] (die Homepage wurde von Stouffer bereits 1999 ins Internet gesetzt, um ihre Ansprüche und Vorwürfe gegenüber Joanne K. Rowling zu illustrieren[561]), einer Tabelle mit der Überschrift "Infringement Examples", mit der die Kinderbuchautorin Stouffer weitere

---

[557] Bemühungen in den Monaten zwischen August 2000 und März 2001 Stouffers Roman in englischsprachigen (überwiegend amerikanischen) Bibliotheken ausfindig zu machen oder ihn antiquarisch zu erwerben, blieben leider ohne Resultat. Weder extensive Recherchen in Online-Antiquariaten (von kleinen Anbietern bis hin zu Antiquariaten mit einem Buchbstand in zweistelliger Millionenhöhe), noch die Einschaltung von "Büchersuchdiensten" oder sogenannten "Buchdetektiven" waren von Erfolg gekrönt. Zwei Briefe an die Autorin persönlich und ihren Verlag blieben unbeantwortet.

[558] Vgl. Anonymus, "Potter-Plagiat: Nicht Harry, sondern Larry", *Spiegel Online* (16.März 2001).

[559] Vgl. Nancy K. Stouffer, "Introduction", *Real Muggles* (Stand: 16.März 2001), Homepage der Autorin Nancy K. Stouffer.

[560] Vgl. Anonymus / Nancy K. Stouffer, "Interview with Author N.K. Stouffer", *Real Muggles* (Stand: 16.März 2001), Homepage der Autorin Nancy K. Stouffer.

[561] Kevin R. Casey et al, "In the United States District Court for the Eastern District of Pennsylvania: Nancy K. Stouffer, a Resident of Pennsylvania, Plaintiff, v. Scholastic, Inc., a New York Corporation, J.K. Rowling, a Resident of Scotland, Time Warner Entertainment Company, L.P., a Delaware Limited Partnership, Mattel, Inc., a Delaware Corporation, and Hasbro, Inc., a Rhode Island Corporation, Defendants: Verified Complaint". *Real Muggles* (Stand: 8.April 2001), Homepage der Autorin Nancy K. Stouffer.

Urheberrechtsverletzungen nachzuweisen versucht,[562] der von Nancy K. Stouffer bei Gericht eingereichten Anklageschrift gegen Joanne K. Rowling, den Verlag Scholastic (dem amerikanischen Verleger der Harry-Potter-Bücher), den Merchandising-Lizenznehmer Warner Brothers und einer Reihe von subordinierten Lizenznehmern[563] und einer Presseerklärung Joanne K. Rowlings gemeinsam mit ihrem Verlag Scholastic zu der gerichtlichen Anklage Nancy K. Stouffers[564] stehen jedoch genügend Quellen zur Verfügung, um die Berechtigung von Stouffers Plagiatsvorwürfen zu evaluieren.

Das vorangehend angeführte Interview mit Nancy K. Stouffer lässt erste Zweifel an der Seriosität der Plagiatsvorwürfe aufkommen. Abgesehen davon, dass hier über weite Strecken der Eindruck entsteht, die Autorin habe sich selbst befragt,[565] versäumt es Stouffer in diesem "Interview" deutlich und unmissverständlich darauf hinzuweisen, dass ihre Plagiatsvorwürfe nicht nur auf ihrem Roman *The Legend of Rah and the Muggles* fußen (so wie es in der Presse kolportiert wird), sondern auf einer ganzen Anzahl von Büchern, die sie verfasst hat. In *The Legend of Rah and the Muggles* gibt es weder einen Larry noch eine Lilly Potter. Diese beiden Charaktere entstammen einer von ihr verfassten Kinderbuchserie namens "Lilly".[566] Es ist also nicht etwa so, dass in *The Legend of Rah and the Muggles* ein Waisenjunge namens "Larry Potter" von "Muggles" großgezogen wird und ehemals eine leibliche Mutter namens "Lilly" hatte. Dies wären in der

---

[562] Vgl. Nancy K. Stouffer, "Infringement Examples", *Real Muggles* (Stand: 16.März 2001), Homepage der Autorin Nancy K. Stouffer.
[563] Vgl. Casey.
[564] Vgl. Anonymus, "Scholastic Inc.: Company Press Release: Scholastic and J.K. Rowling Call Nancy K. Stouffer Muggles Ownership Claim Absurd", *PRNewswire* (Stand: 7.Juli 2000), Online-Veröffentlichung der Nachrichtenagentur 'PRNewswire'.
[565] Eine der Fragen in diesem Interview lautet beispielsweise: "Where did you get the inspiration for the cute little characters in your book?" Ein seriöser Journalist oder eine seriöse Journalistin hätte die emotional eingefärbte Wertung in dieser Frage unterlassen. Wer dieses Interview mit Stouffer letztendlich geführt hat, ist nicht ersichtlich.
[566] Vgl. Anonymus, *Scholastic Inc.: Company Press Release: Scholastic and J.K. Rowling Call Nancy K. Stouffer Muggles Ownership Claim Absurd*.

Tat derart gravierende Parallelen zu Rowlings Romanen, dass man von einem Plagiat ausgehen *müsste*. Dadurch jedoch, dass "Larry und Lilly Potter" nicht Mutter und Sohn sind, in keiner Verbindung mit den "Muggles" stehen, Larry Potter offenbar auch keine Waise ist (die Waisen sind andere Charaktere in *The Legend of Rah and the Muggles*),[567] ist die Möglichkeit, dass die Parallelen zwischen Stouffers und Rowlings Romanen rein zufälliger Natur sind um einiges wahrscheinlicher.

So unseriös Nancy K. Stouffer ihre Plagiatsvorwürfe in ihrem Interview präsentiert, so unseriös ist eine Tabelle mit dem Titel "Infringement Examples",[568] veröffentlicht auf ihrer Homepage. Stouffer erhebt mit dieser Tabelle weitere Plagiatsvorwürfe gegenüber Rowling, ohne jedoch anzugeben auf welches ihrer 14 Bücher[569] sich diese Vorwürfe jeweils beziehen:

J.K. ROWLING BOOKS	N.K. STOUFFER BOOKS
children's fable ages 9-12	children's fable ages 6-12
mythical place	mythical place
[...]	[...]
sorcerer's stone	worry stone
Muggles human/non-magical full-size people	Muggles human/non-magical little people
Muggle families	Muggle families
Muggle village	Muggle village
Muggles rejoicing	Muggles rejoicing

---

[567] Vgl. Casey.
[568] Vgl. Stouffer, *Infringement Examples*.
[569] Vgl. Anonymus / Stouffer, *Interview with Author N.K. Stouffer*.

'Happy, happy day'	'Oh what a wonderful day'
Muggles play soccer-like game	Muggles play croquet-like game
Neville	Nevils
Neville loses things cries and whines	Nevils clumsy and nervous and complain
Neville body changes become blistered with boils	Nevils bodies change become deformed/skin rough
[...]	[...]
Nimbus 2000 broom flys through the sky	Nimbus mythical warrior flys through the sky
a mirrored lake	a mirrored lake
fleet of boats	fleet of boats
boats await by lake	boats await by inlet
boats travel across the lake	boats travel down inlet to lake
visitors travel by boat to castle	visitors travel by boat to castle
ivy vegetation surrounds the boat passengers	ivy vegetation surrounds the boat passengers
castle on cliff	castle on cliff
dark secret path	dark secret path
entrance to castle 'flight of stone steps that lead to a huge oak door'	entrance to castle 'flight of stone steps that lead to a huge wooden door'

knock three times on the oak door	knock three times on the wooden door
receiving hall	receiving hall
flagstone floors	checkerboard stone floor
Great Hall	Great Hall
four houses	five colonies
visitor ceremony	visitor ceremony
visitors prepared for questions	visitors prepared for questions
questions asked before others already there	questions asked before others already there
house cup honor crystal goblet	honor cup of desire crystal goblet
drink sorcerer's stone elixir	drink water from the well of desire
character dressed in tights	character dressed in tights
vanishing steps	vanishing steps
quill pens and parchment	quill pens and parchment
poisonous fungus allergic reaction	poisonous moss allergic reaction
herbs and fungi	Bordonian moss
governor	friar
underground caves and passageways	underground caves and passageways
the book of monsters	the ancient book of tales

    keeper of the keys   keeper of dreams
                                              keeper of the gardens
                                              keeper of the mills
                                              keeper of the children
                                              keeper of the food
                                              keeper of the light[570]

Viele dieser Parallelen zwischen Stouffers verschiedenen Kinderbüchern und den Harry-Potter-Romanen von Joanne K. Rowling sind alles andere als spektakulär. Dass beispielsweise jemand drei mal an die Tür klopft, um Einlass zu finden (s. Liste), ist nichts ungewöhnliches,[571] ebenso wenig, dass ein Schloss auf einem Felsen liegt;[572] dass eben jenes Schloss unterirdische Gänge hat,[573] eine Empfangshalle[574] oder eine große Halle – eine "Great Hall"[575] – ist ebenfalls nicht allzu außergewöhnlich.

Viele der aufgeführten Parallelen sind bei näherer Betrachtung keine Parallelen; so hinkt zum Beispiel der Vergleich zwischen "the book of monsters" und "the ancient book of tales" (s.o.). In *The Legend of Rah and the Muggles* wird das "Ancient Book of Tales" folgendermaßen beschrieben:

> The only knowledge the Muggles have of their ancestors and the history of Aura are the stories that have been passed from generation to generation. These stories are found within the pages of the historical ancestral diary known as the Ancient Book of Tales.[576]

Das von Stouffer aufgeführte Buch "the book of monsters" (s.o.) heißt eigentlich "The Monster Book of Monsters"[577] oder "Monster Book"[578]

---

[570] Stouffer, *Infringement Examples*.
[571] Vgl. Rowling, *Harry Potter and the Philosopher's Stone*, 84.
[572] Vgl. Rowling, *Harry Potter and the Chamber of Secrets*, 82.
[573] Vgl. Rowling, *Harry Potter and the Chamber of Secrets*, 324f.
[574] Vgl. Rowling, *Harry Potter and the Philosopher's Stone*, 85.
[575] Vgl. Rowling, *Harry Potter and the Philosopher's Stone*, 87.
[576] Vgl. Stouffer, *Introduction*.
[577] Vgl. Rowling, *Harry Potter and the Prisoner of Azkaban*, 60.

und wird an keiner Stelle in *Harry Potter and the Prisoner of Azkaban* als "The Book of Monsters" bezeichnet. Dies könnte man als Spitzfindigkeit abtun, hätten das "Ancient Book of Tales" und das "Monster Book of Monsters" zumindest eine gewisse Ähnlichkeit miteinander. Rowlings Leserschaft lernt das "Monster Book" in folgendem Zusammenhang kennen:

> As Harry entered Flourish and Blotts, the manager came hurrying towards him.
> 'Hogwarts?' he said abruptly. 'Come to get your books?'
> 'Yes,' said Harry, 'I need –'
> 'Get out of the way,' said the manager impatiently, brushing Harry aside. He drew a pair of very thick gloves, picked up a large, knobbly walking stick and proceeded towards the door of the *Monster Books*' cage.
> 'Hang on,' said Harry quickly, 'I've already got one of those.'
> 'Have you?' A look of enormous relief spread over the manager's face. 'Thank heavens for that, I've been bitten five times already this morning –'
> A loud ripping noise rent the air; two of the *Monster Books* had seized a third and were pulling it apart.
> 'Stop it! Stop it!' cried the manager, poking the walking stick through the bars and knocking the books apart. 'I'm never stocking them again, never! It's been bedlam! I thought we'd seen the worst when we bought two hundred copies of *The Invisible Book of Invisibility* – costs a fortune, and we never found them [...]'[579]

Anhand dieser Szene wird deutlich, warum das angebliche "Book of Monsters" "The Monster Book of Monsters" oder zumindest "Monster Book" heißt und dass die Unterschiede zwischen zwei Büchern kaum größer sein könnten als die Unterschiede zwischen dem "Monster Book" (einem wahrhaft gefährlichen Buch, das seinen Namen zu Recht trägt) und dem "Ancient Book of Tales", welches eher ein Buch der konventionellen Art ist und sich mit einer Bibel vergleichen ließe. Eine weitere Parallele, die angeführt wird, ist die zwischen dem "Keeper of the Keys" bei Rowling und dem "Keeper of Dreams, of the

---

[578] Vgl. Rowling, *Harry Potter and the Prisoner of Azkaban*, 61.
[579] Rowling, *Harry Potter and the Prisoner of Azkaban*, 61.

Gardens, the Mills, the Children, the Food and the Light" bei Stouffer (s.o.).

Als "The Keeper of the Keys" wird Rubeus Hagrid im vierten Kapitel von *Harry Potter and the Philosopher's Stone* bezeichnet.[580] Abgesehen von diesem Kapitel taucht diese Bezeichnung in keinem der vier Bände nochmals auf. Der Titel "The Keeper of the Keys" hat also keine zentrale Bedeutung in Rowling Romanen. Ein "Keeper of the Keys" – ein Hüter der Schlüssel (gewissermaßen ein Schlüsselwart) – lässt sich zudem nur schwerlich mit einem "Keeper of the Light" – einem Hüter des Lichts – gleichsetzen: eine Aufgabe, die offensichtlich mehr verlangt als nur auf einen Schlüssel aufzupassen.

Die einzige aufgeführte Parallele, die man als relevant ansehen könnte, ist die zwischen dem "Nimbus-2000-Besen" in den Potter-Romanen und dem "Nimbus-Krieger" bei Stouffer. Beide – Krieger und Besen – fliegen und haben denselben Namen. Wenn man jedoch in Betracht zieht, dass "Nimbus" unter anderem soviel wie "besonderes Ansehen" oder "glanzvoller Ruhm" bedeutet, dann ist es nicht weiter erstaunlich, dass Rowling den "modernsten und schnellsten Rennbesen der Zauberwelt"[581] auf den Namen "Nimbus" getauft hat. Ein Plagiatsvorwurf scheint hier kaum angebracht zu sein.

Ein letzter Vergleich der in der Stouffer-Tabelle besonders ins Auge fällt ist der zwischen "Muggles play soccer-like game" (Rowling) und "Muggles play croquet-like game" (Stouffer). Hier fragt sich wie gründlich Nancy K. Stouffer die Harry-Potter-Romane gelesen hat. Über die sportlichen Aktivitäten der Muggles erfahren wir bei Rowling nur so viel, als dass sie Fußball[582] – *soccer* – und Basketball[583] spielen, doch davon auch nur am Rande. Stouffer meint mit dem "soccer-like game" ganz offensichtlich das Quidditch-Spiel. Quidditch wird jedoch nicht in der Muggle-, sondern in der Zauberwelt gespielt. Mit Fußball hat Quidditch keine Ähnlichkeit. Es wird mit mehreren Bällen gespielt, keiner dieser Bälle wird jedoch getreten oder geköpft, sondern stattdessen mit einem Schläger geschlagen oder

---

[580] Vgl. Rowling, *Harry Potter and the Philosopher's Stone*, 41.
[581] Vgl. Rowling, *Harry Potter and the Philosopher's Stone*, 56.
[582] Vgl. Rowling, *Harry Potter and the Philosopher's Stone*, 138.
[583] Vgl. Rowling, *Harry Potter and the Philosopher's Stone*, 124.

er wird geworfen bzw. gefangen. Wenn Quidditch mit einer "Mugglesportart" überhaupt Ähnlichkeit hat, dann entweder mit Baseball oder Basketball. Mit Basketball wird es in den Harry-Potter-Romanen auch verglichen.[584] Stouffers Behauptung, die Muggles spielten in den Potter-Büchern ein dem Fußball ähnliches Spiel, ist also grundlegend falsch.

Was von den Plagiatsvorwürfen nach eingehender Prüfung von Stouffers Tabelle insgesamt noch übrigbleibt, ist die Tatsache, dass es in Rowlings Büchern "Muggles" und einen "Harry Potter" und in Stouffers Büchern "Muggles" und einen "Larry Potter" gibt. Doch ein etwaiger Plagiatsvorwurf kann auch hier entkräftet werden.

In Rowlings Harry-Potter-Romanen ist das Wort "Muggles" eine Bezeichnung, die von Zauberern und Zauberinnen für alle jene Menschen verwendet wird, die nicht zaubern können. In Stouffers Roman *The Legend of Rah and the Muggles* sind die "Muggles" Wesen, die auf einem Kontinent namens Aura leben. Die Handlung des Romans ist in ferner Zukunft angesiedelt und das Setting repräsentiert ein Szenario nach einem vernichtenden nuklearen Krieg. Ähnlichkeiten zwischen Stouffers "Muggles" und Rowlings "Muggles" (welches nichts weiter sind als normale Menschen des ausklingenden 20. Jahrhunderts) lassen sich nicht erkennen:

> Against all odds, a primitive generation of human beings, ancestors of the have-nots, the Muggles, now inhabit the land. They have never experienced the warmth of sunlight, nor the beauty of an evening sky filled with glittering stars. Their world is lit only by moonlight shining through a purple haze left behind by nuclear warfare.
> Muggles look much like human babies, but none of them have hair. Their shoulders are narrow and delicate. They have round, plump bellies, which make their legs and arms look very thin.
> Muggles have smooth, soft skin. At one time their skin was blue from the lack of sunlight and oxygen, but now they have creamy white, beige or brown complexions, and little, pink cheeks. Even when full-grown they look like children.[585]

---

[584] Vgl. Rowling, *Harry Potter and the Philosopher's Stone*, 124.
[585] Stouffer, *Introduction*.

Zu dem Umstand, dass sowohl Stouffer als auch Rowling die Bezeichnung "Muggles" verwenden, erscheint die Argumentation in der Presseerklärung von Joanne K. Rowling und dem Scholastic Verlag als durchaus schlüssig:

> The words 'muggle' or 'muggles' have been used in a variety of ways for many years. In the 18th century the word 'muggles' meant a state of restlessness. These words have also been used in other creative contexts. These include a musical composition by Louis Armstrong entitled 'Muggles' in the 1930's. In 1959 Carol Kendall wrote an award winning book entitled 'The Gammage Cup' which featured an character named 'Muggles.' In the 1990's a book entitled 'Mrs. Muggle's Sparkle' was written by Ruth Bragg. J.K. Rowling used the word 'muggles' to describe non-magical people as a derivative of the English slang term 'mug,' which means a 'fool' in current usage.[586]

Zu den Ähnlichkeiten zwischen den Namen "Larry Potter" und "Harry Potter" ist zu sagen, dass Rowlings Erklärung, warum sie sich für den Vornamen "Harry" und den Nachnamen "Potter" entschieden hat (s. 7.1. Parallelen zu Joanne K. Rowlings Biographie), plausibel wirkt. Davon abgesehen – so selten scheint der Name Harry Potter nicht zu sein. Selbst in Deutschland lebt in einem Ort namens Oberursel ein Junge dieses Namens. Der Oberurseler Harry Potter ist Jahrgang 1995, wurde also deutlich vor Erscheinen des ersten Harry-Potter-Bandes auf den Namen Harry getauft.[587]

Die Plagiatsvorwürfe Nancy K. Stouffers erweisen sich als äußerst dürftig. Worum es der Autorin offenbar in allererster Linie geht, ist der bei Gericht eingereichten Anklageschrift zu entnehmen: um die Vermarktung diverser Produkte, die sie im Zusammenhang mit ihren Büchern herausgebracht hat. Stouffer besitzt insgesamt über vierzig

---

[586] Anonymus, *Scholastic Inc.: Company Press Release: Scholastic and J.K. Rowling Call Nancy K. Stouffer Muggles Ownership Claim Absurd.*
[587] Vgl. Anonymus, "Harry Potter lebt: Der Muggel wohnt in Oberursel", *Spiegel Online* (19.Oktober 2000). Einen kleinen Schönheitsfehler hat diese Namensgleichheit jedoch: der vollständige Vorname des Jungen ist "Leo Harry". Aufgrund des Harry-Potter-Booms wird er allerdings – wenn man der Medienberichterstattung glauben darf – nur noch "Harry" gerufen.

Trademark-Registrierungen im Zusammenhang mit ihren Romanen. Der Anklageschrift zufolge befürchtet Stouffer Absatzeinbußen aufgrund der in den Plagiatsvorwürfen aufgelisteten Namensgleichheiten.[588] Im Falle der "Muggles" geht es um die beiden nachfolgenden "trademark applications":

> Stouffer filed trademark applications in the United States Patent and Trademark Office on February 22, 2000, for the mark MUGGLE in connection with decorative magnets [...]; ornamental novelty buttons [...]; and playthings, namely dolls; novelty toys, namely 'worry stones' [...] and for the mark MUGGLES in connection with printed materials, namely a series of children's fiction books, storybooks, coloring books, activity books, and sticker books [...] and with pre-recorded audio-cassette tapes [...]. As stated in the trademark applications, Stouffer began using her trademarks on all of these goods 'at least as early as 1987.'[589]

Den hypothetischen Fall angenommen, Rowling habe Stouffers Bücher gekannt und sich diverse Namen geborgt, man könnte keinesfalls von einem Plagiat im herkömmlichen Sinne sprechen, allenfalls von einem "Namensdiebstahl" – falls es denn so etwas wie einen Namensdiebstahl gibt. Abgesehen von vorhanden Namensgleichheiten – Ähnlichkeiten zwischen den fiktiven Charakteren Rowlings und Stouffers gibt es ganz offensichtlich nicht.

Dass die Plagiatsvorwürfe Nancy K. Stouffers überhaupt so viel Aufmerksamkeit erhalten haben, ist dem Phänomen der "Pottermania" zuzuschreiben und dem Umstand, dass die von der Nachrichtenagentur *Associated Press* lancierte und von den internationalen Medien immer wieder kolportierte Meldung zu den Plagiatsvorwürfen Stouffers sachlich nicht den Tatsachen entsprach (s.o.). Weil die verfälschte Darstellung der Plagiatsvorwürfe berechtigt wirkte, hat sie öffentliches Interesse geweckt.

Aus literaturwissenschaftlicher Sicht erscheint der anhängige Plagiatsprozess (Stand: Mai 2001) als ein Kampf um wirtschaftliche Pfründe. Die Sicht der Justitia, deren verbundene Augen den Aus-

---

[588] Vgl. Casey.
[589] Casey.

schlag einer nicht immer geeichten Waage kontrollieren, bleibt abzuwarten.

7.3. Parallelen zu anderen literarischen Werken

In ihrer Rezension der Harry-Potter-Romane spielt die Kritikerin Wendy Doniger ein Spiel namens "Can you Spot the Source?".[590] Sie definiert es wie folgt: "a philologist's variant on the old children's game of 'How Many Animals Can You Find Hiding in This Picture?'"[591]

Andere RezensentInnen und LiteraturwissenschaftlerInnen, die sich mit den Harry-Potter-Romanen auseinandergesetzt haben, haben dieses Spiel ebenfalls gespielt und nach den offensichtlichen und weniger offensichtlichen Parallelen zwischen Rowlings Potter-Büchern und den Werken anderer Autoren gesucht.

Doniger entdeckt in den Potter-Abenteuern den Gralslegendenkomplex um König Artus wieder und bezieht sich dabei auf den Schriftsteller T.H. White und dessen Roman *Sword in the Stone*.[592] Doniger weist darauf hin, dass Harry, wie König Artus, der einzige ist, der in der Lage ist ein magisches Schwert zu handhaben.[593] Im Gegensatz zu König Artus jedoch, der sein Schwert Excalibur aus einem Stein zieht, zieht Harry sein Schwert aus einem Hut:

> The Basilisk had swept the Sorting Hat into Harry's arms. Harry seized it. It was all he had left, his only chance. He rammed it onto his head and threw himself flat onto the floor as the Basilisk's tail swung over him again.

---

[590] Doniger, 26.
[591] Doniger, 26.
[592] Vgl. T.H. White, *Sword in the Stone* (London, 1991[Reprint]).
[593] Vgl. Doniger, 26.

> '*Help me ... help me ...*' Harry thought, his eyes screwed tight under the Hat. '*Please help me!*'
> There was no answering voice. Instead, the Hat contracted, as though an invisible hand was squeezing it very tightly.
> Something very hard and heavy thudded onto the top of Harry's head, almost knocking him out. Stars winking in front of his eyes, he grabbed the top of the Hat to pull it off and felt something long and hard beneath it.
> A gleaming silver sword had appeared inside the Hat, its handle glittering with rubies the size of eggs.[594]

Später erfährt Harry von Professor Dumbledore, dass er in der Lage war das Schwert aus dem Hut zu ziehen – gewissermaßen auch im metaphorischen Sinne –, weil er ein von lauteren und edlen Motiven beseelter Zauberer ist.[595]

Doniger stellt eine weitere Parallele zwischen König Artus und Harry fest: Beide können mit Tieren sprechen (wenngleich Harry nur mit Schlangen).[596] Ein klein wenig hinkt dieser Vergleich jedoch. König Artus hat diese Gabe von seinem Mentor, dem Zauberer Merlin, vermittelt bekommen, Harry jedoch hat seine Gabe mit Schlangen zu sprechen von seinem schlimmsten Feind ererbt:

> 'You can speak Parseltongue [Anmerkung des Verfassers: die Schlangensprache], Harry,' said Dumbledore calmly, 'because Lord Voldemort – who is the last remaining descendant of Salazar Slytherin – can speak Parseltongue. Unless I'm much mistaken, he transferred some of his own powers to you the night he gave you that scar. Not something he intended to do, I'm sure ...'[597]

In "Schneewittchen"[598] sieht Wendy Doniger eine weitere Quelle Rowlingscher Inspiration.[599] In dem populären Grimmschen Volksmärchen gibt es den sprechenden Spiegel, ebenso wie in *Harry Potter*

---

[594] Rowling, *Harry Potter and the Chamber of Secrets*, 343.
[595] Vgl. Rowling, *Harry Potter and the Chamber of Secrets*, 358.
[596] Vgl. Doniger, 26.
[597] Rowling, *Harry Potter and the Chamber of Secrets*, 357.
[598] Vgl. Grimm, 175-186.
[599] Vgl. Doniger, 26.

and the Chamber of Secrets. Beide Spiegel haben gemeinsam, dass sie gegenüber den Menschen, die sich in ihnen spiegeln, kein Blatt vor den Mund nehmen. Im Märchen "Schneewittchen" kommentiert der Spiegel das Äußere seines Gegenübers, der bösen, stiefmütterlichen Königin, mit stets unbestechlicher Objektivität:

> Die Königin aber, nachdem sie Schneewittchens Lunge und Leber glaubte gegessen zu haben, dachte nicht anders als sie wäre wieder die erste und allerschönste, trat vor ihren Spiegel und sprach:
> 'Spieglein, Spieglein an der Wand,
> wer ist die Schönste im ganzen Land?'
> Der Spiegel antwortete:
> 'Frau Königin, ihr seid die Schönste hier,
> aber Schneewittchen über den Bergen
> bei den sieben Zwergen
> ist noch tausendmal schöner als ihr.'[600]

Der Spiegel, mit dem sich Harry bei einem Aufenthalt im Hause der Weasleys konfrontiert sieht, kleidet das, was er sagt, ebenfalls nicht in euphemistische Phrasen und Worte:

> The Dursleys liked everything neat and ordered; the Weasleys' house burst with the strange and unexpected. Harry got a shock the first time he looked in the mirror over the kitchen mantelpiece and it shouted, *'Tuck your shirt in, scruffy!'*[601]

Mit einem weiteren, nicht zur Schmeichelei tendierenden Spiegel macht Harry Potter im dritten Band, *Harry Potter and the Prisoner of Azkaban*, Bekanntschaft. Dieser Spiegel neigt in seinen Äußerungen zu einer gewissen Ambiguität. Er kommentiert nicht nur Harrys Erscheinung (im nachfolgenden Zitat Harrys schwer zu bändigendes Haar), sondern auch dessen Gedanken:

> He caught sight of himself in the mirror over the basin.

---

[600] Grimm, 179.
[601] Rowling, *Harry Potter and the Chamber of Secrets*, 50.

> 'It can't have been a death omen,' he told his reflection defiantly. 'I was panicking when I saw that thing in Magnolia Crescent. It was probably just a stray dog ...'
> He raised his hand automatically and tried to make his hair flat.
> 'You're fighting a losing battle there, dear,' said his mirror in a wheezy voice.[602]

Es gibt einen dritten Spiegel in Rowlings Romanen namens "The Mirror of Erised".[603] Er zeigt seinem Betrachter dessen innigsten Herzenswunsch, und ist somit gewissermaßen ein Spiegel der Seele und des Herzens. Dieser Spiegel hat nun nichts mehr gemein mit dem "Schneewittchen-Spiegel". Zwar kann auch dieser Spiegel sprechen, aber er spricht in Bildern und nicht in Worten. Diese Sprache ist nicht ganz ungefährlich, wie Dumbledore seinem Schüler Harry Potter erklärt: 'Men have wasted away before it, entranced by what they have seen, or been driven mad, not knowing if what it shows is real or even possible.'[604]

Pamela L. Travers *Mary Poppins*,[605] so Wendy Doniger in ihrem Unterfangen Gemeinsamkeiten zwischen Rowlings Romanen und denen anderer AutorInnen aufzuzeigen, gibt ihren Kindern Medizin, die dem Lieblingsgeschmack des jeweiligen Patienten entspricht. Bei "Harry Potter" gibt es Süßigkeiten namens "Bertie Bott's Every-Flavour Beans" – jedes dieser "Bonbons" schmeckt anders.[606] Eine augenfällige Gemeinsamkeit – gewiss – im Gegensatz zu Mary Poppins wohlschmeckender Medizin sind die "Every-Flavour Beans" jedoch nicht immer eine angenehme Überraschung:

> 'I [Dumbledore] suggest you [Harry] make a start on these sweets. Ah! Bertie Bott's Every-Flavour Beans! I was unfortunate enough in my youth to come across a vomit-flavoured one, and since then I'm afraid I've rather

---

[602] Rowling, *Harry Potter and the Prisoner of Azkaban*, 63.
[603] Vgl. Rowling, *Harry Potter and the Philosopher's Stone*, 143-157. Der Name "Erised" ist die Spiegelung des Wortes "desire".
[604] Rowling, *Harry Potter and the Philosopher's Stone*, 157.
[605] Pamela L. Travers, *Mary Poppins* (London, 1998^(New Edition)).
[606] Vgl. Doniger, 26.

> lost my liking for them – but I think I'll be safe with a nice toffee, don't you?'
> He smiled and popped the golden-brown bean into his mouth. Then he choked and said, 'Alas! Earwax!'[607]

Mary Poppins, so Doniger weiter, habe ebenso wie "Peter Pan"[608] die Kinder gelehrt zu fliegen und zu schweben durch das Denken glücklicher Gedanken. Auch Harry bekäme im dritten Band beigebracht glückliche Gedanken zu denken. Doniger bezieht sich dabei auf den "Patronus" und die furchterregenden Gestalten, die in Rowlings Romanen "Dementors" genannt werden:[609]

> 'Dementors are among the foulest creatures that walk on earth. They infest the darkest filthiest places, they glory decay and despair, they drain peace, hope and happiness out of the air around them. Even Muggles feel their presence, though they can't see them. Get too near a Dementor and every good feeling, every happy memory, will be sucked out of you. If it can, the Dementor will feed on you long enough to reduce you to something like itself – soulless and evil. You'll be left with nothing but the worst experiences of your life.'[610]

Diese furchterregenden Gestalten können mit einem "Patronus" bekämpft werden – einem ganz speziellen Zauber. Professor Lupin, Lehrer für die Verteidigung gegen die dunklen Künste, erklärt Harry den Patronus folgendermaßen:

> 'The spell I am going to try and teach you is highly advanced magic, Harry – well beyond Ordinary Wizarding Level. It is called the Patronus charm.'
> 'How does it work?' said Harry nervously.
> 'Well, when it works correctly it conjures up a Patronus,' said Lupin, 'which is a kind of Anti-Dementor – a guardian which acts as a shield between you and the Dementor. [...] The Patronus is a kind of positive force, a projection of the very things that the Dementor feeds upon – hope, happiness, the desire to survive – but it cannot feel despair, as real humans can, so the

---

[607] Rowling, *Harry Potter and the Philosopher's Stone*, 217f.
[608] Vgl. J.M. Barrie, *Peter Pan* (London, 1994^(New Edition)).
[609] Vgl. Doniger, 26.
[610] Rowling, *Harry Potter and the Prisoner of Azkaban*, 203f.

> Dementors can't hurt it. But I must warn you, Harry, that the Charm might be too advanced for you. Many qualified wizards have difficulty with it.'
> 'What does a Patronus look like?' said Harry curiously.
> 'Each one is unique to the wizard who conjures it.'
> 'And how do you conjure it?'
> 'With an incantation, which will work only if you are concentrating, with all your might, on a single very happy memory.'[611]

Auch wenn die glücklichen Gedanken bei *Peter Pan* und bei *Mary Poppins* ein lustvolles Fliegen und Schweben zur Folge haben, und bei "Harry Potter" hingegen die glücklichen Gedanken dazu dienen das nackte Leben zu retten – der Vergleich Donigers ist stimmig. Mit einem gelungenen Patronus, basierend auf einen glücklichen Gedanken, ist Harry in der Lage den *Dementors* zu entfliehen, ihnen gewissermaßen zu entschweben. Glück verleiht Flügel – nicht umsonst gibt es im Deutschen die Redensart "vor Glück zu schweben".

Im Rahmen ihrer Quellenforschung hat Wendy Doniger eine Entdeckung gemein mit dem Münchner Literaturwissenschaftler Jörg Knobloch: Die Parallelität zwischen den Harry-Potter-Romanen und Lewis Carolls *Alice in Wonderland*[612] und *Through the Looking-Glass and What Alice Found There*.[613] Doniger weist auf die sprechenden Schachfiguren in *Through the Looking-Glass and What Alice Found There* hin.[614] Sprechende Schachfiguren gibt es auch bei "Harry Potter":

> Harry played with chessmen Seamus Finnigan had lent him and they didn't trust him at all. He wasn't a very good player yet and they kept shouting different bits of advice at him, which was confusing: 'Don't send me there, can't you see his knight? Send him, we can afford to lose *him*.'[615]

---

[611] Rowling, *Harry Potter and the Prisoner of Azkaban*, 257f.
[612] Vgl. Lewis Caroll, *Alice's Adventures in Wonderland* (London, 1994[Reissue]).
[613] Vgl. Lewis Caroll, *Through the Looking-Glass and What Alice Found There* (Oxford, 1995[Revised Edition]).
[614] Vgl. Doniger, 26.
[615] Rowling, *Harry Potter and the Philosopher's Stone*, 147.

In *Alice's Adventures in Wonderland*, so Knobloch, ist ein Kaninchenloch der Übergang in eine fantastische Welt, bei "Harry Potter" ist es eine Absperrung am Londoner Bahnhof King's Cross, gelegen zwischen Gleis neun und zehn, die den Übergang in eine magische Welt, dem Gleis neundreiviertel, ermöglicht:[616]

> He started walking towards it. People jostled him on their way to platforms nine and ten. Harry walked more quickly. He was going to smash right into that ticket box and then he'd be in trouble – leaning forward on his trolley he broke into a heavy run – the barrier was coming nearer and nearer – he wouldn't be able to stop – the trolley was out of control – he was a foot away – he closed his eyes ready for the crash –
> It didn't come ... he kept running ... he opened his eyes.
> A scarlet steam engine was waiting next to a platform packed with people. A sign overhead said *Hogwarts Express, 11 o'clock*. Harry looked behind him and saw a wrought-iron achway where the ticket box had been, with the words *Platform Nine and Three-Quarters* on it. He had done it.[617]

Der Zugang zum Gleis neundreiviertel ist in der Tat ebenso unauffällig wie ein Kaninchenloch. In Rowlings Romanen ist die Absperrung am Bahnhof King's Cross jedoch nicht der einzige Übergang in die magische Welt (s. 4.2. Setting – die Muggle- und Zauberwelt).

Auch in C.S. Lewis' *The Lion, the Witch and the Wardrobe*[618] gibt es einen unscheinbaren Übergang von der realen in die phantastische Welt, wie Knobloch bemerkt.[619] Hier jedoch ist es keine Gleisabsperrung oder ein Kaninchenloch, sondern ein Wandschrank.

Ein weiteres Harry-Potter-verwandtes Kinderbuch, auf das Knobloch aufmerksam macht, ist das Buch *The Worst Witch*[620] von Jil Murphy. *The Worst Witch* spielt in einem Hexeninternat, welches, wie bei "Harry Potter", ein altes und verwinkeltes Schloss ist.[621]

---

[616] Vgl. Knobloch, *Die Zauberwelt der J.K. Rowling*, 79.
[617] Rowling, *Harry Potter and the Philosopher's Stone*, 70f.
[618] C.S. Lewis, *The Lion, the Witch and the Wardrobe* (London, 2000^{50}).
[619] Vgl. Knobloch, *Die Zauberwelt der J.K. Rowling*, 82.
[620] Vgl. Jil Murphy, *The Worst Witch* (London, 1978^{Reissue}).
[621] Vgl. Knobloch, *Die Zauberwelt der J.K. Rowling*, 82f.

Noch erstaunlicher ist eine Parallele zwischen "Harry Potter" und dem Roman *Das Geheimnis von Bahnsteig 13*[622] von Eva Ibbotson. Mit Recht verweist Knobloch darauf, dass die Gemeinsamkeiten zwischen Ibbotsons Roman und den Harry-Potter-Büchern mehr als deutlich sind. Bei Ibbotson gibt es einen Übergang in eine magische Welt, welcher sich im Londoner Bahnhof King's Cross befindet (wie bei Rowling), gelegen an einem Bahnsteig (wie bei Rowling) mit der Nummer dreizehn (der einzige Unterschied zu Rowling – hier ist es bekanntlich Bahnsteig neundreiviertel).[623] Wenn man Rowling überhaupt den Vorwurf machen kann, plagiiert zu haben, dann hier. Eva Ibbotson scheint dies jedoch gelassen zu sehen. Von einer gerichtlichen Klage ist nichts bekannt.

Der gebürtige Südafrikaner J.R.R. Tolkien gilt als einer der Väter der phantastischen Literatur. Von Rowling weiß man, dass sie Tolkiens Bücher gelesen hat.[624] Im Gegensatz zu dem Journalisten José García sieht Knobloch zwischen Rowlings Potter-Büchern und Tolkiens Romanen (*The Hobbit*[625] und die Trilogie *Lord of the Rings*[626]) am ehesten Verbindungen in dem kreativen Sprachgebrauch beider Autoren.[627] José García indes stuft Tolkiens Hobbit und Rowlings Zauberlehrling als Weggefährten ein:

> Unabhängig von rein äußerlichen Übereinstimmungen – die Narbe auf Harrys Stirn geht auf den Angriff seines Feindes Voldemort zurück, während

---

[622] Vgl. Eva Ibbotson, *Das Geheimnis von Bahnsteig 13* (Hamburg, 1999). Das Buch ist in England bereits 1994 unter dem Titel "The Secret of Platform 13" veröffentlicht worden, war dann jahrelang vergriffen und wird nun wieder neu aufgelegt. Vgl. Anonymus, "Search Results: 'The Secrets of Platform 13'", *amazon.co.uk* (Stand: 15.April 2001), kommerzielle Homepage des Internetbuchhändlers Amazon.

[623] Vgl. Knobloch, *Die Zauberwelt der J.K. Rowling*, 84.

[624] Vgl. Anonymus / Rowling, *Transcript of J.K. Rowling's Live Interview on Scholastic.com: October 16, 2000*.

[625] Vgl. J.R.R. Tolkien, *The Hobbit* (London, 1998$^{\text{New Edition}}$).

[626] Vgl. J.R.R. Tolkien, *Lord of the Rings* (London, 1994$^{\text{New Edition}}$). Verglichen mit *The Hobbit* ist *Lord of the Rings* wohl eher als "Erwachsenenliteratur" einzuordnen.

[627] Vgl. Knobloch, *Die Zauberwelt der J.K. Rowling*, 78.

in 'Herr der Ringe' dem Hobbit Frodo von einem Ringgeist eine Wunde beigebracht wurde –, sind der kleine Junge Harry wie der kleine Hobbit Frodo Auserwählte in einer Welt, die von Mächtigen nur so wimmelt. In beiden Erzählungen begegnen die Helden Menschen und Zauberern, die älter, erfahrener und mächtiger, als sie selbst sind. Das Böse zu besiegen, ist jedoch die Berufung Harrys wie Frodos. Das Ende des ersten Bandes, als sich Harry zusammen mit seinem treuen Freund Ron auf den Weg macht, um den Stein der Weisen zu zerstören, hat einen starken Anklang an den Weg, den Frodo und sein treuer Freund Sam zum Schicksalsberg zurücklegen müssen, um den 'Einen Ring' zu zerstören. Wer stellt sich nicht hinter Lord Voldemort den 'dunklen Herscher auf dem dunklen Thron' oder hinter Hogwarts Schulleiter Albus Dumbledore den 'Herr der Ringe'-Zauberer Gandalf vor?[628]

Wenn auch nichts einzuwenden ist gegen den Versuch, Harrys und Frodos Gemeinsamkeiten herauszustellen – ein wenig konstruiert wirkt dieser Vergleich schon. Weil der Hobbit klein ist, wird auch Harry zum "kleinen Jungen" gemacht (s.o.); weil Frodo sich mit seinem treuen Freund Sam auf den Weg zum "Einen Ring" macht, macht auch Harry sich mit "seinem treuen Freund Ron" (s.o.) auf den Weg zum Stein der Weisen (dass die ebenso treue Freundin Hermione mit von der Partie ist, wird unterschlagen); weil Frodo die Absicht hat den "Einen Ring" zu zerstören, hat auch Harry die Absicht den "Stein der Weisen zu zerstören" (Harry hegt diese Absicht nicht). Dass Harry den Stein der Weisen ungewollt zerstört, geht aus einem Gespräch zwischen ihm und Albus Dumbledore hervor:

> 'I [Dumbledore] feared I might be too late.'
> 'You nearly were, I couldn't have kept him [Quirrell] off the Stone much longer – '
> 'Not the Stone, boy, you – the effort involved nearly killed you. For one terrible moment there, I was afraid it had. As for the Stone, it has been destroyed.'
> 'Destroyed?' said Harry blankly.[629]

---

[628] José García, "Die totale Potter-Manie", *Tagespost* 123, 41 (14.Oktober 2000), 9.
[629] Rowling, *Harry Potter and the Philosopher's Stone*, 215.

Auch wenn nicht jeder Versuch das Spiel "Can You Spot the Source?" zu spielen hieb- und stichfest erscheint (so wie beispielsweise Garcias Versuch) – die vorangehenden Quellenforschungen fördern interessante Ergebnisse zutage. Wer dieses Spiel mit Ausdauer spielt und lange genug sucht, so wie der in Oxford lehrende Professor Richard Jenkyns, entdeckt sogar eine Kinderroman-Quartologie um einen Helden namens "Molesworth",[630] dessen Abenteuer an einer Schule namens St. Custard's spielen; und wer dieses Spiel mit Ausdauer spielt, so wie Richard Jenkyns, und weitersucht, entdeckt in der Molesworth-Quatrologie eine weitere Schule namens Grunts.[631] "St. Custard's" und "Grunts", diese beiden Namen veranlassen Professor Jenkyns zu folgender Feststellung: "The influence of both names may be subliminally present in Rowling's Hogwarts."[632]

Richard Jenkyns hört nicht auf zu suchen und sieht sich schließlich in der Lage zu konstatieren:

> But in fact the borrowing is more direct: In 'How to be Topp' [Anmerkung des Verfassers: einem der vier Molesworth-Abenteuer] there is a cod latin play, 'The Hogwarts,' by Marcus Plautus Molesworthus, and Hoggwart is also the name given to the headmaster of Porridge Court, a rival academy.[633]

Was sagen all diese Entdeckungen aus? Hat Joanne K. Rowling nichts weiter getan, als Stoffe und Namen bereits vorhandener Kinderliteratur zu recyclen? Der Literaturwissenschaftler Peter Hunt bringt es auf den Punkt:

---

[630] Vgl. Geoffrey Willans, *The Complete Molesworth* (London, 1999).
[631] Vgl. Jenkyns, 40.
[632] Jenkins, 40. Richard Jenkyns gibt keine weiteren Erläuterungen zu seiner Entdeckung. Die unterschwelligen Gemeinsamkeiten ließen sich wie folgt interpretieren: Schweine grunzen. "Grunts" bedeutet soviel wie "Grunzer". "Hogwarts" heißt soviel wie "Schweinewarzen". "St. Custard's" und "Hogwarts" wiederum sind in den letzten drei Phonemen klanglich identisch (vier Phoneme im *American English*).
[633] Jenkyns, 40.

> To say that the Harry Potter books are built from the furniture of a mind that has absorbed a good cross-section of children's reading (for the purpose of being a child, rather than the writing of children's books) is not to say that the books are derivative (or, fashionably, intertextually rich). Rather (and it would be insulting the obvious intelligence of Rowling to suggest that this is accidental), she has produced an eccentric blend of the comfortably predictable and the unsettingly unexpected. Individually, the incidents and characters – the quidditch games, the mysterious messages, the suspicious behaviour of the masters, the gang of bullies – have, in other guises, served many a well-selling author; combined with twenty-first century preoccupations, such as surveillance and the ambiguity of evil, they become new again.[634]

Der Vergleich zwischen Rowlings Romanen und denen anderer AutorInnen zeigt eines recht deutlich: Erfolgreiche Romane der Kinder- und Jugendliteratur sind – metaphorisch und doppeldeutig formuliert – aus ähnlichen Stoffen gewebt. Bisweilen haben diese Stoffe sogar ein und denselben Namen.

---

[634] Peter Hunt, *Children's Literature* (Oxford, 2001²), 123.

8. LASSEN SICH DIE HARRY-POTTER-ROMANE KATEGORISIEREN?

"Harry Potter" ist von RezensentInnen und LiteraturwissenschaftlerInnen auf verschiedenste Art und Weise kategorisiert worden – mal als moderneres Märchen, mal als phantastische Literatur oder *fantasy novel*, als *detective story*, als *boarding school novel*, Internatsroman oder *public school story*, mal als Bildungs-, Entwicklungs- oder Adoleszenzroman. Weitgehende Uneinigkeit herrscht darüber ob "Harry Potter" als Kinder- und Jugendliteratur oder als Literatur für Kinder, Jugendliche *und* Erwachsene einzustufen ist. Weitere Kategorisierungen der Harry-Potter-Romane wären unter Umständen denkbar, sollen hier jedoch nicht näher untersucht werden.

Die vorangehenden Einstufungen schließen einander häufig nicht aus – so kann ein Jugendroman gleichzeitig ein Adoleszenzroman sein oder ein Bildungsroman gleichzeitig der phantastischen Literatur zugeordnet werden. Ziel ist es, nachfolgend Argumente für die ein oder andere Kategorisierung anzuführen und auf ihre Stichhaltigkeit hin zu überprüfen.

Jack Zipes, Professor für deutsche Literatur an der Universität von Minnesota, sieht in den Harry-Potter-Romanen in allererster Linie ein modernes Märchen, auch wenn Rowlings Romane selbstredend komplexer seien als ein konventionelles Märchen:[635]

> The plots of the first four novels [...] resemble the structure of a conventional fairy tale: a modest little protagonist, typically male, who does not at first realize how talented he is and who departs from his home on a mission or is banished until he fulfills three tasks. He generally enters a mysterious forest or unknown realm on his quest. Along his way he meets animals or friends, who, in return, give him gifts that will help him. Sometimes he meets an old sage or wise woman, who will provide him with support and aid. At one point he encounters a tyrant, ogre or competitor, whom he must

---

[635] Vgl. Jack Zipes, *Sticks and Stone: The Troublesome Success of Children's Literature from Slovenly Peter to Harry Potter* (New York / London, 2001[10]), 177.

overcome to succeed in his mission. Invariably he defeats his opponent and either returns home or settles in a new domain with money, wife and happy prospects.[636]

Die von Zipes aufgezeigten Parallelen scheinen überzeugend zu sein. Harry ist zu Beginn seines ersten Abenteuers nichts weiter als ein unauffälliger, elfjähriger Junge (auch wenn er in der Welt der Zauberer berühmt und kein unbeschriebenes Blatt ist);[637] er ist weder eine imposante Erscheinung[638] noch ist er eine heldenhafte Figur – ganz im Gegenteil: Harry ist ein Underdog, ein mitleiderregendes Opfer seines Vetters Dudley Dursley.[639] Wie auch der klassische Märchenheld (laut Zipes üblicherweise männlich – eine Bedingung die Harry erfüllt), weiß Harry nicht um seine besonderen Fähigkeiten, von denen er erst durch Rubeus Hagrid erfährt.[640] Wenn man so will, zieht auch Harry von zu Hause aus – ebenfalls um eine Mission zu erfüllen. Freilich weiß Harry zu Beginn seines ersten Abenteuers von dieser Mission (der Mission das Böse in Gestalt von Lord Voldemort zu besiegen) noch nichts, doch diese Aufgabe stellt sich ihm im Laufe der Handlung ganz automatisch.[641] Die für das Märchen symbolhafte Zahl "drei" kommt in den Harry-Potter-Romanen ebenfalls zu ihrem Recht. Im vierten Band, *Harry Potter and the Goblet of Fire* muss Harry im Rahmen des *Triwizard Tournament* drei Aufgaben lösen: er muss einem brütenden Drachenweibchen ein goldenes Ei entwenden,[642] als zweites geliebte Menschen aus der Gewalt von Wassermenschen im schwarzen See befreien[643] und als drittes ein großes Labyrinth durchqueren, in dem es schwierige Rätsel und magische Geschöpfe zu überwinden gilt.[644]

---

[636] Zipes, 177.
[637] Vgl. Rowling, *Harry Potter and the Philosopher's Stone*, 41f.
[638] Vgl. Rowling, *Harry Potter and the Philosopher's Stone*, 20.
[639] Vgl. Rowling, *Harry Potter and the Philosopher's Stone*, 22.
[640] Vgl. Rowling, *Harry Potter and the Philosopher's Stone*, 42.
[641] Vgl. Rowling, *Harry Potter and the Philosopher's Stone*, 189.
[642] Vgl. Rowling, *Harry Potter and the Goblet of Fire*, 295-316.
[643] Vgl. Rowling, *Harry Potter and the Goblet of Fire*, 416-441.
[644] Vgl. Rowling, *Harry Potter and the Goblet of Fire*, 525-551.

Wie der von Zipes definierte konventionelle Märchenheld betritt auch Harry ein ihm unbekanntes "Reich" – die Welt der Zauberer. Den für das Märchen als typisch angeführten *mysterious forest* gibt es in den Potter-Romanen ebenfalls, den *Forbidden Forest*. Harry trifft auf seinem Weg Tiere und Wesen, die sprechen können und ihm bisweilen helfen – in Band eins, *Harry Potter and the Philosopher's Stone* sind dies beispielsweise Zentauren – und er schließt Freundschaften (mit Ron, Hermione, Hagrid), die ihm bei seiner Mission von Nutzen sind. Der konventionelle Märchenheld erfährt Unterstützung durch einen weisen alten Mann oder eine alte Frau – bei "Harry Potter" ist dies Albus Dumbledore; dieser ist alt, weise und steht Harry zur Seite (beispielsweise indem er ihm in *Harry Potter and the Philosopher's Stone* den Tarnumhang zukommen lässt).[645]

Der klassische Märchenheld tritt irgendwann seinem Widersacher gegenüber und besiegt ihn – bis auf Band drei, *Harry Potter and the Prisoner of Azkaban*, in dem Harry nur indirekt, in der Gestalt Peter Pettigrews auf das durch Voldemort verkörperte Böse trifft[646] – tritt auch Harry in seinen Abenteuern dem Widersacher gegenüber und besiegt ihn.[647]

Während der althergebrachte Märchenheld nach erfüllter Mission nach Hause zurückkehrt oder mit frisch erworbenen Reichtümern, einer geliebten Frau und glücklichen Zukunftsaussichten ein neues Leben beginnt, kehrt auch Harry nach jedem seiner Abenteuer in Hogwarts nach Hause zurück – auch wenn dies ein zu Hause ist, das man im besten Fall als ein Dach über dem Kopf bezeichnen könnte; seine Heimkehr wird alles andere als triumphal gefeiert.[648] Es bleibt abzuwarten, ob Harry sein siebtes Abenteuer in anderer Weise abschließt – z.B. mit einer geliebten jungen Frau und glücklichen Zukunftsaussichten. Denkbar wäre es – schon in Band vier, *Harry Potter and the Goblet of Fire*, zeichnet sich ab, dass Harry irgendwann vielleicht einmal den "Zauber der Liebe" kennen lernen wird.[649]

---

[645] Vgl. Rowling, *Harry Potter and the Philosopher's Stone*, 148 u. 217.
[646] Vgl. Rowling, *Harry Potter and the Prisoner of Azkaban*, 394f.
[647] Vgl. Rowling, *Harry Potter and the Chamber of Secrets*, 330-346.
[648] Vgl. Rowling, *Harry Potter and the Philosopher's Stone*, 223.
[649] Vgl. Rowling, *Harry Potter and the Goblet of Fire*, 346.

Ist Harry Potter ein Märchenheld? Es erscheint durchaus plausibel diese Frage zu bejahen.

Kann ein Märchenheld auch ein Detektiv (im modernen Verständnis) sein? Detektive und Märchenhelden wollen nicht so recht zusammen passen wie es scheint – an eine *detective story* fühlen sich jedoch zahlreiche RezensentInnen und LiteraturkritikerInnen, die die Harry-Potter-Romane gelesen haben, erinnert. Der Prominenteste unter ihnen ist der bekennende Harry-Potter-Fan und Bestsellerautor Stephen King. Dieser erkennt in den Potter-Romanen nicht an allererster Stelle Vertreter des Fantasy-Genres wie den *Herr der Ringe* wieder, sondern sieht in ihnen vielmehr Kriminalgeschichten in der Tradition von Agatha Christie oder Dorothy Sayers.[650]

Harry Potter – ein jugendliche Variante von Hercule Poirot?[651] Im Gegensatz zu Poirots bisweilen recht verblüffenden detektivischen und nicht immer leicht nachvollziehbaren Schlussfolgerungen (freilich nachvollziehbarer und glaubwürdiger als die eines Sherlock Holmes[652]), sind Harrys detektivische Schlussfolgerungen weniger kompliziert (und wenn man so will, dadurch um einiges plausibler).[653] Harry wird unterstützt von Ron und Hermione[654] – dies mag erlaubt sein: auch Sherlock Holmes hatte seinen Dr. Watson und Miss Marple ihren Mr. Springer.[655] Knifflige intellektuelle Rätselarbeit, wie beispielsweise im Finale von *Harry Potter and the Philosopher's Stone* (wo es gilt die richtige Flasche herauszufinden, die den Weg durch das Feuer ermöglicht), übernimmt zumeist Hermione;[656] die maßgeblichen detektivischen Einfälle jedoch hat Harry. In *Harry Potter and the Philosopher's Stone* hat er den alles entscheidenden Geistesblitz,

---

[650] Vgl. Volkery.
[651] Vgl. Agatha Christie, *Death on the Nile* (London, 1995[Reissue]).
[652] Vgl. Arthur Conan Doyle, *Complete Sherlock Holmes & Other Detective Stories* (London, 1994^9)
[653] Vgl. Rowling, *Harry Potter and the Philosopher's Stone*, 120.
[654] Vgl. Rowling, *Harry Potter and the Philosopher's Stone*, 145.
[655] Vgl. Agatha Christie, *4.50 from Paddington* (London, 1995[Reissue]).
[656] Vgl. Rowling, *Harry Potter and the Philosopher's Stone*, 207.

dass Hagrid unfreiwillig den Weg zum Stein der Weisen verraten haben muss.[657]

Harry ist der Boss des Detektiven-Trios, wenn auch ein Boss, der um seine Schwächen weiß und im richtigen Augenblick zurücktreten kann (so überlässt er dem weitaus talentierteren Schachspieler Ron auf dem Weg zum Stein der Weisen die Regie bei einem zu spielenden Schachspiel). Harry aber erteilt in den wichtigen, den entscheidenden Phasen der Handlung die Kommandos:

> Out on the stone steps, Harry turned to the others.
> 'Right, here's what we've got to do,' he whispered urgently. 'One of us has got to keep an eye on Snape – wait outside the staff room and follow him if he leaves it. Hermione, you'd better do that.'
> 'Why me?'
> 'It's obvious,' said Ron. 'You can pretend to be waiting for Professor Flitwick, you know.' He put on a high voice, 'Oh Professor Flitwick, I'm so worried, I think I got question fourteen b wrong ...'
> 'Oh, shut up,' said Hermione, but she agreed to go and watch out for Snape.
> 'And we'd better stay outside the third-floor corridor,' Harry told Ron. 'Come on.'[658]

Wie in einem bodenständigen Kriminalroman wird auch der Leser der Harry-Potter-Abenteuer in die Irre geführt. Nicht jede Spur erweist sich als richtig, nicht jeder Verdächtige ist schuldig (beispielsweise Snape in Band eins) und zumeist ist der wahre Bösewicht jemand, der bis zum Höhepunkt der Geschichte gänzlich unauffällig wirkte (in Band eins ist dies Quirrell).[659] Wie in jedem Kriminalroman werden schwer zugängliche Fakten recherchiert,[660] es werden Indizien analysiert (beispielsweise die Bisswunde des Lehrers Snape in *Harry Potter and the Philosopher's Stone*)[661] und eines der wichtigsten Mittel der Informationsbeschaffung ist die Observation (in Band eins beschattet

---

[657] Vgl. Rowling, *Harry Potter and the Philosopher's Stone*, 193.
[658] Rowling, *Harry Potter and the Philosopher's Stone*, 195f.
[659] Vgl. Rowling, *Harry Potter and the Philosopher's Stone*, 209.
[660] Vgl. Rowling, *Harry Potter and the Philosopher's Stone*, 145.
[661] Vgl. Rowling, *Harry Potter and the Philosopher's Stone*, 134f.

Harry Snape auf den Weg zum *Forbidden Forest* und belauscht ihn bei einem Gespräch).[662]

"Harry Potter" kann also durchaus als *detective story* gesehen werden, wenngleich der jugendliche Detektiv im Zaubergewand aufgrund seines Alters mehr Ähnlichkeiten mit Astrid Lindgrens Meisterdetektiv Kalle Blomquist[663] als mit dem exzentrisch-snobbistischen Belgier Hercule Poirot von Agatha Christie hat.

In einigen Rezensionen wird "Harry Potter" als *boarding-school novel*, Internatsroman, oder als *public school story* eingeordnet. Richard Jenkyns sieht in der *public school story* ein besonders englisches Genre, basierend auf Thomas Hughes Roman aus dem Jahre 1857 – "Tom Brown's Schooldays".[664] In diesem Roman, so Jenkyns, werden die beiden für das Genre verbindlichen Elemente vorgegeben: der weise, von allen respektierte Schuldirektor (Dr. Arnold in dem Roman von Thomas Hughes; Albus Dumbledore in den Harry-Potter-Büchern) und der *bully* (Flashman in Tom Brown's Schooldays; Draco Malfoy bei "Harry Potter").[665]

Der für die New York Times schreibende Journalist Pico Iyer sieht "Harry Potter" ebenfalls als eine *school story* an, die realen Umstände in einer typisch englischen *boarding school* (Iyer hat eine solche als Jugendlicher durchlaufen) sähen jedoch gänzlich anders aus, so Iyer. Dort würden die Schüler mit militärischem Drill erzogen und unterrichtet – was man von Hogwarts nicht sagen könne.[666]

Auch wenn Hogwarts keine wirklichkeitsnahe Abbildung einer *boarding school* ist (Iyer weist darauf hin, man merke den Romanen an, dass Rowling eine solche Schule nie besucht habe[667]), Hogwarts ist keine öffentliche Schule, also eine *public school*; Hogwarts ist außerdem definitiv ein Internat, also eine *boarding school*. Unabhängig von den von Jenkyns definierten zentralen Kriterien für eine *public school*

---

[662] Vgl. Rowling, *Harry Potter and the Philosopher's Stone*, 164ff.
[663] Vgl. Astrid Lindgren, *Kalle Blomquist: Meistedetektiv* (Hamburg, 1996).
[664] Vgl. Thomas Hughes, *Tom Brown's Schooldays* (Oxford, 1999[Reissue]).
[665] Vgl. Jenkyns, 38f.
[666] Vgl. Pico Iyer, "The Playing Field of Hogwarts", *The New York Times on the Web* (October 10, 1999).
[667] Vgl. Iyer.

story – Fakt ist, der überwiegende Teil der Handlung in den Potter-Romanen spielt in Hogwarts, demzufolge im Schulgenre, so wie beispielsweise die Abenteuer um "Darrell Rivers"[668] oder den "O'Sullivan Twins"[669] von der Kinderbuchautorin Enid Blyton. Welche Bezeichnung man für die Potterschen Schulgeschichten wählt, ob *boarding-school novel*, Internatsroman oder *public school story*, ist zweitrangig.

Am häufigsten werden die Romane von Joanne K. Rowling als Fantasy oder phantastische Literatur rubriziert. Hier ist es wichtig festzustellen, dass es Unterschiede zwischen dem angelsächsischen und deutschen Verständnis von Fantasy oder phantastischer Literatur gibt. Während in der angelsächsischen Literaturwissenschaft Fantasy ein Oberbegriff für alle Arten von Geschichten ist, die nicht realistisch sind, versteht die deutsche Literaturwissenschaft unter Fantasy oder phantastischer Literatur jene Variante nicht-realistischer Literatur, die ihre Quellen in mythischen, märchen- oder sagenhaften Stoffen hat.[670]

Der italienische Schriftsteller und Semiotik-Professor Umberto Eco definiert vier verschiedene Arten der phantastischen Literatur: die Allotopie, Utopie, Uchronie und die Metatopie bzw. Metachronie.[671] Wenn man Rowlings Romane als phantastische Literatur einstuft, so sind die Abenteuer Harry Potters nach dem Verständnis und der Definition Umberto Ecos eine Allotopie:

> [Die Allotopie] kann sich vorstellen, daß unsere Welt tatsächlich anders sei, als sie ist, daß also Dinge in ihr geschähen, die gewöhnlich nicht geschehen (daß die Tiere sprechen können, daß es Zauberer und Feen gibt).

---

[668] Vgl. Enid Blyton, *First Term at Malory Towers* (London, 2000[New Edition]).
[669] Vgl. Enid Blyton, *The O'Sullivan Twins* (London, 1995[Reissue]). Die "O'Sullivan Twins" sind in Deutschland bekannt unter den Namen "Hanni und Nanni".
[670] Vgl. Knobloch, 74.
[671] Vgl. Umberto Eco, *Über Spiegel und andere Phänomene* (München, 1990), 215ff. Die "Utopie" stellt gewöhnlich ein Welt dar, in der gesellschaftliche Idealzustände herrschen. Die "Uchronie" beschreibt eine Welt, die auf der Frage beruht: "Was wäre geschehen, wenn das, was wirklich geschehen ist, anders geschehen wäre – zum Beispiel wenn Julius Cäsar nicht an den Iden des März ermordet worden wäre?" Die "Metatopie" bzw. "Metachronie" konstruiert eine mögliche Welt, die eine zukünftige Phase unserer heutigen, realen Welt abbildet.

> Mit anderen Worten, sie konstruiert eine alternative Welt und nimmt an, daß diese Welt realer sei als die wirkliche [...].[672]

Zwar existieren in den Harry-Potter-Romanen die Muggle- und die Zauberwelt gleichberechtigt nebeneinander, doch liegt der Handlungsschwerpunkt eindeutig in der Zauberwelt. Harry ist der Protagonist in den Romanen von Rowling – ein sympathischer Protagonist –, mit ihm identifiziert sich die Leserschaft an erster Stelle. Da die Mugglewelt überwiegend durch das Zuhause der Dursleys repräsentiert wird (eine kleine spießbürgerliche Welt, in der das Leben für Harry alles andere als angenehm ist), darf man davon ausgehen, dass sich die LeserInnen in der Welt "wohlfühlen", in der sich auch Harry wohlfühlt – insofern ist die Zauberwelt realer als die wirkliche.

In dieser Zauberwelt, der "wahren", weil anziehenderen Welt, geschehen Dinge wie sie gewöhnlich nicht geschehen – bissige Bücher werden in Käfigen gehalten,[673] Tische decken sich von selbst in märchenhafter Tischlein-deck-dich-Manier mit den erlesensten Köstlichkeiten[674] und Treppenstufen haben die Eigenschaft, sich in Luft aufzulösen.[675] In der allotopischen Welt, so Eco, gibt es Tiere, die sprechen können und Zauberer und Feen. Tiere, die sprechen können gibt es auch in "Harry Potter", beispielsweise die Spinne Aragog im zweiten Harry-Potter-Band.[676] Zwar gibt es in Rowlings Zauber(er)welt keine Feen (das wäre vielleicht auch ein wenig viel der "Zauberei"), dafür aber eine große Auswahl anderer wundersamer Wesen wie Ghule,[677] Gnome,[678] Kobolde,[679] Elfen,[680] Wassermenschen[681] und Trolle.[682]

---

[672] Eco, 215.
[673] Vgl. Rowling, *Harry Potter and the Prisoner of Azkaban*, 61.
[674] Vgl. Rowling, *Harry Potter and the Philosopher's Stone*, 93.
[675] Vgl. Rowling, *Harry Potter and the Philosopher's Stone*, 98.
[676] Vgl. Rowling, *Harry Potter and the Chamber of Secrets*, 298.
[677] Vgl. Rowling, *Harry Potter and the Chamber of Secrets*, 48.
[678] Vgl. Rowling, *Harry Potter and the Chamber of Secrets*, 44.
[679] Vgl. Rowling, *Harry Potter and the Philosopher's Stone*, 56.
[680] Vgl. Rowling, *Harry Potter and the Chamber of Secrets*, 18f.
[681] Vgl. Rowling, *Harry Potter and the Goblet of Fire*, 432.
[682] Vgl. Rowling, *Harry Potter and the Philosopher's Stone*, 129.

Zieht man ferner in Betracht, dass die Harry-Potter-Abenteuer mythologisch basiert sind (z.B. die Suche nach dem Stein der Weisen, die in deutlicher Verwandtschaft zur Suche nach dem heiligen Gral steht – weitere Gemeinsamkeiten mit der Artus-Legende, s. 7.3. Parallelen zu anderen literarischen Werken), so gibt es keine Zweifel: die Harry-Potter-Romane sind Literatur des phantastischen bzw. des Fantasy-Genres; genauer spezifiziert könnte man sie als Allotopie bezeichnen.

Lassen sich die Harry-Potter-Romane als Entwicklungs-, Bildungs- oder Adoleszenzromane einstufen? Der Literaturwissenschaftler Dieter Krywalski definiert den Entwicklungs- und Bildungsroman wie folgt:

> Bezeichnung für einen während der Zeit der deutschen Klassik aufgekommenen spezifischen Romantypus, in dem die geistig-seelische Entwicklung eines Menschen aus sich heraus, sowie das Erfahren seiner Umwelt und deren Einwirkung auf ihn dargestellt werden. Der Bildungsroman lässt sich zum verwandten Erziehungsroman hin nur ungenügend abgrenzen, so dass beide Bezeichnungen oft synonym gebraucht werden.[683]

Wie vorangehend schon erarbeitet wurde, (s. 6.2. Der Prozess des Erwachsenwerdens – vom Zauberlehrling zum Zaubermeister), ist die geistig-seelische Entwicklung Harrys eines der zentralen Themen der Potter-Romane. Harry betritt mit der Zauberwelt eine ihm unbekannte Umwelt – eine Welt, die unberechenbarer ist als die Welt der Muggles[684] und ihn ständig vor neue Herausforderungen stellt.[685] Das Erfahren dieser Umwelt (die bei Harry immer wieder neue Eindrücke hinterlässt),[686] die Lösung von seelischen Konflikten und Aufgaben lassen ihn reifen.[687]

Der Adoleszenzroman lässt sich mit dem Entwicklungs- oder Bildungsroman nur bedingt gleichsetzen. Der Literaturwissenschaftler

---

[683] Krywalski, 633.
[684] Vgl. Rowling, *Harry Potter and the Philosopher's Stone*, 98.
[685] Vgl. Rowling, *Harry Potter and the Prisoner of Azkaban*, 257.
[686] Vgl. Rowling, *Harry Potter and the Philosopher's Stone*, 153f.
[687] Vgl. Rowling, *Harry Potter and the Philosopher's Stone*, 219f.

Günter Lange weist darauf hin, dass der Adoleszenzroman ein neuerer Gattungsbegriff ist, der "seit dem Ende der 80er Jahre in der Forschung zur Kinder- und Jugendliteratur Verwendung findet und der sich erst in den 90er Jahren [...] durchgesetzt hat."[688] Als Vorläufer des modernen Adoleszenzromanes nennt Günter Lange *Die Leiden des jungen Werthers*[689] von Johann Wolfgang von Goethe oder *Die Verwirrungen des Zöglings Törleß*[690] von Robert Musil. Initialzündung für den Adoleszenzroman in der Nachkriegszeit habe J.D. Salingers *The Catcher in the Rye*[691] besessem, dem in Deutschland unter anderem *Katz und Maus*[692] von Günter Grass und *Die neuen Leiden des jungen W.*[693] von Ulrich Plenzdorf folgten.[694] All diese Romane, so Günter Lange, seien "trotz ihrer adoleszenten Thematik keine Jugendliteratur, sondern intentionale Erwachsenenliteratur."[695] Den jugendliterarischen Adoleszenzroman, den es in Deutschland erst seit den frühen siebziger Jahren gibt,[696] definiert Lange wie folgt:

> Thematisch handelt der Adoleszenzroman von den Problemen des Erwachsenwerdens; dabei ist er aber nicht auf einige wenige Aspekte dieser Entwicklungsphase beschränkt wie die problemorientierte Jugendliteratur, sondern hat den Anspruch, die Zeit der Adoleszenz möglichst umfassend darzustellen. Seine Protagonisten befinden sich im Alter zwischen dem 12. und 15. Lebensjahr; sie erscheinen in den Jugendromanen als unverwechselbare Individuen, äußerst differenziert charakterisiert und nuanciert dargestellt. Beschrieben wird die existentielle Erschütterung, die tiefgreifende

---

[688] Günter Lange, "'Was ist das: Dieses Zu-sich-selber-Kommen des Menschen?': Jugendliterarische Adoleszenzromane zur Jahrtausendwende", *Kinder- und Jugendliteratur zur Jahrtausendwende*, Hrsg. Kurt Franz / Günter Lange / Franz-Josef Payrhuber (Hohengehren, 2000), 69.
[689] Vgl. Goethe, Bd. 10, 1-99.
[690] Vgl. Robert Musil, *Die Verwirrungen des Zöglings Törleß* (Hamburg, 1983).
[691] Vgl. J.D. Salinger, The Catcher in the Rye (London, 1994^{Reissue}).
[692] Vgl. Günter Grass, *Danziger Trilogie: Die Blechtrommel: Katz und Maus: Hundejahre* (Darmstadt / Neuwied, 1980).
[693] Vgl. Ulrich Plenzdorf, Die neuen Leiden des jungen W. (Frankfurt am Main, 1987^{24}).
[694] Vgl. Lange, 69.
[695] Vgl. Lange, 70.
[696] Vgl. Lange 70.

Identitätskrise des Jugendlichen, der auf der Suche nach seinem eigenen Weg in der Gesellschaft und zu sich selbst ist.[697]

Ferner, so Lange, ist ein wichtiger Schwerpunkt des Adoleszenzromanes die Auseinandersetzung des Protagonisten mit dem eigenen Körper und der erwachenden Sexualität.[698]

Während das Alter des Helden im Entwicklungs- oder Bildungsroman nur zweitrangig ist, spielt das Alter im Adoleszenzroman eine entscheidende Rolle – es ist die Zeit der Pubertät, von Lange eingeschränkt auf die Zeit zwischen dem zwölften und fünfzehnten Lebensjahr. Harry Potter befindet sich in den ersten vier Bänden in ziemlich genau dieser Altersgruppe – er beginnt sein erstes Schuljahr auf Hogwarts mit elf[699] und beschließt das vierte Schuljahr kurz vor seinem fünfzehnten Geburtstag. Harry ist ebenfalls, so wie der von Lange definierte Protagonist des Adoleszenzromanes, ein unverwechselbares Individuum, jedoch wird das Seelenleben Harrys nicht durchgängig differenziert und nuanciert dargestellt; innere Dialoge sind eher die Seltenheit[700] und nehmen quantitativ nur einen geringen Stellenwert in den Potter-Romanen ein.

Das Problemfeld der Pubertät ist kein vorrangiges Thema in Rowlings Romanen. Zwar gibt es in Band vier, *Harry Potter and the Goblet of Fire*, Anzeichen dafür, dass Harry beginnt seine eigene Sexualität zu entdecken,[701] doch steht nicht zu erwarten, dass dies ein zentrales oder das zentrale Thema der künftigen Harry-Potter-Bände fünf bis sieben sein wird. Das Etikett "Adoleszenzroman" für die Harry-Potter-Abenteuer zu verwenden, hieße Etikettenschwindel zu betreiben und thematische Schwerpunkte der Romane falsch zu gewichten.

Zahlreiche Zeitungsartikel beschäftigten sich in den vergangenen vier Jahren mit der Frage, ob "Harry Potter" ausschließlich Kinder- und Jugendliteratur oder auch "Erwachsenenliteratur" sei. Intentional

---

[697] Lange, 70.
[698] Vgl. Lange, 71.
[699] Vgl. Rowling, *Harry Potter and the Philosopher's Stone*, 38.
[700] Vgl. Rowling, *Harry Potter and the Philosopher's Stone*, 153f.
[701] Vgl. Rowling, *Harry Potter and the Goblet of Fire*, 345f.

sind die Harry-Potter-Bücher Kinderliteratur[702] und werden auch von den Verlagen, beispielsweise Bloomsbury, so eingestuft.[703]

Der Verleger der deutschsprachigen Ausgaben, der Hamburger Carlsen Verlag, gibt als geeignetes Lesealter für die Harry-Potter-Romane das Alter zwischen zehn und zwölf an.[704] Abgesehen davon, dass zahlreiche LeserInnen der Potter-Romane de facto älter oder auch jünger sind, stellt sich die Frage, ob die Potter-Abenteuer für junge LeserInnen unter dem zwölften Lebensjahr eine durchgängig geeignete Lektüre darstellen oder ob die Zielleserschaft nicht doch eher ab dem zwölften Lebensjahr anzusiedeln wäre. Die furchterregenden *Dementors* sind durchaus dazu angetan auch einem Erwachsenen Albträume zu bereiten.[705] Im "Friedhofsfinale" des vierten Bandes, *Harry Potter and the Goblet of Fire*, fließt derart viel Blut, dass man geneigt sein könnte, den Roman – zumindest phasenweise – im Genre des "Horrorromans" anzusiedeln:

> The surface of the grave at Harry's feet cracked. Horrified, Harry watched as a fine trickle of dust rose into the air at Wormtail's command, and fell softly into the cauldron. [...] Wormtail was whimpering. He pulled a long, thin, shining silver dagger from inside his robes. His voice broke into petrified sobs. '*Flesh – of the servant – w-willingly given – you will – revive – your master.*'
> He stretched his right hand out in front of him – the hand with the missing finger. He gripped the dagger very tightly in his left hand, and swung it upwards.
> Harry realised what Wormtail was about to do a second before it happened – he closed his eyes as tightly as he could, but he could not block the scream that pierced the night, that went through Harry as though he had been stabbed with the dagger too. He heard something fall to the ground, heard Wormtail's anguished panting, then a sickening splash, as something was dropped into the cauldron. Harry couldn't bear to look ... but the potion had turned a burning red, the light of it shone through Harry's eyelids ...

---

[702] Vgl. Fraser / Rowling, 26.
[703] Vgl. Anonymus, *Harry Potter and the Philosopher's Stone: Adult Edition*.
[704] Vgl. *Anonymus, Harry Potter, Bd. 5*.
[705] Vgl. Rowling, *Harry Potter and the Prisoner of Azkaban*, 203f.

> Wormtail was gasping and moaning with agony. Not until Harry felt Wormtail's anguished breath on his face did he realise that Wormtail was right in front of him.
> '*B-Blood of the enemy ... forcibly taken ... you will .. resurrect your foe.*'
> Harry could do nothing to prevent it, he was tied too tightly ... squinting down, struggling hopelessly at the ropes binding him, he saw the shining silver dagger shaking in Wormtail's remaining hand.[706]

Diese Brutalität und dieser Horror sind in den ersten drei Potter-Bänden nicht zu finden.

Auch wenn man der Autorin Joanne K. Rowling nicht zum Vorwurf machen kann, sie sei beim Verfassen des vierten Harry-Potter-Bandes der Versuchung erlegen, Spannung auf dem Niveau billiger Effekthascherei zu erzeugen – dieser Horror und diese Brutalität sind von ihrer inhaltlichen Dramaturgie her durchaus akzeptabel (Voldemort ist mächtiger geworden und er ist nun mal kein Philanthrop) – so erscheint es dennoch fraglich, ob ein zehnjähriger Leser in der Lage ist, ein derartiges Blutszenario zu verarbeiten.

Der renommierte Kinderpsychologe Bruno Bettelheim geht davon aus, dass Kinder und junge Heranwachsende Grausamkeiten dieser Art sehr wohl verarbeiten können – ja sogar besser als die meisten Erwachsenen.[707]

Angenommen, Bettelheim hat Recht, so ist es vermutlich trotzdem empfehlenswert, wenn junge LeserInnen im Kindesalter bei der Lektüre des vierten Bandes bei Bedarf auf einen erwachsenen Gesprächspartner zurückgreifen können, um eventuelle Ängste oder Fragen artikulieren zu können.

Ein nicht geringer Teil der Rowlingschen Leserschaft sind Erwachsene. Einige dieser erwachsenen Leser schämen sich ihrer Lektüre und kaufen Harry-Potter-Ausgaben mit "neutralem" Buchumschlag (s. 2.2.1. "Verzaubert" – eine Leserschaft zwischen Euphorie und Hysterie). Dies ist erstaunlich, erstaunlich deshalb, weil die Harry-Potter-Bücher auch für Erwachsene genügend Substanz zu bieten haben. Angesichts zahlreicher intertextueller Anspielungen in den Potter-Romanen (s. z.B. 7.3. Parallelen zu anderen literarischen Werken)

---

[706] Rowling, *Harry Potter and the Goblet of Fire*, 556f.
[707] Bruno Bettelheim, *Kinder brauchen Märchen* (Stuttgart, 1977^5), 111-117.

Romanen (s. z.B. 7.3. Parallelen zu anderen literarischen Werken) und häufiger soziohistorischer Bezugnahmen,[708] die ein gewisses Weltwissen und eine gewisse Allgemeinbildung voraussetzen, braucht sich wahrhaftig kein Erwachsener zu schämen, sich in die Riege der Harry-Potter-Leser mit einzureihen.

Joanne K. Rowlings Romane sind von allem ein bisschen – sie sind ein umfangreich angelegtes modernes Märchen, sie sind phantastische Literatur und *fantasy novels*, *detective stories*, *boarding-school novels*, Entwicklungs- und Bildungsromane. Und sie sind sowohl Kinder- und Jugend- als auch Erwachsenenliteratur.

---

[708] Vgl. Rowling, *Harry Potter and the Goblet of Fire*, 505-525. Die von dem *Department of Magical Law Enforcement* geführten Prozesse, von denen die LeserInnen in Band vier im Rahmen eines Rückblickes erfahren, erinnern stark an die Nürnberger Prozesse und die Entnazifizierungsbemühungen im Nachkriegsdeutschland, aber auch an die zwischen 1950 und 1954 in den Vereinigten Staaten durchgeführten *Hearings* des Untersuchungsausschusses gegen "unamerikanische Umtriebe", die unter dem Vorsitz des "Kommunistenjägers" und republikanischen Senators Joseph McCarthy stattfanden .

9. HARRY POTTERS ZAUBER – LÄSST SICH SEIN ERFOLG ERKLÄREN?

9.1. "Entzauberter Zauber" – Harry Potter als Objekt einer weltumspannenden Vermarktungsmaschinerie

Einer der Gründe für die gigantischen Auflagenzahlen der Harry-Potter-Romane könnte in der umfassenden Vermarktung dieser Bücher zu finden sein. Vier verschiedene Arten der Vermarktung lassen sich unterscheiden: die permanente "kostenlose Werbung" und damit indirekte Vermarktung durch die Presse, die Promotion-Bemühungen des Bloomsbury Verlages und der Autorin Joanne K. Rowling und ferner die bereits angelaufenen, aber erst in naher Zukunft wirksamen Vermarktungsanstrengungen des Warner Brothers Konzern – die zu erwartenden Harry-Potter-Filme und das damit verbundene Merchandising.

Wie vorangehend bereits dokumentiert hat die internationale Presse bisher eine nicht unwesentliche Rolle gespielt bei der Aufrechterhaltung und Forcierung der "Pottermania". Ein erstaunliches Beispiel ist das Verhalten der Medien im Vorfeld der Veröffentlichung von *Harry Potter and the Goblet of Fire*. Der Bloomsbury Verlag hatte darum gebeten, keine Details des neuen Potter-Werkes an die Öffentlichkeit dringen zu lassen. Die gesamten Medien, auch diejenigen ausgewählten Journalisten, die ein Vorabexemplar des neuen Romanes erhalten hatten, spielten mit.[709]

Wann immer auch neuer "Harry-Potter-Stoff" verfügbar ist, greift ihn ein Heer von Journalisten begierig auf – beispielsweise wenn es Neuigkeiten über die Autorin Joanne K. Rowling zu berichten gab. Ob sich Rowling nun für 4,5 Millionen Pfund eine Luxusvilla in London kauft,[710] von der britischen Königin Elizabeth II. mit dem Orden des britischen Empires ausgezeichnet wird, von der Universität Exeter ei-

---

[709] Vgl. Alan Cowell, *Publishers Use Secrecy in Harry Potter Promotion*.

[710] Vgl. Anonymus, "Joanne K. Rowling kauft Luxusvilla in London", *Die Welt online* (14.Juli 2000).

ne Ehrendoktorwürde in Literaturwissenschaften erhält[711] oder ob die Harry-Potter-Autorin, die im Jahr 2000 mit einem geschätzten Jahreseinkommen von über 65 Millionen Mark zur bestverdienenden und einer der reichsten Frauen Großbritanniens aufgestiegen ist, einen Millionenbetrag für eine Stiftung zur Erforschung von multipler Sklerose (der Krankheit, an der ihre Mutter starb) stiftet – ein geballtes Medieninteresse ist ihr gewiss.[712]

Wenn es zwischenzeitlich nichts über Rowling, die Rekordauflagen der Harry-Potter-Bücher oder den Fortgang der Dreharbeiten zum Harry-Potter-Film und einen bereitgestellten Trailer im Internet[713] zu berichten gibt, dann wird in aller Ausführlichkeit über die Auswüchse der Pottermania berichtet (und diese damit weiter angefacht): Artikel darüber, wie Harry Potter die Brillenmode beeinflusst und zahlreiche Kinder sich eine Brille mit runden Gläsern wünschen,[714] oder darüber, wie die britische Labour-Partei in Erwägung zieht mit Harry-Potter-Plakaten in den Wahlkampf zu ziehen.[715]

Am 12. März 2001[716] erscheinen in den Vereinigten Staaten und in Großbritannien zwei neue "Harry-Potter-Bücher" (beide mit einem Umfang von je 42 Seiten); Titel: *Fantastic Beasts and Where to Find*

---

[711] Vgl. Anonymus, "Harry Potter: Autorin Rowling bekommt Doktorwürde", *Spiegel Online* (14.Juli 2000). Drei weitere Ehrendoktortitel erhielt Rowling von den Universitäten in Dartmouth (USA, Juni 2000), St. Andrews (Schottland, Juni 2000) und Edinburgh (Schottland, Juni 2000). Vgl. Knobloch, *Die Zauberwelt der J.K. Rowling*, 33.

[712] Vgl. Anonymus, *Joanne K. Rowling: Harry-Potter-Autorin spendet Millionen*.

[713] Vgl. Anonymus, "Harry-Potter-Film: Erste Zaubereien im Netz". *Spiegel Online* (3.März 2001).

[714] Vgl. Anonymus: "Brillenmode: Aussehen wie Harry P.", *Spiegel Online* (14.Oktober 2000).

[715] Vgl. Anonymus, "Britische Labour-Partei: Wahlkampf mit Harry-Potter-Plakaten?", *Spiegel Online* (7.Januar 2001).

[716] Vgl. Holger Kulick, "Neue Harry-Potter-Bücher: Saure Gurken für den Carlsen-Verlag", *Spiegel Online* (22.Februar 2001).

Them[717] und *Quidditch Through the Ages*.[718] "[...] J.K. Rowling hat beide Bände der Londoner Wohltätigkeitsorganisation 'Comic Relief' geschenkt."[719] Zweidrittel der Einnahmen sollen in soziale Projekte fließen und ein Drittel Mittellosen in Großbritannien zu Gute kommen.[720]

Gewiss ist die Veröffentlichung der Harry-Potter-Sonderbände als ein Akt der Wohltätigkeit anzusehen (ebenso wie die vorab angeführte Millionenspende an eine Multiple-Sklerose-Stiftung) und man kann Joanne K. Rowling wohl kaum unterstellen, damit die Aufmerksamkeit der Medien auf sich lenken zu wollen – und trotzdem sind es Handlungen und Ereignisse dieser Art (ob gewollt oder ungewollt), die das Medieninteresse an "Harry Potter" zusätzlich wachhalten.

Joanne K. Rowling ist die schillernde Hauptperson in der aufwändigen Promotion ihrer Bücher. Pünktlich zum Erscheinen des vierten Bandes, *Harry Potter and the Goblet of Fire*, wird eine alte Dampflok samt Tender rot umlackiert (die Farbe des Hogwarts-Express), acht historische Waggons aus der Frühzeit der Eisenbahn gechartert, ein Gleis am Londoner Bahnhof King's Cross für die Dauer einiger Stunden für den normalen Bahnverkehr lahmgelegt und in Gleis neundreiviertel umbenannt – kurzum – der Hogwarts-Express wird zur Promotion-Zugmaschine:[721]

---

[717] Vgl. Joanne K. Rowling, *Comic Relief: Quidditch Through the Ages* (London, 2001). Das Buch stellt ein Abhandlung des fiktiven Quidditch-Experten Kennilsworthy Whisp dar und soll als ein Original-Exemplar aus der Bibliothek von Hogwarts verstanden werden.

[718] Vgl. Joanne K. Rowling, *Comic Relief: Fantastic Beasts and Where to Find Them* (London, 2001). Hier handelt es sich um eine Veröffentlichung des fiktiven Drachenexperten Newt A.F.L. Scamander. Die Käufer dürfen sich glücklich schätzen "Harrys ganz persönliches Exemplar" zu erwerben.

[719] Kulick.

[720] Vgl. Kulick.

[721] Vgl. Peter Michalski, "Der Hogwarts-Express dampft von 9 ¾ los: Harry Potter Countdown in Großbritannien – in zwei Tagen wird das neue Abenteuer veröffentlicht", *Die Welt Online* (6.Juli 2000). Die Seitenzahl, die Michalski angibt, ist nicht korrekt. Die deutsche Ausgabe (Carlsen) hat einen Umfang von 766, die englische (Bloomsbury) einen Umfang von 636 Seiten.

Über Didcot, Manchester, Newcastle und Edinburgh bringt er Joanne K. Rowling [...], mit Leuten vom Bloomsbury Verlag und einer Handvoll ausgesuchter Reporter [...] nach Perth an der schottischen Ostküste. Auf jedem Zwischenstopp dürfen Kinder, die beim Buchhändler eine 'goldene Fahrkarte' gewonnen haben, mit der Autorin plaudern und sich ihr 752-Seiten-Exemplar [sic] des 'Feuerkelchs' signieren lassen.[722]

Ihre Lesereisen und Autogrammstunden absolviert Joanne K. Rowling ähnlich "effektiv". Beim Signieren in Buchhandlungen zeigt die Autorin einen rekordverdächtigen Fleiß. Auf die Frage hin, wieviele Bücher sie auf ihrer Tour durch die Staaten signiert habe, antwortet sie nicht ohne Stolz:

Mehr als 40.000. Ich bin mittlerweile sehr schnell. In einer Buchhandlung hieß es, Jimmy Carter habe in einer Stunde 2000 geschafft. Am nächsten Tag habe ich mich so ins Zeug gelegt, dass ich seinen Rekord brach.[723]

Die Parallelen zwischen dem Lehrer und Publicity-Profi Gilderoy Lockhart in *Harry Potter and the Chamber of Secrets* und der Autorin Joanne K. Rowling sind erstaunlich. Lockhart belehrt Harry über die Mühsal und Notwendigkeit effizienter Publicity-Arbeit mit den Worten:

'No, it's been a lot of work, Harry. It's not all book-signings and publicity photos, you know. You want fame, you have to be prepared for a long hard slog.'[724]

Auch Rowling scheint sich dessen bewusst zu sein, dass *book-signings* allein nicht ausreichen. Mit ihrer Ankündigung, im vierten Harry-Potter-Band werde jemand sterben, heizt die Autorin im Vorfeld der Veröffentlichung von *Harry Potter and the Goblet of Fire* die Spannung der ohnehin ungeduldig wartenden Leserschaft noch einmal zu-

---

[722] Michalski.
[723] Vgl. Dallach / Rowling.
[724] Rowling, *Harry Potter and the Chamber of Secrets*, 320.

sätzlich an.[725] Die "Pottermania" erreicht durch diese Bekanntmachung ihren vorläufigen Höhepunkt. Obwohl, wie sich im Nachhinein herausstellt, die betreffende Person in den vorangegangenen Potter-Romanen kaum eine Rolle gespielt hat (Cedric Diggory, ein bis zum dritten Band unscheinbarer Mitschüler Harrys), beteuert Rowling, sie habe heftig geweint, während sie an den entsprechenden Passagen geschrieben habe.[726]

Richard Jenkyns bemerkt zu Recht: "The much trailed death in *Goblet of Fire* of a character whom 'we care about' turned out to be an anti-climax, because we did not care about him."[727]

Rowling äußerst sich in der Presse schockiert über den "Rummel"[728] um den vierten Harry-Potter-Band:

> Es gibt keine Worte, die stark genug wären, meinen Schock auszudrücken. Ich bin erstaunt. Denken Sie an ein stärkeres Wort und verdoppeln Sie dann seine Bedeutung.[729]

Die Glaubwürdigkeit dieser Aussage darf angezweifelt werden. Rowling trägt selbst zu diesem "Rummel" in nicht unerheblichem Maße bei und ist offenbar auch in der Lage "Rummel um ihre Person" bestens zu verkraften. Ende Oktober 2000 hält Joanne K. Rowling eine Harry-Potter-Lesung im SkyDome von Toronto. Die Lesung gilt als

---

[725] Ein illustratives Beispiel am Rande: Der Verfasser las *Harry Potter and the Goblet of Fire* kurz nach der Veröffentlichung im Juli 2000. Seine elfjährige Nichte musste sich noch bis zum 14.Oktober 2000, dem Erscheinungsdatum der deutschen Ausgabe, gedulden, um das neue Harry-Potter-Abenteuer lesen zu können. In den Wochen zwischen Juli und Oktober quälte sie die Frage, wer denn nun im neuen Harry-Potter-Buch gestorben sei, so sehr, dass sie sich immer wieder erkundigte. Dies gipfelte in dem Angebot: "Wenn du mir verrätst wer stirbt, tue ich alles was du willst, und du brauchst mir auch nichts mehr zum Geburtstag und zu Weihnachten zu schenken."

[726] Dallach / Rowling.

[727] Jenkyns, 42.

[728] Anonymus, "Rowling vom Rummel schockiert", *Spiegel Online* (10.Juli 2000).

[729] Anonymus, *Rowling vom Rummel schockiert*.

eine der größten aller Zeiten. Mehr als dreißigtausend Menschen hören ihr zu.[730]

Der erste Harry-Potter-Film im November 2001 wird den "pottermanischen" Lesern und Medien die Wartezeit bis zum Erscheinen des fünften Harry-Potter-Bandes (voraussichtlich im Frühjahr 2002) überbrücken helfen. Es ist jedoch auch anzunehmen, dass das Ausmaß des mit dem Film verbundenen Merchandisings kritische "Harry-Potter"-Berichterstattung" zur Folge haben wird. "Harry Potter" wird zu einer minutiös geplanten und konstruierten Geldmaschine werden.

Noch im Juli 2000 beteuert Joanne K. Rowling im Gespräch mit dem amerikanischen Journalisten Alan Cowell:

> I would do anything to prevent Harry from turning up in fast-food boxes everywhere. [...] I would do my utmost. That would be my worst nightmare.[731]

Drei Monate später (im Oktober 2000) antwortet Rowling auf die Frage wieviel Kontrolle sie über die zu erwartenden Harry-Potter-Merchandising-Produkte habe:

> Unless it's a Warner Bros. product, it shouldn't have Harry's name on it at all, so I have no control and accept no responsibility! Warner Bros. has allowed me to have a say in merchandise relating to the film.[732]

Rowling ist ganz offensichtlich nicht mehr in der Lage einen "Fast-Food-Box-Harry" zu verhindern. Dem Harry-Merchandising scheint Joanne K. Rowling aber bereits im Februar 2000 nicht allzu negativ gegenüberzustehen. Gefragt, was sie zu einem potentiellen Harry-

---

[730] Jennifer Keene, "Thirty Thousand Fans Pack SkyDome for Rowling Reading", *CBC Radio: The Arts Report* (Stand: 14.April 2001), Homepage des Medienunternehmens 'CBS Entertainment'.

[731] Alan Cowell / Joanne K. Rowling, "All Aboard the Potter-Express", *The New York Times on the Web* (July 10, 2000).

[732] Anonymus / Rowling, *Transcript of J.K. Rowling's Live Interview on Scholastic.com: October 16, 2000.*

Potter-Computerspiel sagen würde, antwortet die Autorin: "I'd like to play it!"[733]

Schon jetzt, vor dem offiziellen Start des ersten Harry-Potter-Filmes, gibt es zahlreiche Versuche mit dem Namen des Zauberlehrlings und seiner Zauberwelt Geld zu verdienen. Eine der harmlosen Varianten sind die "Bertie Bott's Every Flavour Beans", die es inzwischen auch in der "Mugglewelt" zu kaufen gibt. Weniger harmlos sind pornographische Websites im Internet, die mit dem Suchbegriff "Harry Potter" verbunden sind.[734]

Warner Brothers, der Lizenzinhaber des "Harry-Potter-Merchandisings", bemüht sich Auswüchse dieser Art zu verhindern, offenbar jedoch mit der Absicht die kostbare Trademark "Harry Potter" ganz und gar zu kontrollieren.

Als der Münchner Literatur-Dozent Knobloch Ende des Jahres 2000 mit einer Kollegin didaktisches Potter-Material für den Schulunterricht herausgeben will,[735] meldet sich "Christopher Little, Literaturagent in London und Inhaber der Weltrechte an 'Harry Potter': 'Wir erlauben ihnen nicht, Unterrichtsmaterial oder Lehrerhilfen zu publizieren.'"[736]

Kurz darauf erhält Knobloch einen Brief von einer Berliner Anwaltskanzlei, die ihm im Namen des Medienkonzerns Warner Brothers schreibt: [737]

> In Anlage eine Urkunde des deutschen Patentamtes ('Kopie der Eintragungsurkunde der Deutschen Marke 30012566, Wort: HARRY POTTER'). Dazu eine Unterlassungs- und Verpflichtungserklärung in doppelter Ausführung. Streitwert 500.000 Mark.[738]

---

[733] Vgl. Anonymus / Rowling, *Transcript of J.K. Rowling's Live Interview on Scholastic.com: February 3, 2000*.

[734] Knobloch / Beuninig, *Literatur-Kartei zum Jugendbuch von Joanne K. Rowling*, 8.

[735] Vgl. Hans-Ulrich Stoldt, "Forschen: Phantastische Geheimnisse", *UniSpiegel Online* 1 (Januar 2000).

[736] Stoldt.

[737] Vgl. Stoldt.

[738] Stoldt.

Knobloch findet trotzdem einen Verlag, der die didaktischen Potter-Materialien für Lehrer, sowie ein weiteres Buch mit dem Titel *Die Zauberwelt der J.K. Rowling* veröffentlicht.

Bis zum Abschluß der Arbeiten an *Der Zauber des Harry Potter* (19.Mai 2001) hat sich niemand mehr, weder Warner noch der Literaturagent Little, bei Knobloch gemeldet.[739]

Warner Brothers Drohgebärden sind erfolgreicher gegenüber einer großen Anzahl von Harry-Potter-Homepages im Internet.[740] Im November und Dezember 2000 geht der Medienkonzern mit "strafbewehrten Unterlassungserklärungen"[741] gegen zahlreiche Betreiber dieser Homepages vor. Viele der zumeist jungen Harry-Potter-Fans nehmen daraufhin ihre liebevoll gestalten Harry-Homepages vom Netz.[742] Warner möchte, dass Harry Potter bis zum Start des ersten Harry-Potter-Kinofilmes weltweit ein einheitliches Aussehen hat. Die unterschiedlichen Darstellungen Harry Potters auf den Buchdeckeln der verschiedenen nationalen Ausgaben, so auch die deutsche Harry-Potter-Darstellung von Sabine Wilharm, sollen dem amerikanischen "Warner-Potter" weichen.[743]

Es geht ums große Geld – die geschätzten Einnahmen aus dem Harry-Potter-Merchandising werden auf 20 Milliarden Mark veranschlagt.[744]

Diverse Spielzeughersteller haben von Warner Brothers zeitlich beschränkte Harry-Potter-Lizenzen erworben. Der Spielbauklotz-

---

[739] Laut Telefonat mit einer Mitarbeiterin des Verlags an der Ruhr vom 19.Mai 2001.
[740] Vgl. Wolfgang Gehrmann, "Wem gehört Harry?: Wie ein US-Medienkonzern sein Harry-Potter-Bild gegen den Rest der Welt durchsetzen will", *Die Zeit* 11 (März 2001), Online Edition.
[741] Frank Patalong, "Abgemahnt: Wo Harry Potter draufsteht, soll auch Time Warner drin sein", *Spiegel Online* (10.Juli 2000).
[742] Gehrmann.
[743] Vgl. Gehrmann.
[744] Vgl. Burkhard Müller-Ulrich, "Riesenzauber um Harry Potter", *Die Welt online* (1.Juli 2000).

Hersteller Lego bringt Harry als Spielzeugfigur heraus – Hogwarts zum Bauen inklusive.[745]

Es wird Harry-Potter-3-D-Figuren aus Gießharz geben, Gameboy-Editionen, Zauberspardosen[746] und einen Harry-Potter-Zauberbesen, "den Nimbus 2000, mit integriertem LCD-Display, Bewegungssensor und Soundeffekten."[747]

Auch hier achtet Warner Brothers auf Einheitlichkeit: "Ein umfangreicher Style Guide legt genauestens fest, wie die Produkte auszusehen haben, welche Farben mit welchen Logos kombiniert werden dürfen."[748]

Ist Lord Voldemort vielleicht gar keine Phantasiegestalt und womöglich sogar in der Vorstandsetage von Warner Brothers zu finden? Wie immer die Person auf dem Vorstandssessel von Warner Brothers auch heißen mag – sie könnte (endgültig) dafür sorgen, dass sich der Zauber "Harry Potters" binnen weniger Monate in einen entzauberten Zauber verwandelt.

9.2. "Soziologischer Zauber" – Harry Potter und der Zeitgeist

Bedient "Harry Potter" auf perfekte (und marktwirtschaftlich einträgliche) Art und Weise den vorherrschenden Zeitgeist? Der Journalist Matthias Kamann glaubt in dem Erfolg "Harry Potters" ein gesellschaftliches Indiz zu sehen:

> Dass eine Geschichte von der sozialverträglichen Entwicklung eines außergewöhnlichen und bedrohten Individuums so viele Erwachsene in den

---

[745] Vgl. Anonymus, "Harry Potter im Legoland", *Spiegel Online* (12.Juli 2000).
[746] Vgl. Gaschke, *Freiheit für Harry P.*
[747] Gehrmann.
[748] Gehrmann.

> Bann schlägt, kann, wer will, als gesellschaftliches Indiz lesen: Nichts beschäftigt uns in den schwierigen Zeiten der New Economy so sehr wie die Frage nach dem Zustand der Indiviualität, stets sehen wir sie bedroht, müssen wir sie behaupten und weiterentwickeln; zu gern wären wir etwas Besonderes.[749]

Die bedrohte oder verlorengegangene Individualität scheint jedoch keine neue Frage des "New-Economy-Zeitalters" zu sein. Bereits vor gut einem halben Jahrhundert (1950) stellt Theodor W. Adorno in seinen *Studien zum autoritären Charakter* die Individualität vieler Menschen in Frage. Adorno konstatiert:

> daß eine große Anzahl von Menschen nicht mehr 'Individuen' im Sinne der traditionellen Philosophie des neunzehnten Jahrhunderts sind oder sogar niemals waren. [...] Weil die Welt, in der wir leben, genormt ist und 'typisierte' Menschen 'produziert', haben wir Anlaß, nach psychologischen Typen zu suchen.[750]

Die Individualität innerhalb einer Massenkultur (mag sie auch noch so pluralistisch daherkommen), dominiert oder zumindest beeinflusst von sogenannten Massenmedien, DIN-Vorschriften und absurden Normierungen (die so weit führen, dass EU-Richtlinien den Krümmungsgrad einer idealen Banane definieren), erscheint in der Tat sehr fraglich. Anders und provokativ formuliert: Wenn die Banane normiert ist, dann ist es auch der Mensch.

Akzeptiert man die These Adornos, dass wir in einer Gesellschaft leben, in der "individuelle Menschen" die Ausnahme und "typisierte Menschen" die Regel sind, nimmt man ferner an, dass eine große Anzahl der "typisierten Menschen" in unserer Gesellschaft bewusst oder unbewusst um den Verlust ihrer Individualität wissen (selbst Kinder und Jugendliche), dann wäre "Harry Potter" tatsächlich die Antwort

---

[749] Matthias Kamann, "Das Volksbuch Harry Potter: Sechs Millionen Bücher: Joanne K. Rowlings Romane wurden Mittel der Selbstverständigung", *Die Welt online* (25.11 2000).

[750] Theodor W. Adorno, *Studien zum autoritären Charakter* (Frankfurt am Main, 1999³), 307.

auf ein gesellschaftliches Bedürfnis – das Bedürfnis zu sein wie Harry Potter, das Bedürfnis etwas Besonderes zu sein.

Eine andere Möglichkeit den Erfolg "Harry Potters" aus soziologischer bzw. soziopsychologischer Sicht zu erklären, ist die, Harry Potters Welt als eine attraktive Alternative zur hochtechnisierten, digitalisierten und immer komplexeren Welt des 21. Jahrhunderts zu sehen. Der Journalist Matthias Kamann stellt fest:

> Auffallend ist, dass Erwachsene Gefallen an einem Buch finden, dessen Welt technologisch so merkwürdig verfasst ist. Einerseits gibt es unglaubliche Gerätschaften: Urlaubspostkarten zeigen Filme, gebrochene Knochen wachsen im Nu zusammen, der Besen 'Nimbus 2000' ist ein fliegendes Motorrad mit Raketenantrieb. Andererseits finden sich Dampfloks, zerbeulte Autos, die nach einem Fußtritt wieder fahren. Briefe werden mit Federn auf Pergament geschrieben. Davon träumt, wer mental im 20. und physisch im 21. Jahrhundert lebt: von einer Technologie, die alles kann, aber sich nicht zum Halbleiterwirrwarr verselbständigt hat, sondern verständlich und griffig ist wie Opas Trecker aus der Kinderzeit.[751]

In einer Welt, in der Computer abstürzen und Drucker ihren Dienst versagen, wünscht sich so mancher Zeitgenosse vielleicht wirklich den guten alten Federkiel (oder zumindest den Füller bzw. die mechanische Schreibmaschine) zurück. So ganz auf technischen Komfort verzichten möchte der Mensch des 21. Jahrhunderts aber trotzdem nicht – da ist ein Besen, der sogar einen höheren Grad der Mobilität garantiert als der eigene Mittelklassewagen in der Garage, durchaus willkommen. Federkiel und Besen gehen eine gelungene Allianz ein. Man darf annehmen, dass sich auch die jüngeren Leser "Harry Potters" von dieser gelungenen Allianz angesprochen fühlen.

Rowling selbst hingegen glaubt nicht, dass Harry ein Zeitgeist-Phänomen ist – gewissermaßen eine Flucht vor der "schönen neuen Online-Welt". Sie geht davon aus, dass das Bedürfnis nach Magie grundsätzlich existiert:

> Das hat es schon immer gegeben. Besonders in der Kinderliteratur war das Magische stets von zentraler Bedeutung. Das hat einen simplen Grund: Es

---

[751] Kamann.

verleiht Kindern Macht, die sie sonst nicht haben. Es ist eine historische Tatsache, dass der erste Glaube in wohl jeder Kultur die Magie ist. Sie wird immer erst später durch die Religion ersetzt. Und erst ganz spät kommt dann die Wissenschaft hinzu. Damals wie heute dreht sich alles um den ewigen Wunsch, dass wir das Leben um uns herum vielleicht doch ein wenig mehr beeinflussen könnten, und vielleicht ist dieser Wunsch im Computerzeitalter noch ein wenig intensiver.[752]

Rowling ignoriert jedoch, dass die esoterisch motivierte Magie- und Spiritualismusbegeisterung in den westlichen Industrienationen seit einigen Jahren eine nur schwer zu übersehende Hochkonjunktur hat. Inzwischen gibt es ein Filmgenre, das "Mystery" genannt wird – und Mystery-Filme (zum größten Teil, wie könnte es anders sein, in Hollywood produziert) "boomen". Ein vorzügliches Beispiel ist der US-Film "The Sixth Sense", der allein in den Staaten über 300 Millionen Dollar einspielte und damit mit Filmen wie "Titanic" und "Star Wars" zu den erfolgreichsten Filmen aller Zeiten gehört. Ein kleiner Junge wird zum Medium der "Untoten". Diese "Jenseits-Wesen" bitten ihn ihre offenen Rechnungen im Diesseits zu begleichen. Ein anderes Beispiel: "The Blair Witch Project" – auch dieser Film darf sich rühmen knapp 200 Millionen Dollar in die Kassen gespielt zu haben. Die Handlung dieses Films wirkt ein wenig dünn und erinnert an ein missglückte Mystery-Version von "Hänsel und Gretel": Drei junge Abenteurer ziehen in den Wald, suchen ein Hexe, finden sie und werden von dieser Hexe vernichtet.[753]

Inwieweit sich die Kinder unter den Harry-Potter-Lesern von dem Zeitgeist-Phänomen "Mystery" beeinflussen lassen – etwa durch ein älteres Geschwisterkind oder einen Mystery-begeisterten Onkel, kann nur gemutmaßt werden. Für einen großen Teil der Harry-Potter-Leserschaft, die Jugendlichen und Erwachsenen, mag das Zeitgeist-Phänomen "Mystery" jedoch durchaus seine Geltung haben.

---

[752] Dallach / Rowling.
[753] Vgl. Susanne Beyer / Nikolaus von Festenberg, "Ein Volk von Zauberlehrlingen", *Der Spiegel* 47 (November 2000), 150-156, 150f.

9.3. "Psychologischer Zauber" – Harry Potter als Identifikationsfigur

Sind die Person Harry Potter und die ihn umgebende Welt der Zauberer eine Antwort auf psychische Bedürfnisse seiner Leserschaft? Über die Anziehungskraft des "Zauberhaften" bemerkt der Kinderpsychologe Bruno Bettelheim:

> Ich habe oftmals, vor allem bei jungen Menschen in der späteren Reifezeit, erlebt, daß Jahre des Glaubens an das Zauberhafte erforderlich waren, um einen Ausgleich dafür zu schaffen, daß der Mensch diesem Bereich in seiner Kindheit vorzeitig entrissen und gewaltsam mit der harten Realität konfrontiert wurde. Es ist, als empfänden diese jungen Leute, daß sie jetzt die letzte Gelegenheit haben, einen spürbaren Mangel in ihrer Lebenserfahrung nachzuholen, oder, daß sie ohne eine Zeit des Glaubens an das Zauberhafte nicht imstande sind, den Härten dieses Erwachsenenlebens zu begegnen.[754]

"Harry Potter" als Kompensationshilfe für "einen versäumten Zauber" in der frühen Kindheit? Sollte dies für einige der LeserInnen tatsächlich ein psychologisches Bedürfnis sein, so sind sie mit den Harry-Potter-Romanen bestens bedient. Zaubern ist in der Welt von Hogwarts eine sehr reale Angelegenheit: "There was a lot more to magic, as Harry quickly found out, than waving your wand and saying a few funny words."[755] Das Zaubern in den Potter-Romanen hat nichts gemein mit dem Illusionszauber oder den Scharlatanerien wie beispielsweise dem Kartenlegen oder dem Wahrsagen auf Jahrmärkten. Hermione: "It sounds like fortune-telling to me, and Professor McGonagall says that's a very imprecise branch of magic."[756] Die "irreale Realität" des Zauberhaften in Rowlings Romanen ist verlässlich. Mögen Seifenblasen in der realen Welt platzen, in der Zauberwelt des Harry Potter gibt es Luftballons, die ewig halten.[757]

---

[754] Bettelheim, 52.
[755] Rowling, *Harry Potter and the Philosopher's Stone*, 99.
[756] Rowling, *Harry Potter and the Philosopher's Stone*, 190.
[757] Vgl. Rowling, *Harry Potter and the Philosopher's Stone*, 150.

Das Aschenputtel-Motiv der Potter-Romane könnte nach Bettelheim für einige der Harry-Potter-LeserInnen die Basis bieten, um vorhandene Geschwisterrivalitäten psychisch zu verarbeiten:

> Kein anderes Märchen zeigt so deutlich wie die Aschenputtelgeschichten die inneren Erlebnisse des kleinen Kindes, das schwer unter der Geschwisterrivalität zu leiden hat, wenn es sich von seinen Brüdern und Schwestern hoffnungslos verstoßen fühlt. [...] Der Ausdruck 'Geschwisterrivalität' bezieht sich auf eine äußerst komplexe Konstellation von Gefühlen und Ursachen. Mit sehr seltenen Ausnahmen stehen die Emotionen eines Kindes, das unter der Geschwisterrivalität leidet, in keinerlei Verhältnis zu seiner wirklichen Situation innerhalb des Geschwisterkreises. [...] Allerdings fühlt sich ein Kind trotz seines besseren 'Wissens' oft mißhandelt. Deshalb glaubt es auch an die geheime Botschaft, die ihm 'Aschenputtel' vermittelt, und gelangt dann auch dazu, daß es an dessen Befreiung und Triumph am Ende der Geschichte glaubt. Aus Aschenputtels Triumph schöpft es selbst übertriebene Hoffnungen für die eigene Zukunft [...].[758]

Die "Aschenputtelgeschichte" wird in allen Potter-Bänden "neu aufgelegt". "Aschenputtel Harry" entflieht in jedem seiner bisherigen Abenteuer den Dursleys und damit seinem ganz und gar nicht brüderlich teilenden Vetter Dudley. Auch wenn Dudley Dursley nicht der leibliche Bruder von Harry ist, so hat er dennoch den Status eines Bruders. Harrys Pflegeeltern, Vernon und Petunia Dursley, sind Dudleys leibliche Eltern. Harry und Dudley wachsen gemeinsam auf – gewissermaßen wie Geschwister.

Da sich jedoch die Einzelkind-Familie in den westlichen Industrienationen zunehmend durchsetzt, haben immer weniger Kinder einen Bruder oder eine Schwester. Geschwisterrivalitäten sind in der Einzelkind-Familie kein Bestandteil des Alltags. Für immer weniger Kinder ist also die Identifikation mit dem männlichen "Aschenputtel Harry Potter" unter den oben genannten Aspekten von Bedeutung.[759]

---

[758] Bettelheim, 226.
[759] Vgl. Thomas Darnstädt et al, "Ein Segen für die Familie", *Der Spiegel* 15 (April 2001), 100-116, 101ff.

Auch das psychologische Erklärungsmodell, welches die Journalistin Miriam Lau für die Harry-Potter-Romane heranzieht, basiert auf dem Motiv zu kompensierender Kränkungen und Zurücksetzungen:

> Wir haben es hier einmal mehr mit dem zu tun, was Sigmund Freud den 'Familienroman der Neurotiker' genannt hat. Meine Eltern sind nicht meine Eltern, denn die waren sozial höher stehend, Schlossherren, Gutsbesitzer, Stars, und diese hier, die sich als meine Eltern ausgeben, haben mich nur entführt.
> Freud beschreibt diese Fiktion aus der Vorpubertät als den Versuch, mit Zurücksetzung und Kränkung, aber auch illegitimen sexuellen Neigungen der Kinder gegenüber ihren Eltern fertig zu werden; ein Versuch, der es erlaubt, sie auf Distanz zu rücken und gleichzeitig weiterzulieben.[760]

Freuds psychoanalytische Modelle sind nicht immer unumstritten; insbesondere die unterstellten sexuellen Motive und Motivationen sind bisweilen recht artifizielle und von einem patriarchalisch-bürgerlichen Weltbild geprägte Konstruktionen.[761] Der "Familienroman der Neurotiker", sofern man diese psychoanalytisch-literarische Einordnung akzeptieren mag, ließe sich jedoch in der Tat auf "Harry Potter" anwenden.

Harry Potter weiß, dass seine Pflegeeltern nicht seine richtigen Eltern sind, doch bis zu seinem elften Geburtstag hat er keine Ahnung davon, wer oder was seine Eltern waren. Erst von Rubeus Hagrid erfährt er, dass seine leiblichen Eltern berühmte und talentierte Zauberer waren: "Now, yer mum an' dad were as good a witch an' wizard as I ever knew. Head Boy an' Girl at Hogwarts in their day!"[762] Berühmte Zauberer sind "Schlossherren, Gutsbesitzern oder Stars" (s.o.) in jeder Hinsicht ebenbürtig, wenn nicht gar ein Zauberer noch um einiges "attraktiver" ist als ein Schlossherr oder ein Gutsbesitzer.

---

[760] Miriam Lau, "Buch der Woche: Harry Potter and the Goblet of Fire: Und J.K. Rowling bleibt unkorrekt – der Bildungsroman des Harry Potter geht weiter", *Die Welt online* (10.März 2000).
[761] Vgl. Erich Fromm, *Sigmund Freuds Psychoanalyse: Größe und Grenzen* (München, 1986^4), 9-16.
[762] Rowling, *Harry Potter and the Philosopher's Stone*, 45.

Das Schicksal Harry Potters bietet sich für vorpubertäre LeserInnen im Sinne Sigmund Freuds als Modellgeschichte also an. Vielleicht weiß der jeweilige Leser oder die jeweilige Leserin nur noch nicht, dass seine oder ihre Eltern nicht die wirklichen Eltern sind (erfährt es aber recht bald); vielleicht waren auch die eigenen, die wahren Eltern, berühmte Zauberer und vielleicht liegt zum nächsten Geburtstag eine Aufforderung im Briefkasten, sich an einer Schule für Zauberei einzufinden – welches dann die Möglichkeit wäre den "unechten" Eltern endlich zu entfliehen. Dass dieses "vielleicht" nur fiktionalen Charakter hat, spielt für die betreffende Leserschaft keine Rolle.

In einer Welt, in der zahlreiche Kinder psychisch und physisch misshandelt werden, ihren Vater oder ihre Mutter vermissen und nicht selten zu früh auf sich allein gestellt sind, trifft die Kindertherapeutin Sabine Berloge vielleicht am ehesten den Kern, wenn es um den "psychologischen Zauber" des "Aschenputtel Harry Potter" geht:

> Viele Muggel-Kinder, ob vernachlässigt, angst- geplagt, draufgängerisch, hyperaktiv, einsam oder depressiv, werden ein wenig mitgewachsen und mitgeheilt sein – wenn sie dieses Buch ausgelesen haben. Und die Welt wird – hoffentlich – auch für sie ein wenig bunter und bezaubernder werden.[763]

Es ist die unbedingte Entschlossenheit Harry Potters, der von Dudley Dursley und dessen Freunden in seiner Mugggle-Schulzeit getriezt und gejagt wird, sich trotz allem nicht zum Opfer machen zu lassen. Diese Entschlossenheit macht Mut. Und diesen Mut können nicht wenige der jungen Harry-Potter-Leser gebrauchen.

---

[763] Berloge, 32.

10. RESÜMEE

Auf die Frage nach dem Grund für den Erfolg der Harry-Potter-Romane gibt es, wie der Münchener Literaturdozent Jörg Knobloch glaubt, "keine zufriedenstellende und vor allem keine monokausale Antwort."[764]

Auch dem Literaturwissenschaftler Richard Jenkyns fällt es nicht leicht die Anziehungskraft der Harry-Potter-Romane in Worte zu fassen. Für ihn steht Rowlings Talent als *story-teller* im Vordergrund:

> Rowling has that gift, so hard to analyse, of natural story-telling; her narrative is both gripping and amusing. The plots are well-made and ingenious. Actually, there is really only one plot; a whodunnit in which one of the goodies turns out to be a baddy and one of the baddies proves to be a goody after all – all four books pretty much fit this pattern, with minor variations. [...] But if the basic pattern does not vary much, the plots are cleverly worked out, with some entertaining red herrings.[765]

Rowling selbst vermutet den Erfolg ihrer Bücher in dem Identifikations-Appeal ihres Protagonisten:

> Vielleicht ist es diese Mischung aus Normalität und Magie, mit der sich viele Menschen identifizieren können. Harry ist ein ganz normaler Typ. Weder besonders klug, schön oder stark. So fühlen sich viele, und vielleicht träumen sie alle davon, einmal, so wie Harry an seinem elften Geburtstag, eine Einladung zur Zauberschule zu bekommen. Jeder würde gern mal die Erfahrung machen, dass mehr in ihm steckt, als er ahnt.[766]

Beide Versuche, den Erfolg "Harry Potters" zu begründen, der von Jenkyns und der von Rowling, sind zwar überzeugend, es wäre jedoch falsch, sich mit einem der beiden Erklärungsversuche zufrieden zu geben – Jörg Knobloch trifft den Nagel auf den Kopf: für den Erfolg von

---

[764] Knobloch / Beuning, *Literatur-Kartei zum Jugendbuch von Joanne K. Rowling* 4.
[765] Jenkyns, 42.
[766] Dallach / Rowling.

Rowlings Romanen gibt keine monokausale Erklärung. Es ist wie mit dem Versuch die Harry-Potter-Romane zu kategorisieren (s. Kapitel 8): eine Kategorie reicht nicht aus um das Wesen der Potter-Romane zu erfassen.

Der Zauber des Harry Potter liegt in einer ganzen Reihe von Faktoren begründet: es sind die gekonnt konstruierten Plots Joanne K. Rowlings, die den Zauber der Harry-Potter-Romane ausmachen;[767] es sind die lebensnahen und häufig humorvollen Dialoge, die Sprach- und Wortspielereien, die die Potter-Romane so anziehend machen; es ist das im wahrsten Sinne des Wortes zauberhafte Setting der "Potter-Welt" – ein Abbild erstaunlichen Einfallsreichtums und außergewöhnlicher Originalität; es ist die fehlende Sentimentalität innerhalb eben dieser Welt, in der das Vorhandensein und die Ambiguität des Bösen nicht ausgespart wird – ein Umstand, der die Potter-Geschichten glaubwürdig macht; es sind die nicht minder glaubwürdig und vielschichtig gezeichneten Charaktere, unter denen sich selbst ein anfangs stereotyp wirkender Charakter wie der Hausmeister Argus Filch als ein "Mann mit einer Geschichte" entpuppt; es ist die geglückte Mischung verschiedener literarischer Genres – vom Märchens bis hin zur *detective story*; es sind die zahlreichen intertextuellen, historischen und sozio-historischen Bezüge, die den Beleseneren unter der Leserschaft Stoff zum vergleichenden Reflektieren bieten; und es ist letztendlich die Tatsache, dass "Harry Potter" Raum zur Identifikation bietet – psychologische und sozio-psychologische Bedürfnisse werden befriedigt.

"Harry Potter" ist gewiss kein Mund-zu-Mund-Propaganda-Erfolg wie beispielsweise der Hamburger Journalist Konrad Heidkamp[768] oder auch Richard Jenkyns[769] behaupten – dafür war das Medieninter-

---

[767] Einzige Ausnahme ist der Mittelteil des vierten Bandes, "Harry Potter and the Goblet of Fire". Die recht ausführlich geschilderten, amourösen Ambitionen einiger Charaktere (Rubeus Hagrid, Victor Krum, Ron Weasley etc.) verursachen hier eine Anzahl von dramaturgischen Längen. Vgl. Rowling, *Harry Potter and the Goblet of Fire*, 336-397.

[768] Vgl. Konrad Heidkamp, "Harry für alle", *Die Zeit* 13 (März 2001), Online Edition.

[769] Vgl. Jenkyns, 42.

esse in den U.S.A. und in England von Anfang an zu massiv. Den Erfolg "Harry Potters" auf eine von Anfang an perfekt funktionierende Vermarktung zu schieben wäre jedoch ebenso falsch: die effektive Vermarktung "Harry Potters" ist nur ein weiterer Faktor für seinen Erfolg. Zum "Zauber Harry Potters" hat diese Vermarktung jedoch nicht beigetragen – im Gegenteil: Knapp vier Jahre nach Erscheinen des ersten Harry-Potter-Bandes muss befürchtet werden, dass Harry Potter zu einer bloßen Trademark verkommt, zu einer bis ins kleinste Detail definierten Figur Hollywoods und der internationalen Spielwarenindustrie. Vielen LeserInnen wird es nicht leicht fallen, sich dem Harry-Potter-Bild des Medienkonzern Warner Brothers zu entziehen. Viele LeserInnen werden sich ihrer eigenen, individuellen Phantasien um Harry Potter beraubt sehen.

Hat sich der "Zauber des Harry Potter" somit in Luft aufgelöst? Besteht die Gefahr (wie vorangehend bereits geäußert), dass der "Zauber des Harry Potter" zu einem "entzauberten Zauber" wird? In gewissem Sinne muss die Antwort auf diese Frage "ja" lauten. "Harry Potter" hat seine Unschuld verloren. "Sein Zauber" wurde auf dem "Altar kommerzieller Interessen" geopfert. Dies mag man der Autorin Joanne K. Rowling, die dies zugelassen hat, zum Vorwurf machen. Die Qualität ihrer Harry-Potter-Romane bleibt davon jedoch unberührt. So richtig auf Hochtouren wird die US-amerikanische Merchandising-Maschinerie wohl erst dann laufen, wenn der erste Harry-Potter-Film in die Kinos gekommen ist. Dann wird es Harry-Potter-T-Shirts, Harry-Potter-Rucksäcke, -Brillen, -Schaumbäder, -Kaffeebecher und Harry-Potter-Kugelschreiber zu kaufen geben.[770]

Diejenigen LeserInnen, die es schaffen, den "vermarkteten Harry" zu ignorieren, können auch weiterhin auf vier "verzaubernde" Romane zurückgreifen. Über die Wirkung solch "verzaubernder Bücher" können wir in *Harry Potter and the Chamber of Secrets* nachlesen:

> Harry and Ron looked under the sink, where Myrtle was pointing. A small, thin book lay there. It had a shabby black cover and was as wet as everything else in the bathroom. Harry stepped forward to pick it up, but Ron suddenly flung out an arm to hold him back.

---

[770] Vgl. Gehrmann.

'What?' said Harry.
'Are you mad?' said Ron. 'It could be dangerous.'
'*Dangerous?*' said Harry, laughing. 'Come off it, how could it be dangerous?'
'You'd be surprised,' said Ron, who was looking apprehensively at the book. 'Some of the books the Ministry confiscated – Dad's told me – there was one that burned your eyes out. And everyone who read *Sonnets of a Sorcerer* spoke in limericks for the rest of their lives. And some old witch in Bath had a book that you could *never stop reading*! You just had to wander around with your nose in it, trying to do everything one-handed.'[771]

"Harry Potter" verdient auch in Zukunft ganze Scharen einhändiger Leserinnen und Leser.

---

[771] Rowling, *Harry Potter and the Chamber of Secets*, 249f.

LITERATUR- UND QUELLENVERZEICHNIS

Primärliteratur

Bände 1–4 der Harry-Potter-Romane

ROWLING, Joanne K. *Harry Potter and the Philosopher's Stone.* London, 1997[50].

ROWLING, Joanne K. *Harry Potter and the Chamber of Secrets.* London, 1998[9].

ROWLING, Joanne K. *Harry Potter and the Prisoner of Azkaban.* London, 1999[10].

ROWLING, Joanne K. *Harry Potter and the Goblet of Fire.* London, 2000.

Harry-Potter-Sonderpublikationen

ROWLING, Joanne K. *Comic Relief: Quidditch Through the Ages.* London, 2001.

ROWLING, Joanne K. *Comic Relief: Fantastic Beasts and Where to Find Them.* London, 2001.

Sonstige zitierte oder erwähnte Primärliteratur

ANONYMI / HAMP, Vinzenz (Hrsg./Übers.) et al. *Die Bibel: Die Heilige Schrift des Alten und Neuen Testamentes.* Aschaffenburg, 1969[20].

ANONYMUS / SCHMÖKEL, Hartmut (Übers.). *Das Gilgamesch- Epos.* Köln, 1998[9].

BARRIE, J.M. *Peter Pan.* London, 1994[New Edition].

BLYTON, Enid. *The O'Sullivan Twins*. London, 1995[Reissue].

BLYTON, Enid. *First Term at Malory Towers*. London, 2000[New Edition].

CAROLL, Lewis. *Alice's Adventures in Wonderland*. London, 1994[Reissue].

CAROLL, Lewis. *Through the Looking-Glass and What Alice Found There*. Oxford, 1995[Revised Edition].

CHRISTIE, Agatha. *Death on the Nile*. London, 1990[Reissue].

CHRISTIE, Agatha. *4.50 from Paddington*. London, 1995[Reissue].

DOSTOJEWSKI, Fjodor Michailowitsch. *Der Spieler: Aus den Aufzeichnungen eines jungen Mannes*. München, 1986[6].

DOYLE, Arthur Conan. *Complete Sherlock Holmes & Other Detective Stories*. London, 1994[9].

GOETHE, Johann Wolfgang von. *Ausgwählte Werke in zwölf Bänden*. Stuttgart, 1913.

GRASS, Günter. *Danziger Trilogie: Die Blechtrommel: Katz und Maus: Hundejahre*. Darmstadt / Neuwied, 1980.

GRIMM, Hermann (Hrsg.). *Kinder- und Hausmärchen gesammelt durch die Brüder Jacob und Wilhelm Grimm*. Gütersloh, 1887[36].

HUGHES, Thomas. *Tom Brown's Schooldays*. Oxford, 1999[Reissue].

IBBOTSON, Eva. *Das Geheimnis von Bahnsteig 13*. Hamburg, 1999.

LEWIS, C.S. *The Lion, the Witch and the Wardrobe*. London, 2000[50].

LINDGREN, Astrid. *Pippi Langstrumpf*. Hamburg, 1979[13].

LINDGREN, Astrid. *Kalle Blomquist: Meisterdetektiv*. Hamburg, 1996.

MURPHY, Jil. *The Worst Witch*. London, 1978[Reissue].

MUSIL, Robert. *Die Verwirrungen des Zöglings Törleß*. Hamburg, 1983.

PLENZDORF, Ulrich. *Die neuen Leiden des jungen W.* Frankfurt am Main, 1987[24].

SALINGER, J.D. *The Catcher in the Rye*. London, 1994 [Reissue].

TOLKIEN, J.R.R. *Lord of the Rings*. London, 1994[New Edition].

TOLKIEN, J.R.R. *The Hobbit*. London, 1998[New Edition].

TRAVERS, Pamela L. *Mary Poppins*. London, 1998[New Edition].

WHITE, T.H. *Sword in the Stone*. London, 1991[Reprint].

WILLANS, Geoffrey. *The Complete Molesworth*. London, 1999.

Sekundärliteratur

Die nachfolgende Liste enthält Literatur, die im Internet oder in Printform erschienen ist.
    Die im Verzeichnis der Sekundärliteratur aufgeführten Internetadressen werden über das Zeilenende hinaus notiert, ohne die Verwendung eines Bindestriches und eines Schlusspunktes am Ende der Adresse.

ABANES, Richard. *Harry Potter and the Bible: Harmless Fantasy or Dangerous Fascination?: The Menace behind the Magick*. Camp Hill, 2001[6].

ADORNO, Theodor W. *Studien zum autoritären Charakter*. Frankfurt am Main, 1999[3].

ANONYMUS. "Harry Potter: Zauberlehrling im Bestseller-Rausch". *Spiegel Online* (28.März 2000): http://www.spiegel.de/kultur/literatur/0,1518,70923,00.html

ANONYMUS. "Wegen 'Ketzerei': Englische Schule verbietet Harry-Potter-Bücher". *Spiegel Online* (28.März 2000): http://www.spiegel.de/kultur/gesellschaft/ 0,1518,70927,00.html

ANONYMUS. "Scholastic Inc.: Company Press Release: Scholastic and J.K. Rowling Call Nancy Stouffer Muggles Ownership Claim Absurd". *PRNewswire, March 27, 2000* (Online-Veröffentlichung der Nachrichtenagentur 'PRNewswire', Stand vom 7.Juli 2000): http://biz.yahoo.com/prnews/000327/ny _scholas_1.html

ANONYMUS. "U.S. Author Sues Potter Writer". *JK* [sic] *Rowling Lawsuit: Rowling Sued!* (Online-Veröffentlichung einer Meldung der Nachrichtenagentur 'Associated Press' vom 16.März 2000 durch die Vereinigung 'The Unofficial Harry Potter Fan Club', Stand vom 7.Juli 2000): http://www.geocities.com/harry potterfans/lawsuit.html

ANONYMUS. "Harry Potter Takes Drugs". *Family Friendly Libraries* (Homepage der Organisation 'FFL', Stand vom 7.Juli 2000): http://www.fflibraries.org/ Book_Reports/HarryPotter/HarryPotterTakesDrugs.htm

ANONYMUS. "What's Wrong with Harry Potter?". *Family Friendly Libraries* (Homepage der Organisation 'FFL', Stand vom 7.Juli 2000): http://www.fflibrari es.org/Book_Reports/HarryPotter/WHATS_WRONG_WITH_HARRY_POTTE .htm

ANONYMUS. "Rowling vom Rummel schockiert". *Spiegel Online* (10.Juli. 2000): http://www.spiegel.de/kultur/literatur/0,1518,84530,00.html

ANONYMUS. "Harry Potter im Legoland". *Spiegel Online* (12.Juli 2000): http://www.spiegel.de/kultur/literatur/0,1518,84788,00.html

ANONYMUS. "Wegen Harry: US-Bestsellerliste für Kinderbücher". *Die Welt online* (13.Juli 2000): http://www.welt.de/daten/2000/07/13/ 0713ku179301.htx

ANONYMUS. "Joanne K. Rowling kauft Luxusvilla in London". *Die Welt online* (14.Juli 2000): http://www.welt.de/daten/2000/07/14/0714om179503.htx
ANONYMUS. "Harry Potter: Autorin Rowling bekommt Doktorwürde". *Spiegel Online* (14.Juli 2000): http://www.spiegel.de/kultur/literatur/0,1518,85087,0 0.html

ANONYMUS. "Children's Best Sellers". *The New York Times on the Web* (July 23, 2000): http://www.nytimes.com/books/00/07/23/bsp/bestchildren.html

ANONYMUS. "Rekordauflage: Harry Potter für alle". *Spiegel Online* (5. September 2000): http://www.spiegel.de/kultur/literatur/0,1518,919 75,00.html

ANONYMUS. "Hali Bote: Harry Potter zaubert auch in China: In wenigen Wochen erscheinen die Abenteuer des Zauberlehrlings Harry Potter auch in China". *Spiegel Online* (11.September 2000): http://www.spiegel.de/kultur/literatur/0,15 18,92832,00.html

ANONYMUS. "Joanne K. Rowling: Harry-Potter-Autorin spendet Millionen". *Spiegel Online* (4.Oktober 2000): http://www.spiegel.de/kultur/gesellschaft/0,15 18,96550,00.html

ANONYMUS. "Potter-Mania: Harry Potter und das Ladenschlussgesetz". *Spiegel Online* (13.Oktober 2000): http://www.spiegel.de/kultur/literatur/0,1518,977 98,00.html

ANONYMUS. "Verkaufsstart: Hymnen für Harry Potter". *Spiegel Online* (14.Oktober 2000): http://www.spiegel.de/kultur/literatur/0,1518, 97967,00.html

ANONYMUS. "Brillenmode: Aussehen wie Harry P.". *Spiegel Online* (14.Oktober 2000): http://www.spiegel.de/kultur/gesellschaft/0,1518,97928,00.html

ANONYMUS. "Harry Potter lebt: Der Muggel wohnt in Oberursel". *Spiegel Online* (19.Oktober 2000): http://www.spiegel.de/kultur/gesellschaft/0,1518,988 61,00.html

ANONYMUS. "Die Mächtigsten des Show Biz: Moonves, Roberts und Cruise". *Die Welt* (21.Oktober 2000), 36.

ANONYMUS. "Enthüllung: Harry-Potter-Autorin verriet neuen Buchtitel". *Spiegel Online* (24.Oktober 2000): http://www.spiegel.de/kultur/gesellschaft/0,1 518,99599,00.html

ANONYMUS. "Auktion: Potter-Erstausgabe für 6000 Pfund versteigert". *Spiegel Online* (16.November 2000): http://www.spiegel.de/kultur/literatur/0,1518,1 02958,00.html

ANONYMUS. "Britische Labour-Partei: Wahlkampf mit Harry-Potter-Plakaten?". *Spiegel Online* (7.Januar 2001): http://www.spiegel.de/panorama/0,1518,111128,00.html

ANONYMUS / HUMANN, Klaus. "Wie hat Harry Potter Ihren Verlag verändert?: Fragen an Klaus Humann (Carlsen)". *Die Welt online* (10.Februar 2001): http://www.welt.de/daten/2001/02/10/0210lw2215 79.htx

ANONYMUS. "Kinderstars: Millionen für den Jungen, der Harry spielt". *Spiegel Online* (17.Februar 2001): http://www.spiegel.de/panorama/0,1518,118262,00.html

ANONYMUS. "Harry-Potter-Film: Erste Zaubereien im Netz". *Spiegel Online* (3.März 2001): http://www.spiegel.de/kultur/kino/0,1518,1 20751,00.html

ANONYMUS. "Entpottert". *Die Welt online* (4.März 2001): http://www.welt.de/daten/2001/03/04/0304kdw226946.htx

ANONYMUS. "Die Autorin J.K. Rowling". *Harry Potter* (Homepage des Carlsen Verlages, Stand vom 10.März 2001): http://www.harrypotter.de/autorin/autorin_mitte.html

ANONYMUS. "Potter-Plagiat: Nicht Harry, sondern Larry". *Spiegel Online* (16.März 2000): http://www.spiegel.de/kultur/literatur/0,1518, 122866,00.html

ANONYMUS. "Muggles - F.A.Q. - Timeline of Events". *Harry Potter Books from Bloomsbury* (Homepage des Bloomsbury Verlages, Stand vom 16.März 2001): http://www.bloomsbury.com/harrypotter

ANONYMUS / STOUFFER, Nancy K. "Interview with Author N.K. Stouffer". *Real Muggles* (Homepage der Autorin Nancy K. Stouffer, Stand vom 16.März 2001): http://www.realmuggles.com/interview/ht ml

ANONYMUS. "Catalogues - Recent Acquisitions (1)". *Peter Harrington: Antiquarian Bookseller* (kommerzielle Homepage, Stand vom 25.März 2001): http://www.peter-harrington-books.com/frameset.html

ANONYMUS. "Harry Potter, Bd. 5". *amazon.de* (kommerzielle Homepage des Internetbuchhändlers Amazon, Stand vom 3.April 2001): http://www.amazon.de/exec/obidos/ASIN/3551551944/028-7819982-7098148

ANONYMUS. "Harry Potter, Ausgabe für Erwachsene, Bd. 1, Harry Potter und der Stein der Weisen". *amazon.de* (kommerzielle Homepage des Internetbuchhändlers Amazon, Stand vom 7.April 2001): http://www.amazon.de/exec/obidos/ASIN/355...qid=986640144/sr=1-11/ 028-7819982-7098148

ANONYMUS. "Harry Potter and the Philosopher's Stone: Adult Edition". *amazon.co.uk* (kommerzielle Homepage des Internetbuchhändlers Amazon, Stand vom 7.April 2001): http:www.amazon.co.uk/exec/obidos/ASIN/355...qid=98664 9595/sr=1-25/202-1706938-9994267

ANONYMUS. "Eine Leserin aus Berlin, Deutschland, 21.Oktober 2000: Leider nur Durchschnitt". *amazon.de* (kommerzielle Homepage des Internetbuchhändlers Amazon, Stand vom 8.April 2001): http:www.amazon.de/exec/obidos/ASIN/355...qid=986640144/sr=1-11/028-7819982-7098148

ANONYMUS. "Santa Fe, Texas". *Action Alerts* (Homepage der Organisation 'National Coalition Against Censorship', Stand vom 8.April 2001): http://www.ncac.org/action/alerts.html

ANONYMUS. "Where Has Harry Potter Been Banned?". *Muggles for Harry Potter* (Homepage der Organisation 'MfHP', Stand vom 9.April 2001): http://www.mugglesforHarryPotter.org

ANONYMUS. "Who are Muggles for Harry Potter?". *Muggles for Harry Potter* (Homepage der Organisation 'MfHP', Stand vom 9.April 2001): http://www.mugglesforHarryPotter.org

ANONYMUS / ROWLING, Joanne K. "Magic, Mystery and Mayhem: An Interview with J.K. Rowling". *amazon.com* (kommerzielle Homepage des Internetbuchhändlers Amazon, Stand vom 15.April 2001): http://www.amazon.com/exec/obidos/tg/feature/-/623 0/107-3643782-6481316

ANONYMUS / ROWLING, Joanne K. "Transcript of J.K. Rowling's Live Interview on Scholastic.com: February 3, 2000". *Harry Potter* (Homepage des Scholastic Verlages, Stand vom 15.April 2001): http://www.scholastic.com/harrypotter/author/transcript1.htm

ANONYMUS / ROWLING, Joanne K. "Transcript of J.K. Rowling's Live Interview on Scholastic.com: October 16, 2000". *Harry Potter* (Homepage des Scholastic Verlages, Stand vom 15.April 2001): http://www.scholastic.com/harrypotter/author/transcript1.htm

ANONYMUS. "Search Results: 'The Secret of Platform 13'". *amazon.co.uk* (kommerzielle Homepage des Internetbuchhändlers Amazon, Stand vom 15. April 2001): http://www.amazon.co.uk/exec/obidos/search-handle-form/202-059 064-9395854

ANONYMUS / ROWLING, Joanne K. "The J.K. Rowling Interview". *Stories on the Web: The Author J.K. Rowling* (Homepage der Organisation 'The Library and Information Commission', Stand vom 16.April 2001): http://hosted.ukoln.ac .uk/stories/rowling/interview1.ht m

ARMS, Phil. *Pokemon & Harry Potter: A Fatal Attraction: An Exposé of the Secret War Against the Youth of America*. Oklahoma City, 2000.

BERLOGE, Sabine. "'Expecto patronum!': Harry Potter aus kindertherapeutischer Sicht". Olaf Kutzmutz (Hrsg.). *Harry Potter oder Warum wir Zauberer brauchen*. Wolfenbütteler Akademie-Texte, Bd. 5. Wolfenbüttel, 2001, S. 20-32.

BETTELHEIM, Bruno. *Kinder brauchen Märchen*. Stuttgart, 1977^5.

BEYER, Susanne. "Die Zaubermacht des Schweigens". *Der Spiegel* 27 (Juli 2000), 146-147.

BEYER, Susanne / FESTENBERG, Nikolaus von. "Ein Volk von Zauberlehrlingen". *Der Spiegel* 47 (November 2000), 150-156.

BLUME, Judy. "Is Harry Potter Evil?" *Censorship News Online, Issue #76* (Homepage der Organisation 'National Coalition Against Censorship', Stand vom 9.April 2001): http://www.ncac.org/cen_news /cn76harrypotter.html

BOIE, Kirsten. "Harry holt die Auflage: Kinderbuchautorin Kirsten Boie über die Pottermanie". *Die Welt* (21.Oktober 2000), 21.

BRUHNS, Meike. "Verzaubertes Berlin". *Berliner Zeitung* (24.März 2001). Online Edition: http://www.berlinonline.de/wissen/berliner_zeitung/archiv/2000 /0324/lokales/0111/index.html

BÜRVENICH, Paul. "'Typically English!?': An Investigation into Cultural Stereotypes". *Anglistik Online* (Homepage des Anglistik-Seminars der Universität Koblenz-Landau, Abteilung Koblenz, Stand vom 27.April 2001: http://ww w.anglistik/subjects/as/papers/buervenich/buervenich.html

CASEY, Kevin R. et al. "In the United States District Court for the Eastern District of Pennsylvania: Nancy K. Stouffer, a Resident of Pennsylvania, Plaintiff, v. Scholastic, Inc., a New York Corporation, J.K. Rowling, a Resident of Scotland, Time Warner Entertainment Company, L.P., a Delaware Limited Partnership, Mattel, Inc., a Delaware Corporation, and Hasbro, Inc., a Rhode Island Corporation, Defendants: Verified Complaint". *Real Muggles* (Homepage der Autorin Nancy K. Stouffer, Stand vom 8.April 2001): http://www.realmuggles.com/comphtml.html

COWELL, Alan. "Investors and Children Alike Give Rave Reviews to Harry Potter Books". *The New York Times on the Web* (October 18, 1999): http://www.nytimes.com/library/books/101899harry-potter.html

COWELL, Alan. "Publishers Use Secrecy in Harry Potter Promotion". *The New York Times on the Web* (May 22, 2000): http://www.nytimes.com/library/books/052200harry-potter.html

COWELL, Alan / ROWLING, Joanne K. "All Aboard the Potter-Ex-press". *The New York Times on the Web* (July 10, 2000): http://www.nytimes.com/library/books/071000rowling-interview.html

DALLACH, Christoph / ROWLING, Joanne K. "'Ich komme mir vor wie ein Spice Girl': Die britische Schriftstellerin Joanne K. Rowling über den Erfolg ihres Märchenhelden Harry Potter und ihr neues Leben als Popstar". *kulturSpiegel* 4 (April 2000). Online Edition: http://www.spiegel.de/kulturspiegel/0,1518,70472,00.html

DARNSTÄDT, Thomas et al. "Ein Segen für die Familie". *Der Spiegel* 15 (April 2001), 100-116.

DODERER, Klaus. "Vorwort". Klaus Doderer (Hrsg.). *Neue Helden in der Kinder- und Jugendliteratur*. Weinheim / München, 1986, S. 7-11. Jugendliteratur – Theorie und Praxis.

DONIGER, Wendy. "Harry Potter Explained: Can You Spot the Source?" *London Review of Books* 22, 4 (February 17, 2000), 26-27.

DRIESSEN, Christoph. "Harry Potter: Ein Waisenkind sorgt für volle Kassen". *Spiegel Online* (4.Juli 2000): http//www.spiegel.de/kultur/literatur/0,1518,83729,00.html

ECO, Umberto. *Über Spiegel und andere Phänomene*. München, 1990.

FORSTER, E.M. *Aspects of the Novel*. London, 1966[4].

FRASER, Lindsey / ROWLING, Joanne K. *An Interview with J.K. Rowling*. London, 2000.

FROMM, Erich. *Sigmund Freuds Psychoanalyse: Größe und Grenzen*. München, 1986[4].

GARCÍA, José. "Die totale Potter-Manie". *Die Tagespost* 123, 41 (14.Oktober 2000), 9.

GASCHKE, Susanne. "Freiheit für Harry P.: Die unendliche Geschichte vom Raub der Fantasie". *Die Zeit* 11 (März 2001). Online Edition: http://www.zeit.de /2001/11/Politik/200111_1._leiter.html

GASCHKE, Susanne. "Zum Beispiel Harry Potter: Ein Erfolg wider den Zeitgeist". *Die Zeit* 29 (Juli 2000). Online Edition: http://www.zeit.de/2000/29/2000 29_harry_potter.html

GEHRMANN, Wolfgang. "Wem gehört Harry?: Wie ein US-Medienkonzern sein Harry-Potter-Bild gegen den Rest der Welt durchsetzen will". *Die Zeit* 11 (März 2001). Online Edition: http://www.zeit.de/2001/11/leben/200111_entsche iden_pott.html

GOUNAUD, Karen Jo. "Should 'Harry Potter' Go To Public School?". *Family Friendly Libraries* (Homepage der Organisation 'FFL', Stand vom 7.Juli 2000): http://www.fflibraries.org/Book_Reports/HarryPott er/HPRNo3.htm

GRAW, Eva-Maria. "Zaubern wie Harry Potter: Durch den Bucherfolg erfreuen sich auch deutsche Magier-Vereine zunehmender Beliebtheit". *Die Welt* (21. Oktober 2000), 36.

HEIDKAMP, Konrad. "Harry für alle". *Die Zeit* 13 (März 2001). Online Edition: http://www.zeit.de/2000/13/200013_harry_potter.html

HILLBURN, Jack. "Dear Harry ...: Letters We Have Written in School". Sharon Moore (ed.). *We Love Harry Potter!: We'll Tell You Why: An Unauthorized Tribute*. New York, 1999[10], 73.

HOLZBACH, Heidrun. "Literarischer Zauberboom: Harry Potter auf den Scheiterhaufen". *Spiegel Online* (26.Februar 2000): http://www.spiegel.de/kultur/literatur/0,1518,119757,00.html

HOUGHTON, John. *Was bringt Harry Potter unseren Kindern?: Chancen und Nebenwirkungen des Millionen-Bestsellers*. Basel, 2001.

HUNT, Peter. *Children's Literature*. Oxford, 2001².

IYER, Pico. "The Playing Fields of Hogwarts". *The New York Times on the Web* (October 10, 1999): http://www.nytimes.com/books/99/10/bookend/bookend.html

JENKYNS, Richard. "Potter in the Past". *Prospect* 56 (October 2000), 38-43.

KAMANN, Matthias. "Das Volksbuch von Harry Potter: Sechs Millionen Bücher: Joanne K. Rowlings Romane wurden Mittel der Selbstverständigung". *Die Welt online* (25.November 2000): http://www.welt.de/daten/2000/11/25/1125ku204923.htx

KEENE, Jennifer. "Thirty Thousand Fans Pack SkyDome for Rowling Reading". *CBC Radio: The Arts Report* (Homepage des Medienunternehmens 'CBS Entertainment', Stand vom 14.April 2001): http://infoculture.cbc.ca/archives/special-coverage/harry_potter/harry_potter_festivals.phtml

KIRKPATRICK, David D. "Vanishing off the Shelves". *The New York Times on the Web* (July 10, 2000): http://www.nytimes.com/library/books/071000rowling-goblet.html

KNOBLOCH, Jörg. *Die Zauberwelt der J.K. Rowling: Hintergründe & Facts zu "Harry Potter"*. Mülheim an der Ruhr, 2000.

KNOBLOCH, Jörg / BEUNING, Brigitte. *Literatur-Kartei zum Jugendbuch von Joanne K. Rowling: Harry Potter und der Stein der Weisen*. Mülheim an der Ruhr, 2000.

KRYWALSKI, Diether. *Knaurs Lexikon der Weltliteratur: Autoren: Werke: Sachbegriffe*. München, 1992.

KULICK, Holger. "Neue Harry-Potter-Bücher: Saure Gurken für den Carlsen-Verlag". *Spiegel Online* (22.Februar 2001): http://www.spiegel.de/kultur/literatur/0,1518,119136,00.html

KUTZMUTZ, Olaf. "Nachricht von Aschenputtel: Joanne K. Rowling in den Medien". Olaf Kutzmutz (Hrsg.). *Harry Potter oder Warum wir Zauberer brauchen*. Wolfenbütteler Akademie-Texte, Bd. 5. Wolfenbüttel, 2001, S. 60-76.

LANGE, Günter. "'Was ist das: Dieses Zu-sich-selber-Kommen des Menschen?': Jugendliterarische Adoleszenzromane zur Jahrtausendwende". Kurt Franz / Günter Lange / Franz-Josef Payrhuber (Hrsg.). *Kinder- und Jugendliteratur zur Jahrtausendwende: Autoren · Themen · Vermittlung*. Schriftenreihe der deutschen Akademie für Kinder- und Jugendliteratur Volkach e.V., Band 26. Hohengehren, 2000, S. 69-95.

LAU, Miriam. "Buch der Woche: Harry Potter and the Goblet of Fire: Und J.K. Rowling bleibt unkorrekt – der Bildungsroman des Harry Potter geht weiter". *Die Welt online* (10.März 2000): http://www.welt.de/daten/200/07/15/0715lw179692.htx

LIPSON, Eden Ross. "Book's Quirky Hero and Fantasy Win the Young". *The New York Times on the Web* (July 12, 1999): http://www.nytimes.com/library/books/071299potter-sales.html

LORD, Claudia. "Harry Potter lebt in Bristol: Harry Potter Countdown: Noch vier Tage – Bestseller-Autorin Rowling verrät, wer die irdischen Paten ihrer Zauberbuchhelden sind". *Die Welt online* (4.Juli 2000): http://www.welt.de/daten/2000/07/04/0704vm177532.ht x

MAGUIRE, Gregory. "Lord of the Golden Snitch". *The New York Times on the Web* (September 5, 1999): http://www.nytimes.com/books/99/09/05/reviews/990905.05maguirt.html

MEYER-GOSAU, Frauke. "Potterisms: Was der deutschen Gegenwartsliteratur fehlt – und Harry hat's". Olaf Kutzmutz (Hrsg.). *Harry Potter oder Warum wir Zauberer brauchen*. Wolfenbütteler Akademie-Texte, Bd. 5. Wolfenbüttel, 2001, S. 7-19.

MICHALSKI, Peter. "Der Howarts-Express dampft von Gleis 9 3/4 los: Harry Potter Countdown in Großbritannien – in zwei Tagen wird das neue Abenteuer veröffentlicht". *Die Welt online* (6.Juli 2000): http://www.welt.de/daten/2000/07/06/0706vm177984.htx

MICHELS, Klaus / LEMPE, Berit. "Harry Potter: Alohomara – Homepages öffnet euch!: Das Beste aus über 75.000 Seiten!". *Space View Internetguide: Das Sci-Fi Magazin* 1 (2001), 6-69.

MIKES, George. *How to be a Brit.* London, 1986[10].

MÜLLER-ULRICH, Burkhard. "Riesenzauber um Harry Potter". *Die Welt online* (1.Juli 2000): http://www.welt.de/daten/2000/07/01/07011w177124.htx

MÜLLER-ULRICH, Burkhard. "Der Tote bei Harry Potter heißt ...: Mitternacht bei 'Waterstone's' an Londons Piccadilly: Band vier gerät in die Hände der Muggles". *Die Welt online* (10.Juli 2000): http://www.welt.de/daten/2000/07/10/0701ku178642.htx

ÖHLER, Andreas / FLORIN, Christiane. "Alltagskultur: Wir Daumenlutscher: Was Kleinigkeiten über den deutschen Geisteszustand verraten". *Rheinischer Merkur* 29 (2000), 17.

OSBORNE, Canon. "Harry Potter and the Triumph of Love". *The Times* (October 19, 2000). Online Edition: http://www.thetimes.co.uk/article/0,321-21928,00.html

PATALONG, Frank. "Abgemahnt: Wo Harry Potter draufsteht, soll auch Time Warner drin sein". *Spiegel Online* (10.Juli 2000): http://www.spiegel.de/netwelt/Netzkultur/0,1518,109092,00.html

REINERS, Gisela. "Harry Potter bringt Kleinverlag nach vorn: Der kleine Zauberer macht den Hamburger Carlsen-Verlag zur Nummer zwei der deutschen Branche". *Die Welt online* (12.August 2000): http://www.welt.de/daten/2000/08/12/0812un185110.htx

REMKE, Michael. "Harry Potters vierter Band kostet Amazon ein Vermögen: Internetbuchhändler machte allein am ersten Erscheinungstag Millionenverluste". *Die Welt online* (13.Juli 2000): http://www.welt.de/daten/2000/07/13/0713w1179351.htx

ROHLEDER, Jörg. "Die Abenteuer eines kleinen Jungen verzaubern Amerika: Drei Bücher über den Nachwuchs-Magier Harry Potter führen in den USA die

Bestsellerlisten an – Auch Erwachsene im Lese-Fieber". *Die Welt online* (2.Oktober 1999): http://www.welt.de/daten/ 1999/10/02/1002vm131637.htx

SCHAFER, Elizabeth D. *Exploring Harry Potter*. Beacham's Sourcebooks for Teaching Young Adult Fiction. London, 2000.

SEIDEL, Christian. "Der Trubel mit Harry: Echter Punk: Das vierte Abenteuer von Harry Potter ist endlich in Muggel-Hand". *Süddeutsche Zeitung* (14.Oktober 2000), 17.

SEMIDEI, Constanze. "Harry Potter And [sic] The [sic] Goblet Of [sic] Fire: Ein harter Brocken". *Spiegel Online* (17.Juli 2000): http://www.spiegel.de/kultur /literatur/0,1518,85495,00.html

SHAPIRO, Marc. *J.K. Rowling: The Wizard Behind Harry Potter: An Unauthorized Biography*. New York, 2000[10].

STOLDT, Hans-Ulrich. "Forschen: Phantastische Geheimnisse". *UniSpiegel Online* 1 (Januar 2001): http://www.spiegel.de/unispiegel/0,1518,115117,00.html

STOUFFER, Nancy K. "Infringement Examples". *Real Muggles* (Homepage der Autorin Nancy K. Stouffer, Stand vom 16.März 2001): http://www.realmuggles.com/intro/html

STOUFFER, Nancy K. "Introduction". *Real Muggles* (Homepage der Autorin Nancy K. Stouffer, Stand vom 16.März 2001): http://www.realmuggles.com/compare/html

VOLKERY, Carsten. "Stephen Kings Urteil: Harry Potter ist ein männliches Aschenputtel". *Spiegel Online* (10.Juli 2000): http://www.spiegel.de/kultur/literatur/0,1518,86536,00.html

WEINRAUB, Bernard. "New Harry Potter Book Becoming a Publishing Phenomenon". *The New York Times on the Web* (July 3, 2000): http://www.nytimes.com/library/books/070300potter-parties.html

WEIR, Margaret / ROWLING, Joanne K. "Of Magic and Single Motherhood: Bestselling Author J.K. Rowling Is Still Trying to Fathom the Instant Fame with Her First Children's Novel". *Mothers Who Think* (Homepage des Magazins

'Salon', Stand vom 7.Juli 2000): http://www.salon/mwt/feature/1999/03/cov_31f eat ureb.html

WINERIP, Michael. "Review: Harry Potter and the Sorcerer's Stone". *The New York Times on the Web* (February 14, 1999): http://www.nytimes.com/books/99/02/14/reviews/990214.14childrt.html

ZIPES, Jack. *Sticks and Stones: The Troublesome Success of Children's Literature from Slovenly Peter to Harry Potter*. New York / London, 2001[10].

INDEX

Adoleszenz, (s. Erwachsenwerden)
Adorno, Theodor W.   180
Alice's Adventures in Wonderland   151
Alliteration   106f
Amazon   20f, 26
Anarchismus   79, 86f
Animagus   46
Antipfuschzauber   61
Aragog   164
Armstrong, Louis   143
Artus, König   145f, 165
Aschenputtel(-Motiv)   39, 63-66, 73, 95, 102, 184, 186
Associated Press   131f, 144
Auflagenhöhe   11, 16-20, 22, 24f, 38f, 171f
Aunt Petunia (s. Dursley, Petunia)
Aura   139, 142
Autogrammstunden (s. Promotion)

Bagshot, Bathilda   106
Bahnhof King's Cross (s. King's Cross)
Banca Monte dei Paschi di Siena   57
Barnes & Noble   20f
Barrie, J.M.   118
Baseball   142
Basilisk   77, 145
Basketball   141f
Bellow, Saul   22
Bertie Bott's Every-Favour Beans   107, 148, 177
Besen   81, 111, 124, 137, 141, 179, 181

Bestseller(listen)   16ff, 20, 22f, 25, 104, 160
Bettelheim, Bruno   169, 183f
Bibel   25, 35-27, 109, 140
Binns, Professor   83
Black, Sirius   45ff, 75
Blomquist, Kalle   162
Bloody Baron   87, 106
Bloomsbury Verlag   15f, 18, 24, 28, 168, 171, 174
Blume, Judy   34
Blyton, Enid   163
book banning (s. Zensur)
Bücherverbrennung   37

Carlsen Verlag   16, 18, 24, 168
Caroll, Lewis   150
China   11, 20
Chang, Cho   54
Christie, Agatha   12, 25, 160, 162
cliffhanger   54
Committee for the Disposal of Dangerous Creatures   82
Crabbe, Vincent   80, 114
Creevey, Colin   106
Cruise, Tom   41

Dark Arts   47, 68
Das Geheimnis von Bahnsteig 13   152
Death on the Nile   160
Dementors (s. Dementoren)
Dementoren   127, 149f, 168
De Mimsy-Porpington, Sir Nicholas (s. Nearly Headless Nick)
Der Spieler   109
detective story   175, 160-162, 188

Der Spiegel 38, 133
Der Zauberlehrling (Goethe) 123f
Deskriptive Sprache 95-98
Diagon Alley 57ff
Dialogische Sprache 93f
Die neuen Leiden des jungen W. 166
Die Verwirrungen des Zögling Törleß 166
Die Welt 38
Diggle, Dedalus 106
Diggory, Cedric 79, 122, 125, 175
Dostojewski, Fjodor M. 109
Doyle, Arthur Conan 160
Drachen 59f, 158
Dritter Band (s. *Harry Potter and the Prisoner of Azkaban*)
Dumbledore, Albus 26, 31, 46, 53, 58, 62, 81, 85, 87-91, 102, 112f, 116, 122, 124f, 146, 148, 153, 159, 162
Dursley, Dudley 64f, 70-72, 75, 95f, 100f, 106, 114, 158, 184, 186
Dursley, Familie 69-72
Dursley, Magda 31, 130
Dursley, Petunia 64f, 69f, 95, 98, 101f, 130, 184
Dursley, Vernon 46, 70-72, 95, 98-102, 130, 184

Eco, Umberto 163f
Ehrendoktorwürden 172
Einhörner 60, 111
Elfen 60, 62, 164
Elizabeth II., Queen 171
Erster Band (s. *Harry Potter and the Philosopher's Stone*)
Erwachsenenausgabe 29, 169

Erwachsenwerden 118-125, 165-167
Etymologie von Namen 46f, 103-106
Eulen 62
Excalibur 145

Familienroman der Neurotiker 185
Federkiele 61, 181
Filch, Argus 83-85, 87, 188
Film/e (s. Harry-Potter-Film/e)
Filmrechte 18
Finnigan, Seamus 150
First Term at Malory Towers 163
Flamel, Nicolas 77
flat character 79, 188
Fliegen 63, 131, 141, 149f, 181
Flourish & Blotts 140
Fluffy 52
Forbidden Forrest 81, 83, 106, 159, 162
foreshadowing 54
Forster, E.M. 49
Freud, Sigmund 185f
Frodo 153
Fromm, Erich 185
Fudge, Cornelius 58, 81, 91
Full Body-Bind Spell 89
Fünfter Band (s. *Harry Potter and the Order of Phoenix*)
Fußball 141f

Galleon (s. Zauberwährung)
Gamekeeper 83
Gänsehaut 25
Ganzkörperklammer-Fluch (s. *Full Body-Bind Spell*)
Geburtstag 51, 56, 128, 175, 185ff
Gefährliche Bücher 138ff, 164, 189f

207

Geister 44, 56, 60, 83, 86f, 153
Geschwisterrivalität 184
ghoul (Ghul) 72, 87, 106, 164
Gilgamesch-Epos 109
Gleis neundreiviertel 38, 151, 173
Goethe, Johann Wolfang von 123f, 166
Goyle, Gregory 80, 114
Granger, Hermione 33, 52f, 56, 66, 77-81, 87, 89, 110, 112, 115, 120, 130, 153, 159ff, 183
Grass, Günter 166
Gringotts 52, 56, 78
Grimm, Gebr. 146f, 63-66
Gryffindor 69, 78ff, 89f, 106, 122
Gryffindor, Godric 78
Gryffindor-Schwert 124, 145f
Gut gegen Böse 109-117

Hagrid, Rubeus 44, 46, 51, 58, 60, 75, 81-86, 88, 99, 114, 123, 132, 141, 158f, 161, 185, 188
Halbriese 85
Hanni und Nanni (s. O'Sullivan Twins)
Harris, Séan P.F. 131
Harry Potter (s. Potter, Harry)
Harry Potter and the Chamber of Secrets 17f, 47, 54
Harry Potter and the Goblet of Fire 20, 39, 174f
Harry Potter and the Order of Phoenix 25
Harry Potter and the Philosopher's Stone 15-17, 23, 49-54
Harry Potter and the Prisoner of Azkaban 18, 159
Harry Potter and the Sorcerer's Stone 17f

Harry-Potter-Film/e 23, 171f, 176-178, 189
Harry-Potter-Homepages 28, 178
Harry-Potter-Sonderpublikation 173
Harry Potter und der Stein der Weisen 18
Harry Potter und der Feuerkelch 22
Hauselfen (s. Elfen)
Hausmeister 83-86
Häuser 78f
Hauspokal 89f
He Who Must Not Be Named 123
Hermione Granger (s. Granger, Hermione)
Hexerei, Hexenkunst (s. *Witchcraft*)
Hitler, Adolf 69
Hogsmeade 59
Hogwarts 31, 44, 51-54, 56-59, 61f, 66, 68f, 74-79, 81-83, 85-88, 90f, 96, 100, 110, 119, 140, 154, 159, 162f, 167, 179, 183, 185
Hogwarts Express 54, 61, 131, 151, 173
Holmes, Sherlock 160
Hufflepuff 69, 78-80, 89f, 106
Hufflepuff, Helga 78, 106
Hughes, Thomas 162
Humor 99-103
Hunt, Peter 154f

Ibbotson, Eva 152
Imperius-Fluch 120f
Individualität 166f, 179f, 189
Internet 11f, 28, 31, 38, 134, 172, 177f

Keeper of the Keys 83, 132, 139ff

Kessel   32, 59, 73, 117, 168
King's Cross   12, 58, 151f, 173
King, Stephen   25, 160
Knut (s. Zauberwährung)
Kolumbus, Christoph   56
Kriminalromane (s. *detective story*)
Krummelus-Pillen   118
Krum, Victor   188

Langstrumpf, Pippi   118
Lebende Bilder   61f
Lewis, C.S.   151
Lindgren, Astrid   118, 162
Literaturpreise   (Auszeichnungen)   16
Little, Christopher   15, 177
Little Whinging   58
Lizenzen   17, 20, 135, 177f
Lockhart, Gilderoy   103f, 106, 130, 174
London   15, 30, 34, 44, 57ff, 102, 171, 173, 177
Longbottom, Neville   79, 81, 89f, 137
Lord of the Rings   152
Lord Voldemort (s. Voldemort, Lord)
Lupin, Remus   105f, 149f

Mad-Eye Moody   106
Magick   37
Malfoy, Draco   76, 80-82, 114, 162
Malfoy, Lucius   80-82
Märchen   39, 63-66, 73, 102, 146ff, 157-160, 184, 186
Marple, Miss   160
Mary Poppins (s. Poppins Mary)
McCarthy, Joseph   170
McGonagal, Minerva   26f, 60, 76, 106, 114f, 183

Medienberichterstattung   38-40, 171-173
Merchandising (s. Vermarktung)
Merlin   104, 146
Metachronie (s. Metatopie)   163
Metaphern   94f, 99
Metatopie   58
Ministry of Magic   58
Mirror of Erised   122, 127f, 148
Moaning Myrtle   106
Monster Book (s. *The Monster Book of Monsters*)
Moonves, Leslie   41
Most-Charming-Smile Award   104
Mudblood   106, 114
Muggle(s)   34, 50, 56-63, 68f, 80f, 132-137, 139, 141-144, 149
Mugglewelt, (s. auch Muggles)   56-62
Murphy, Jil   151
Musil, Robert   166
Mystery   182

Namen (s. Etymologie von Namen)
Narben   11, 31, 102, 152
Nastily Exhausting Wizarding Test (s. Prüfungen auf Hogwarts)
Nearly Headless Nick   44, 56
Nimbus, Nimbus 2000   137, 141, 179
Noah   109
Noe (s. Noah)
Nostalgie   61, 181

Ollivanders   57
Onkel Vernon (s. Dursley, Vernon)
Order of Merlin   104
Ordinary Wizarding Level (s. Prüfungen auf Hogwarts)
O'Sullivan Twins   163

Pan, Peter 118. 149f
Parseltongue 146
Patil, Padma 106
Patil, Parvati 106
Patronus 149f
Peeves 44, 86f
Pekinger Volksliteratur-Verlag 20
Pergament 61, 181
Peter Pan (s. Pan, Peter)
Pettigrew, Peter (auch Wormtail genannt) 105f, 112, 115, 117, 159, 168f
Pflegefamile (s. Dursley, Familie)
Pflege magischer Geschöpfe 88
Philosopher's Stone (s. Stein der Weisen)
Phönix 124
Pippi Langstrumpf (s. Langstrumpf, Pippi)
Plagiatsvorwürfe 131-145, 152
Plenzdorf, Ulrich 166
Plot 49-55
Poirot, Hercule 160, 162
Political Correctness 32-34
Poltergeist 86f
Poppins, Mary 148ff
Potter, Harry 63-82, 109-125
Potter, (Leo) Harry 143
Potter, Ian 129
Potter, Larry 132, 135f, 142f
Potter, Lilly 132, 135f
Potter, Lily 69f, 132
Potter, Vikki 129
Privet Drive 73, 74, 97
Promotion 171, 173-176
Prozess (s. Plagiatvorwürfe)
Prüfungen auf Hogwarts 57, 61, 66, 119f
Publikationsgeschichte 15-26
Punkte 89

Quidditch 27, 45, 66, 76, 80f, 111f, 122, 141f, 155, 173
Quirrel, Professor 53, 110-116, 124, 153, 161

Ravenclaw 69, 78-80, 89f
Ravenclaw, Rowena 78
Raubkopien 22
Rassismus 81, 114
Religiöse Fundamentalisten 34-37
Rekorde 11, 16, 22-26, 38f, 172, 174, 176
Rezensionen 31f, 41f
Rezeption 26-42
Rennbesen (s. Besen)
Riddle, Tom 68
Riddle, Tom Marvolo (s. Voldemort, Lord)
Roberts, Julia 41
Ron Weasley (s. Weasley, Ron)
Roth, Philip 22
Rowling, Joanne K. 43-48, 127-131

Salinger, J.D. 166
Salomon 88ff
Santa Fe Independent School District 34
Sayers, Dorothy 160
Scabbers 75, 105
Schach(figuren) 123, 150, 161
Schlangen 30, 39, 54f, 77, 146
Schneewittchen 146ff
Scholastic Verlag 16ff, 19, 21, 24
Schulrat 81f
Schwarze Magie (s. Dark Arts)
Schwarzer Hund (s. Black, Sirius)
Scottish Arts Council 15
Setting 56-63
Sickle (s. Zauberwährung)

Similes 94f, 99f
Slytherin 69, 78-81, 87, 89f, 106, 115, 122, 146
Slytherin, Salazar 69, 78
Snape, Severus 32f, 53, 77, 88, 106, 110ff, 115, 161f
Sokrates 90
Sorting Hat 124, 145
Spiegel 122, 128f, 146ff
Spielberg, Steven 41
Squib 84
Star Wars 182
Stein der Weisen 52-54, 77, 89, 123f
Stine, R.L. 25
St.-Mary's-Island-Grundschule 34
Stouffer, Nancy K. 131-145
Studien zum autoritären Charakter 180
Sword in the Stone 145

Tante Petunia (s. Dursley, Petunia)
Tarnumhang 159
The Blair Witch Project 182
The Burrow 72ff
The Catcher in the Rye 166
The Hobbit 152f
The Legend of Rah and the Muggles 131-145
The Lion, the Witch and the Wardrobe 151
The Monster Book of Monsters 138ff
The New York Times 38
The O'Sullivan Twins 163
The Sixth Sense 182
The Worst Witch 151
Through the Looking Glass and What Alice Found There 150f
Time Magazine 41

Time Warner Entertainment Company (s. Warner Bros.)
Titanic 182
Tolkien, J.R.R. 25, 152
Tom Brown's Schooldays 162
Ton-Tongue Toffees 107
Trademarks 7, 144, 177, 189
Travers, Pamela L. 148
Triwizard Tournament 79, 107, 116, 158
Trolle 60, 77, 106, 164

Uchronie 163
Uncle Vernon (s. Dursley, Vernon)
Universität von Bologna 57
Updike, John 2
Utnapischtim 109
Utopie 163

Verbotener Wald (s. *Forbidden Forrest*)
Vermarktung 143, 171-179, 189
Vierter Band (s. *Harry Potter and the Goblet of Fire*)
Voldemort, Lord 47, 50, 52-56, 60, 67-69, 78, 80, 88, 91, 105, 110-125, 146, 152f, 158f, 169, 179

Wahlfamilie (s. Weasley, Familie)
Wahrsagerei 183
Warner Bros. 7, 18, 135, 171, 176-179, 189
Wassermenschen 116, 158, 164
Watson, Dr. 160
Weasley, Arthur 72, 74
Weasley, Bill 75f
Weasley, Charlie 75f
Weasley, Familie 72-74
Weasley, Fred (s. Weasley-Zwillinge)

Weasley, George (s. Weasley-Zwillinge)
Weasley, Molly   61f, 73, 94f
Weasley, Percy   74ff, 79, 90, 94
Weasley, Ron   33, 44, 51-54, 56, 66, 72ff, 79-81, 87, 89, 93f, 105, 110, 112, 114f, 123, 130f, 153, 159-161, 188f
Weasley-Zwillinge   86, 72, 74, 79, 93f
Werwolf   105f
White, T.H.   145
Wildhüter (s. *Gamekeeper*)
Willans, Geoffrey   154ff
Witchcraft   33-36, 154ff
Wormtail (s. Pettigrew, Peter)
writer's block   47

You Know Who   *123*

Zauberminister (s. Fudge, Cornelius)
Zauberministerium (s. Ministry of Magic)
Zauberschach (s. Schach)
Zauberstäbe   62, 67, 75, 85
Zauberwährung   60f, 78
Zauberwelt   56-62
Zeitgeist   179-182
Zensur   33-37
Zweiter Band (s. *Harry Potter and the Chamber of Secrets*)